FEMININO E LINGUAGEM
ITINERÁRIOS ENTRE O SILÊNCIO E O TAGARELAR

FEMININO E LINGUAGEM
ITINERÁRIOS ENTRE O SILÊNCIO E O TAGARELAR

ISABELA PINHO

 /re.li.cá.rio/

© Isabela Pinho, 2021

© Editora PUC-Rio
Rua Marquês de S. Vicente, 225 – Casa da Editora PUC-Rio
Gávea – Rio de Janeiro – RJ – CEP 22451-900
T 55 21 3527-1760/1838
edpucrio@puc-rio.br | www.editora.puc-rio.br

Coordenador e editor: Felipe Gomberg
Editora assistente: Livia Salles
Produtora editorial: Tatiana Helich Lopes

© Relicário Edições
Rua Machado, 155, casa 2, Colégio Batista
Belo Horizonte, MG – 31110-080
www.relicarioedicoes.com | contato@relicarioedicoes.com

Coordenação editorial: Maíra Nassif
Conselho editorial: Eduardo Horta Nassif Veras (UFTM), Ernani Chaves (UFPA), Guilherme Paoliello (UFOP), Gustavo Silveira Ribeiro (UFMG), Luiz Rohden (Unisinos), Marco Aurélio Werle (USP), Markus Schäffauer (Universität Hamburg), Patrícia Lavelle (Puc-Rio), Pedro Süssekind (UFF), Ricardo Barbosa (UERJ), Romero Freitas (UFOP), Virginia Figueiredo (UFMG)

Preparação de originais: Lindsay Viola
Revisão tipográfica: Cristina da Costa Pereira
Projeto gráfico de miolo: Flavia da Matta Design
Editoração de miolo: SBNigri Artes e Textos Ltda.
Projeto gráfico de capa: Tamires Mazzo

Dados Internacionais de Catalogação na Publicação (CIP)

Pinho, Isabela

    Feminino e linguagem : itinerários entre o silêncio e o tagarelar / Isabela Pinho. – Rio de Janeiro: Ed. PUC-Rio; Belo Horizonte, MG: Relicário, 2023.

    316 p.; 14 X 21 cm

    Originalmente apresentado como tese da autora (doutorado – Universidade Federal do Rio de Janeiro, 2019)

    Inclui bibliografia
    ISBN (PUC-Rio): 978-85-8006-292-2
    ISBN (Relicário): 978-65-89889-77-9

    1. Linguagem e línguas – Filosofia. 2. Mulheres – Linguagem. 3. Benjamin, Walter, 1892-1940. I. Título.

CDD: 401

Elaborado por Marcelo Cristovão da Cunha – CRB-7/6080
Divisão de Bibliotecas e Documentação – PUC-Rio

À minha mãe, Isabel Alves,
de quem recebi a insígnia da tagarelice.
Ao meu pai, Reginaldo Alves (*in memoriam*),
na escuta por horas a fio.

AGRADECIMENTOS

O presente livro é resultado de meu percurso na filosofia e dos encontros e interlocuções que o marcaram. Nesse percurso, não poderia deixar de agradecer à Carla Rodrigues, orientadora da tese que originou o livro, por sua generosidade intelectual, leitura minuciosa, apoio incondicional, pela amizade. Ao Cláudio Oliveira, coorientador, pela iniciação à filosofia, pelas aulas instigantes e maneira singular de transmissão do saber. À Patrícia Lavelle, pela interlocução em torno de Walter Benjamin desde sua coorientação de minha dissertação de mestrado.

Agradeço ao CNPq e à CAPES pelas bolsas de fomento no Brasil e na Alemanha; ao PPGF da Universidade Federal do Rio de Janeiro e à Ludwig Maximilians Universität, em Munique, por acolherem minha pesquisa. Ao PPGF da UFRJ, meus sinceros agradecimentos pela indicação da tese ao Prêmio Filósofas da ANPOF, edição de 2020. Ao professor Marcus Coelen, agradeço pelo diálogo e pela supervisão da pesquisa na Alemanha, pelos encontros de tradução de "Metafísica da Juventude", em Berlim e no Rio. Ao Daniel Pucciarelli (UEMG) pela leitura cuidadosa e generosa da tradução. Em Berlim, agradeço aos Arquivos Walter

Benjamin, ao Institute for Social Inquiry (ICI) e à Biblioteca de Psicanálise de Berlim (Psybi), pelo acolhimento na cidade. Meus agradecimentos à Maíra Nassif, Felipe Gomberg e Lívia Salles por tornarem este livro possível.

 Um agradecimento especial à minha família, a amigas e amigos. Aos meus pais, Isabel Alves e Reginaldo Alves, pela recepção no mundo, pelo amor que carrego. Ao meu irmão, Davi Pinho, pela amizade incondicional, pela troca intelectual, pela nossa pequena "revolução" familiar. À minha irmã, Danielli Pinho, pela amizade genuína e leveza, por me fazer tia do Bernardo e do Bento. E a todos os demais envolvidos, direta ou indiretamente, acadêmica e/ ou afetivamente, cujos nomes inscrevo aqui: Neuza de Carvalho (*in memoriam*), Raquel de Carvalho, Roberto Silva, Gabriel de Carvalho, Ruth Ferreira, Leonardo Bérenger, Ricardo Duarte, Anna Oliveira, Mauro Oliveira, Hugo Oliveira, Joyce de Carvalho, Claire Amaral Schiffer, Tatiana Porto Campos, Ana Carolina Martins, Caio Paz, Carla Francalanci, Rafael Haddock-Lobo, Ana Barbosa, Gabriel Novello, Braga e Masha, Flavia Lesfauris, Natascha Volkotrub, Johannes Kleinbeck, Nadine Hartmann, Arndt Wedemayer. Um último e especial agradecimento ao meu companheiro Pedro Oliveira, pela leitura minuciosa do trabalho, pela parceria intelectual e de vida durante todos esses anos, desde o grupo de estudos sobre o *Homo Sacer* na UFF até os dias atuais.

O que se passa com o falar e o escrever é propriamente uma coisa maluca; o verdadeiro diálogo é um mero jogo de palavras. Só é de admirar o ridículo erro: que as pessoas julguem falar em intenção das coisas. Exatamente o específico da linguagem, que ela se aflige apenas consigo mesma, ninguém sabe. Por isso ela é um mistério tão prodigioso e fecundo – de que quando alguém fala apenas por falar pronuncia exatamente as verdades mais esplêndidas, mais originais. Mas se quiser falar de algo determinado, a linguagem caprichosa o faz dizer o que há de mais ridículo e arrevesado. Daí nasce também o ódio de tanta gente séria contra a linguagem. Notam sua petulância, mas não notam que o desprezível tagarelar é o lado infinitamente sério da linguagem.

Novalis, "Monólogo"

Mulheres falantes são possuídas por uma linguagem louca.
[*Sprechende Frauen sind von einer wahnwitzigen Sprache besessen.*]

Benjamin, *Metaphysik der Jugend*

SUMÁRIO

Apresentação   13
Carla Rodrigues

Introdução   15

1   **Linguagem e negatividade:**   27
de Agamben a Benjamin
Ser-o-aí, apreender-o-isto   36
A natureza dos pronomes   45
A voz e a Voz   50
Sobre a linguagem em geral e   54
sobre a linguagem humana

2   **A ideia da linguagem e a ideia**   71
como palavra: rumo ao tagarelar
feminino em Benjamin
A coisa da linguagem   73
A ideia da linguagem   84
A ideia como palavra, ou sobre   88
o método
Língua e história   104
Sie werden geschwätig: o tagarelar   110
feminino na "Metafísica da Juventude"
Interregno   128

3   **Tagarelar feminino e *lalíngua***   131
em um certo Lacan
Um passo atrás: a mulher é não toda   143
e o gozo feminino
Lalíngua materna e homofonia   159
O tagarelar de Eva e as palavras   172
da *lalíngua* materna

4 | Reformulações da língua pura: 189
tradução, semelhança, infância

Tradução: encontro amoroso 191
entre línguas

Tradução: para além das barreiras 205
das línguas

Linguagem: arquivo inconsciente 218
de semelhanças extrassensíveis
e das assinaturas

Infância e linguagem: o jogo das 230
letras, a *Mummerhelen*

Experimentum linguae, infância 241
e tagarelar feminino

Para não concluir 249

Limiar. Feminino porvir, a garota 251
indizível e singularidades quaisquer

Experimentum linguae e o real da *lalíngua* 253

Experimentum linguae e glossolalia 258

O ser qualquer e *A comunidade que vem* 265

A garota indizível: uma aparição do 274
feminino em Agamben

Metafísica da Juventude 281
Walter Benjamin

Referências bibliográficas 301

Sobre a autora 313

Apresentação

Feminino e linguagem: itinerários entre o silêncio e o tagarelar, de Isabela Ferreira de Pinho, chega aos leitores e leitoras oferecendo pelo menos três camadas de leitura. A primeira carrega o rigor da pesquisadora em filosofia cuja trajetória está marcada por seus dez anos de formação na UFF, na UFRJ e na Universidade de Munique, na Alemanha, onde fez parte de seu doutorado. De lá, voltou com a tradução de "Metafísica da Juventude", texto do filósofo Walter Benjamin fundamental nessa pesquisa, incluído neste volume.

Nesse plano, seu livro é uma importante contribuição ao estudo do tema da linguagem no campo filosófico, que ela persegue desde o início do seu percurso, durante o qual foi recolhendo importantes interlocuções. Começa com a orientação do professor Claudio Oliveira (UFF), mas logo estabelece também importante diálogo filosófico com Patrícia Lavelle, sua coorientadora, e Kátia Muricy, de quem captura, numa passagem de *Alegorias da dialética*, livro decisivo para a autora vir a perseguir, as figuras femininas na obra de Walter Benjamin. É com este filósofo de formação que Isabela Ferreira de Pinho vai traçando as questões mais importantes deste livro.

Dedicada inicialmente ao pensamento benjaminiano, muito cedo ela se inquieta com o tema do feminino, ponto central do nosso encontro. Conheci Isabela em 2011, quando ela era aluna de graduação na UFF e eu, professora temporária. Nestes mais de dez anos, nossas trajetórias de pesquisa já se encontraram algumas vezes. Primeiro, porque Isabela pesquisa um tema – o elemento feminino e suas possibilidades de uso na filosofia – ao qual eu também havia me dedicado nas pesquisas de mestrado e doutorado na PUC-Rio. Mesmo ali onde havia uma diferença – ela dedicada a perseguir o feminino na filosofia de Walter Benjamin, enquanto eu havia me dedicado a procurá-lo na filosofia de Jacques Derrida –, havia também uma semelhança, já que ambas nos reconhecemos como pesquisadoras que buscavam algo que os comentadores dos respectivos autores alegavam não existir. Esses primeiros diálogos na graduação se desdobraram, ao longo dos anos, em orientação de doutorado, supervisão de pós-doutorado, amizade e admiração.

É também em relação ao feminino que leitores e leitoras podem identificar a segunda camada de leitura, a da originalidade de uma pesquisa que inventa seu tema, sua própria questão, e com isso é forçada a criar também seu arcabouço teórico, que passará a incluir, além de Benjamin, Giorgio Agamben e Jacques Lacan, numa articulação entre filosofia e psicanálise que tem marcado a trajetória da autora. Chegamos assim à terceira e mais instigante camada de leitura do livro, que pode ser lido como uma obra performativa da escrita de uma linguagem feminina de Isabela Ferreira de Pinho, cujo tagarelar filosófico ganha valor de ex-sistência.

Carla Rodrigues
(PPGF/IFCS/UFRJ)

Introdução

> [...] somente um pensamento que não esconda seu próprio não dito, mas que o retome e o desdobre pode, eventualmente, pretender a originalidade.
>
> *Giorgio Agamben*

Quando procuro retraçar os motivos pelos quais me lancei em uma pesquisa sobre a relação entre feminino e linguagem, tenho que retornar aos tempos da adolescência, com a leitura de *O despertar* (1889), de Kate Chopin, e de *O papel de parede amarelo* (1892), de Charlotte Perkins Gilman, que deixaram em mim uma profunda marca.[1] Em certo sentido, antes mesmo do ingresso na graduação em filosofia, a questão do feminino estava lá, como algo de indizível e constitutivo, para ser desdobrado, retomado e elaborado. Nesse ponto, penso a "originalidade" à qual Agamben se refere na epígrafe como singularidade, pois é muito singular o que se constitui como questão para cada um. Por isso, tomo como ponto de partida a consagrada expressão "saberes localizados", que dá título ao trabalho de Donna Haraway (1988), a fim de tentar

---

[1] Agradeço ao meu irmão, Davi Pinho, por sua insistência para que eu lesse esses livros.

performatizar sua proposição: "o único modo de encontrar uma visão mais ampla é estando em algum lugar muito particular".[2] Produzir uma visão ampla acerca da relação entre feminino e linguagem na forma deste livro se deu a partir de uma posição muito singular: meu percurso neste processo e os muitos encontros que o constituíram. A história deste livro é também a história de muitos atravessamentos e interlocuções.

Posso dizer que a pesquisa que deu origem ao livro que o/a leitor/a tem em mãos não se inicia, propriamente, em 2015, ano de meu ingresso no doutorado em filosofia da UFRJ. Talvez fosse mais preciso dizer que ela se inicia alguns anos antes, em meados de minha graduação em filosofia na UFF, quando me deparei com um texto fascinante de Kátia Muricy, intitulado "Metafísica da Juventude", em que a autora trata do chamado período de juventude de Walter Benjamin, e de um ensaio homônimo do filósofo, até então não traduzido para a língua portuguesa. Foi ali que despertei meu interesse pelas figuras femininas na filosofia de Benjamin que, de certa forma, contribuíram para traçar alguns dos meus caminhos. Nesse ensaio do período de juventude, Benjamin se propõe a pensar certas figuras femininas como personagens para a construção de uma crítica à cultura e à linguagem e chega ainda a formular indagações acerca do que seria uma cultura feminina, em analogia ao que seria uma cultura juvenil.

"Quando se projeta um desejo distante no tempo, tanto mais se pode esperar por sua realização. O desejo realizado é o coroamento da experiência", escreve Benjamin (1994: 129). O desejo e o encantamento que essas figuras emblemáticas há tantos anos des-

---

2   Agradeço à Carla Rodrigues por essa referência.

pertaram em mim coincidem com a experiência de traduzir esse ensaio e, sobretudo, com a alegria de poder publicá-lo neste volume e apresentá-lo ao público brasileiro – para mim, uma verdadeira realização. Não poderia deixar de agradecer à supervisão e revisão técnica de Marcus Coelen (LMU) durante o intercâmbio na Alemanha e no meu retorno ao Brasil e, ainda, a Daniel Pucciarelli (UEMG), pela revisão igualmente generosa e cuidadosa da tradução.

Sem abandonar o grande fascínio por essas figuras femininas, minha monografia de graduação na UFF tratou da questão da lei em Benjamin e Agamben, com a qual trabalhei durante os anos de pesquisa sobre *Homo Sacer, o poder soberano e a vida nua* (Agamben, 2007) com Cláudio Oliveira. Essa questão reaparece como um limiar[3] do livro, como um momento em que proponho pensar: como o que se pode chamar de uma linguagem feminina implica outra possibilidade de relação ou laço social?

Ainda na graduação, as referências a Lacan e à psicanálise chegaram a mim nas aulas de Cláudio Oliveira. Apesar de ter feito algumas disciplinas no Departamento de Psicologia da UFF, a relação com a psicanálise só se estreitou quando comecei o curso de formação na Escola Brasileira de Psicanálise (EBP), interrompido após a partida para a Alemanha. Foi lá que o laço com a psicanálise se estreitou ainda mais por meio da interlocução com Marcus Coelen. Como fruto de minhas pesquisas e da descoberta de novas fontes para pensar a articulação entre feminino e linguagem, apresentei um trabalho na Biblioteca de Psicanálise de Berlim, primei-

---

3   Tomo emprestados este termo e este procedimento de Giorgio Agamben. É comum em muitos de seus livros finalizá-los com um limiar e não uma conclusão. Cada limiar, espécie de conclusão não conclusiva, indica o que seria *télos*, o fim último não alcançado de cada livro, que, no entanto, o constituía desde o início, como se o livro inteiro fosse construído para chegar ali somente para se reabrir a outras questões.

ro momento em que expus minha hipótese de aproximação entre Benjamin, Agamben e Lacan. Outro desses encontros com a teoria psicanalítica se deu na leitura e incorporação, como bibliografia, do livro de Geneviève Morel, *La loi de la mère, essai sur le sinthome sexuel* (2008),[4] em quem encontrei uma abordagem singular da questão do feminino em Lacan e sua relação com a linguagem.

Este livro é inclusive e fundamentalmente um desdobramento da minha pesquisa de mestrado, desenvolvida também na UFF, sob orientação de Cláudio Oliveira, quando me debrucei sobre a relação entre feminino e linguagem que havia me encantado na obra de Benjamin. As disciplinas com Patrícia Lavelle, que naquele momento organizava o *Cahier de L'herne* de Walter Benjamin (2013) e passou a ser coorientadora do trabalho, foram fundamentais para a descoberta de algumas fontes históricas para a redação da "Metafísica da Juventude". Cito como exemplo os cursos de Heinrich Rickert sobre o feminino, dos quais Benjamin participou. O livro de Lavelle (2008), *Religion et Histoire: sur le concept d'expérience chez Walter Benjamin*, tem um olhar atento para algumas figuras femininas que surgem na obra de Benjamin, como *A Mummerhelen*, de *Infância em Berlim*, e a Otília Goethiana, do ensaio "Sobre as afinidades eletivas de Goethe" (1922 [2009]), figuras comumente fadadas ao esquecimento na recepção crítica da obra do autor.[5] Esse livro, tanto antes como agora, continua a

---

4   Agradeço a Johannes Kleinbeck (LMU) pela referência.
5   Sobre figuras femininas na obra de Benjamin, conferir o dossiê "Figurações e interlocuções: a questão feminina em Walter Benjamin", que coorganizei, com Patrícia Lavelle, para a revista *Artefilosofia* da UFOP. Disponível em: https://periodicos.ufop.br:8082/pp/index.php/raf/issue/view/265. Acesso em: 13 maio 2021.

influenciar em grande medida este trabalho.⁶ Os cursos de Carla Rodrigues sobre o feminino em Nietzsche e Derrida, naquele momento, marcaram o início de uma interlocução que não só continua potente, como também se materializou com a sua orientação e com a conclusão da tese que originou este livro.

A dissertação terminara com um apontamento a ser desdobrado: a possibilidade de pensar uma aproximação entre o que Benjamin concebe como um "tagarelar feminino" e o que Agamben chama de um *"experimentum linguae"*. É a partir daqui que este livro se inicia. Tagarelar (*schwätzen*) é um termo que aparece em alguns momentos da obra de Benjamin tanto como um adjetivo, *"geschwätig"*, como um substantivo, *"Geschwätz"*, porém com sentidos diferentes. Primeiro, no célebre ensaio "Sobre a linguagem em geral e sobre a linguagem humana" (1916 [2011d]), essa palavra aparece com uma conotação negativa. Ao tomar como ponto de partida a história da criação do mundo e do humano a partir do Gênesis bíblico, Benjamin decompõe a linguagem em dois campos diferentes: o *Medium* da linguagem – a comunicabilidade da própria linguagem – e o meio (*Mittel*) da linguagem – a linguagem como instrumento para a comunicação (*Mitteilung*).⁷ Nesse contexto, a tagarelice (*Geschwätz*) indica a relação de culpa ou débito (*Schuld*) instaurada no falante no momento em que prova do fruto proibido da árvore do conhecimento. "Tagarelice" significa ali a impossibilidade de fazer a experiência da linguagem enquanto *Medium*, enquanto pura comunicabilidade, na medida

---

6   Lavelle (2008). Em língua portuguesa, remeto o/a leitor/a ao livro *Walter Benjamin metacrítico: uma poética do pensamento*, de Patrícia Lavelle, recentemente publicado pelas editoras PUC-Rio e Relicário (2022).

7   Manterei a escrita da palavra alemã *"Medium"*, em detrimento da sua tradução para "médium", a fim de não a carregar de um sentido demasiadamente religioso.

em que a utilizamos como meio (*Mittel*), instrumento para a comunicação. O falante, na medida em que fala e comunica, não pode fazer a experiência do fato de que há linguagem, ou seja, ele não pode fazer a experiência desse *lógos* tanto na *arché* do mundo, segundo a tradição judaico-cristã, quanto na *arché* de seu próprio ser, segundo a célebre definição do humano como vivente que possui logos (*zôon échon lógon*). Para chegar a essa palavra, parti do que Agamben chama de "poder pressuponente da linguagem", isto é, o fato de que "o indizível é aquilo que a linguagem deve pressupor para poder significar" (Agamben, 2012: 11), por meio de suas leituras de Heidegger, Hegel e Benveniste.

No prefácio à edição francesa de *Infância e história* (1989), Agamben propõe fazer uma experiência com a linguagem, um *experimentum linguae*, não nos moldes de uma *sigética* – o retorno a um silêncio ativo da linguagem, possível somente lá onde os nomes nos faltam e onde a palavra quebra em nossos lábios –, mas, ao contrário, uma experiência com a linguagem "da qual se possa, ao menos até certo ponto, indicar a lógica e exibir o lugar e a fórmula" (Agamben, 2012: 13). Para pensar essa experiência outra com a linguagem, Agamben retoma uma carta de Benjamin a Martin Buber (1916), em que o filósofo alemão se recusa a participar da revista *O judeu* por não conceber a linguagem como mero instrumento para o ato político, mas por ter em vista uma "cristalina eliminação do indizível na linguagem" (Benjamin, 1979: 118). Penso o tagarelar feminino, tal como aparece na "Metafísica da Juventude", como a possibilidade de dizer a dizibilidade da linguagem, de fazer uma experiência outra com a linguagem.

Redigido em um contexto histórico de questionamento da figura paterna, são personagens como Safo, a prostituta e a mulher, que servem como crítica da cultura nesses anos de juventude de Benjamin. O adjetivo "tagarela" aparece aí com uma conotação positiva: Safo e suas alunas não usam a linguagem como meio para a comunicação nem permanecem em silêncio, mas se tornam tagarelas (*sie werden geschwätig*). Esse tagarelar é caracterizado como uma "língua louca", como uma *"wahnwitzigen Sprache"*. Como raiz do vocábulo *"wahnwitzigen"* encontro o *"Witz"*, o chiste. Por isso, no percurso deste livro, vou a Lacan para pensar o chiste como sendo da ordem da dizibilidade da linguagem e para desdobrar a relação entre feminino e linguagem que parece constituir um limite do ensaio benjaminiano. No ensaio, o erotismo feminino funciona como elemento para indagar a linguagem. À relação sexual que não tem em vista a procriação, mas o prazer, corresponde uma linguagem que não tem em vista a comunicação, mas que é um puro meio. "Tagarelar" indica aqui o prazer da língua, e não mais uma fala vazia, como no ensaio de 1916.

Em Lacan, encontro um tagarelar (*parlote*) feminino logo nas primeiras páginas do *Seminário XXIII, Joyce, o sinthoma* (1975-76). Lacan faz uma releitura muito particular do Gênesis bíblico em que reinterpreta a nomeação das coisas no mundo, após a criação divina, como sendo feita não por Adão, mas sim por Eva, pois é Eva quem primeiro "tagarela" com a serpente. É a partir dessa terceira acepção de "tagarelar" que aproximo Benjamin e Lacan.[8] Nesse seminário, Lacan afirma que foi um conjunto de mulheres que engendrou o que chamamos de *lalíngua* (*lalangue*). *Lalíngua* surge no ensino de Lacan alguns anos antes na forma de um lapso cometido em uma das conferências intituladas "O saber do psica-

---

8   Para mais trabalhos sobre Benjamin e Lacan, cf. Kirsch (2013); Oliveira (2016: 41-50); Schwering (1998).

nalista" (1971-72). O próprio surgimento de *lalíngua* como lapso pode indicar uma experiência da ordem da dizibilidade da linguagem, para além da intenção do sujeito. No *Seminário XXIII*, o tagarelar feminino é pensado como da ordem de *lalíngua*, concebida como o conjunto de chistes, equívocos, homófonos e atos falhos que constituem a língua. "*Lalangue*" surge como um lapso homofônico que pode ser repetido em língua portuguesa: a língua (*la langue*) e alíngua (*lalangue*). Neste livro, a opção por *lalíngua*, que será justificada no terceiro capítulo, tem como objetivo marcar a lalação, o lalala, o elemento onomatopaico da palavra, que Lacan faz coincidir com o balbuciar da criança diante da qual a mãe se encontra. *Lalíngua* é a experiência da lalação, da glossolalia do bebê, é também a experiência de que há linguagem para além de seu caráter comunicativo. Para Lacan, essa experiência é feminina.

Para chegar ao motivo pelo qual *lalíngua* é dita feminina, partirei do *Seminário XX, Mais, ainda* (1972-73) e das chamadas fórmulas da sexuação, o que pode indicar um problema: o feminino surge da diferença sexual. No entanto, ele não se reduz a ela. Em Lacan, as mulheres empíricas não se confundem com o âmbito do feminino. Pelo contrário, a mulher será concebida como instância lógica sob a qual homens e mulheres empíricos podem estar. Benjamin, por sua vez, sem pretender resolver essa problemática, considera primária a tipologia "homem" / "mulher" quando se trata de fazer uma reflexão sobre a cultura. Da diferença sexual, ele pretende abstrair "masculino" e "feminino" como princípios conceituais (Benjamin, 1979: 61). De minha parte, procuro pensar a mulher como instância lógica, em Lacan, e as figuras femininas da "Metafísica da Juventude", em Benjamin, como paradigmas para indagar a possibilidade de fazer um uso não comunicativo da linguagem. Paradigma deverá ser compreendido no sentido agambeniano do termo: retiradas do contexto histórico em que foram concebidas, tanto as personagens femininas do ensaio juvenil de Benjamin quanto a mulher como instância lógica em Lacan me permitirão elaborar o que seria uma língua feminina.

Em um texto intitulado "O aturdito" (1972), Lacan fará corresponder à mulher como instância lógica o não todo dito, isto é, a esfera do dizer que constitui todo dito. A partir da frase emblemática "que se diga é o que permanece esquecido, atrás do que é dito, no que se ouve", Lacan pensará esse dizer, o fato de "que se diga", ao lado feminino das fórmulas da sexuação (Lacan, 2003: 448). "Que se diga" indica o fato de que há linguagem, para além e aquém de qualquer evento de significação. Por sua vez, Agamben não somente aproxima seu *experimentum* da *lalíngua* lacaniana em uma conferência intitulada "*Experimentum linguae*. Experiência da língua" (1990), como também trabalha a figura de uma garota indizível que, ao não poder ser dita, põe em questão categorias identitárias. De Benjamin a Agamben e a Lacan, traço meus itinerários para articular feminino e linguagem. Esse itinerário começa em Benjamin com a noção de um tagarelar feminino passando por Agamben e seu *experimentum linguae*, e chegando a Lacan e sua *lalíngua*.

O que me interessa na construção de uma língua feminina não é somente o fato de que ela indica a dizibilidade da linguagem, para além da comunicação, mas as implicações políticas para as quais ela pode apontar. Ao indicar a existência da linguagem para além das línguas históricas, imprescindíveis para a constituição de uma identidade nacional, tagarelar feminino, *experimentum linguae* e *lalíngua* podem apontar para outra maneira de relação ou laço social: a constituição de uma comunidade a partir de "que se diga". Para Agamben, assumir e lembrar do fato de "que se diga", arriscar-se na experiência de ser um ser falante e assumir essa condição, é algo que não pode ser representado, segundo o modelo dominante em nossa cultura, nem como uma língua, nem como um patrimônio de nomes e de regras, que cada povo pudesse transmitir de geração em geração (2018: 7).

Feminino e linguagem: itinerários entre o silêncio e o tagarelar intitula o presente livro. *Itinerários*, do latim "*iter*": caminho, jornada. O que me faz caminhar entre/com Benjamin, Agamben e Lacan é da ordem do que Benjamin chama de vida da linguagem, das semelhanças e correspondências que se dão na própria vida da linguagem, na qual a obra de cada um se encontra de maneira diversa. Da escrita da palavra "tagarelar" à escrita da palavra adjetiva "*wahnwitzigen*" ("língua louca"), em que encontro o *Witz* (chiste), à escrita das palavras *experimentum* e *Erfahrung*, vou traçando meus caminhos entre os três.

A palavra experiência, cuja origem latina é "*experientia*", pode indicar um movimento perigoso, repleto de surpresas e decepções, já que seus componentes "*ex*" e "*peri*" contêm a ideia de abandonar o perímetro no qual se está. Um dos sentidos para a palavra "experiência" remete à noção de "prova", "experimento", em que a própria coisa se verifica e se mostra. A palavra alemã *Erfahrung*, cuja raiz é "*fahren*", também indica um movimento, um percurso, uma viagem ou trajeto, mas um percurso sem origem (ou ponto de partida) nem *télos* (ponto de chegada). Em *Erfahrung*, é possível encontrar semelhanças com algumas palavras para designar o perigo (*Gefahr*), ou algo perigoso (*gefährlich*), ou até mesmo o verbo "arriscar-se" (*gefährden*). Para Benjamin, esse risco deve constituir o próprio método filosófico, pois "método é desvio" (*Mehode ist Umweg*), é caminho (*Weg*) circundante (*um*), algo como um girar em torno de um mesmo objeto: tagarelar.

Abrir caminhos entre esses três autores é um risco, risco que indica um limiar deste livro, um ponto de não chegada: fazer um *experimentum linguae*, fazer a experiência de "que se diga" e de que "há linguagem", desestabilizariam categorias identitárias e poderiam indicar outra maneira de relação ou laço social. Para mim, a escrita deste livro foi uma experiência em todos os sentidos aludidos acima. Por sua natureza temática, é arriscada, me faz sair do perímetro de cada autor para arriscar-me em outro. Ela é indicação de meus caminhos na filosofia com os autores, mas também com os interlocutores com os quais compartilhei essas questões. Ela indica, por fim, não somente os itinerários entre feminino e linguagem, mas também meus itinerários entre/com os demais até aqui.

I

Linguagem e negatividade: de Agamben a Benjamin

"O que significa 'existe linguagem', o que significa 'eu falo'?" (Agamben, 2012: 11). Giorgio Agamben define tais interrogações como o *motivum* de seu pensamento. Tais perguntas poderiam ser pensadas não só como o motor do pensamento agambeniano, mas como aquilo que possibilita qualquer pensamento ou teoria acerca do humano. Pois, se, segundo a canônica definição aristotélica, o humano é o "vivente que possui *lógos*" (*zôon lógon échon*), a pergunta acerca do que é linguagem, e do que significa falar, está no centro da distinção entre o humano e o animal, e, portanto, no centro de toda e qualquer possível teoria, inclusive, de uma teoria do conhecimento, questão que a filosofia contemporânea não cansa de ressaltar. A linguagem é o pressuposto, ou o ponto de partida, para a construção de saber, na medida em que constitui o mundo, a morada do humano. A linguagem antecipa desde sempre o falante, na medida em que ele é desde sempre lançado nela.

O que a obra de Agamben vem mostrar é que, se o humano é constitutivamente marcado por uma fratura entre a linguagem que o define como tal e a língua na qual ele se expressa e se comunica, então o humano é constitutivamente marcado por uma negatividade. Pois aquilo de que o falante não pode fazer a experiência, na medida em que fala, é justamente a experiência desse *logos* na *arché*, desse "ter" ou "possuir" linguagem, para além e aquém de qualquer significação. Nesse sentido, poderei concordar com Walter Benjamin, quando, em seu ensaio "Sobre a linguagem em geral e sobre a linguagem humana" (1916), define a linguagem humana como uma tagarelice (*Geschwätz*) e como marcada por uma vacuidade (*Wortleerheit*). Pois é constitutiva a toda fala e a toda comunicação, como seus pressupostos negativos, indizíveis, uma experiência da linguagem enquanto tal, enquanto pura comunicabilidade de si mesma, que Benjamin chamará de uma experiência do *Medium* da linguagem, e não de seu caráter mediador (*Mittel*), instrumental, comunicativo. Há, portanto, uma relação entre fala e falta, pois, ao falar, o humano está permanentemente em falta, em débito, com aquilo que o define e o constitui enquanto tal: ser o vivente que possui linguagem.

Também em 1916, mesmo ano da escrita do ensaio de Benjamin acerca da linguagem,[1] foi publicado, postumamente, o *Curso de linguística geral*, de quem veio a tornar-se o grande expoente da linguística moderna, Ferdinand Saussure. Logo na introdução do *Cours*, é possível perceber a diferença entre as concepções filosóficas de Benjamin e Agamben acerca da linguagem, e a concepção da linguística moderna. Primeiramente, porque Saussure produz uma

---

1 O ensaio "Sobre a linguagem em geral e sobre a linguagem humana" foi escrito em 1916 como uma carta a Gerschom Scholem, e teve sua publicação póstuma.

distinção entre linguagem e língua, em que "a língua, assim delimitada no conjunto dos fatos de linguagem, é classificável entre os fatos humanos, enquanto que a linguagem não o é" (Saussure, 2012: 47). A partir de tal distinção, a linguística saussuriana passa a ter por objeto a língua "como um sistema de signos que exprimem ideias" (p. 47), a semiologia, e não tem em vista a complexa polivalência encontrada no termo grego *lógos*, termo que significa tanto língua quanto linguagem, e que define o humano enquanto tal. Como veremos, em sua investigação acerca da linguagem, será justamente à abrangência desse termo que Benjamin fará menção.

Ao conceber a semiologia como "uma ciência que estuda a vida dos signos no seio da vida social" (Saussure, 2012: 47), e ao afirmar que "o problema linguístico é, antes de tudo, semiológico" (p. 49), Saussure localiza a língua no âmbito da utilidade, como instrumento da comunicação, e na rede das práticas sociais (Milner, 2012). O problema da linguagem resume-se, então, ao mero funcionamento da língua e ao seu caráter de representação. A própria arbitrariedade do signo linguístico aponta para esse caráter de representação do linguístico, na medida em que, segundo Jean-Claude Milner, a linguagem não é mais, tal como era para os gregos, uma visão de mundo. A linguística moderna surge com a intenção de romper o laço que unia linguagem e ser, mas é esse laço que, com Agamben, gostaria de investigar. Como afirma Milner, linguista caro a Agamben:

> Saussure autoriza-se a construir uma teoria dos signos linguísticos que não envolve nada das coisas: a linguística, a partir de então, não é uma visão de mundo, e o laço que a unia, desde os gregos, à teoria do ser das coisas, é rompido. Isso quer dizer

que, graças ao arbitrário, a linguística tem condições de ignorar. [...] O arbitrário encobre com exímia precisão perguntas que não serão feitas: o que é o signo quando ele não é signo? O que é a língua antes de ser língua? – Ou seja, ele encobre a questão que se expressa comumente em termos de origem. Assim sendo, dizer que o signo é arbitrário é afirmar em tese primária: *há língua*. (Milner, 2012: 59-60)

É essa "origem", o fato inapreensível de que há língua, que a filosofia se propõe a pensar e que, segundo uma interpretação agambeniana, permanece como o pressuposto a partir do qual a máquina linguística opera. Sabemos que o signo linguístico é, segundo Saussure, uma entidade psíquica bifacial. Ele não une uma coisa e uma palavra – por isso há uma fratura entre linguagem e mundo –, mas une um conceito e uma imagem acústica. Se o conceito é o termo abstrato dessa associação, a imagem acústica seria o elemento sensível, material, no sentido estrito de consistir na impressão (*empreinte*) psíquica do som material ou na representação que a escuta do som material, a escuta da palavra, dá aos nossos sentidos. O signo linguístico é, portanto, a união de um conceito e uma imagem acústica, ou, nas palavras de Saussure, de um significado e um significante. Mas o laço que une significado e significante é arbitrário, ou seja, o signo linguístico é arbitrário.[2]

---

[2] Por exemplo, Saussure dirá que "a ideia [significado] de mar não está ligada por relação alguma interior à sequência de sons m-a-r que lhe serve de significante; [ela] poderia ser representada igualmente bem por outra sequência, não importa qual". É interessante observar, no entanto, que o símbolo, em oposição ao signo, terá como característica não ser jamais completamente arbitrário: "ele não está vazio, existe um rudimento de vínculo natural entre o significante e o significado. O símbolo da justiça, a balança, não poderia ser substituído por um objeto qualquer, um carro, por exemplo" (Saussure, 2012: 108-109). Isso será de bastante pertinência a seguir, na medida em que trabalharei a proposta benjaminiana, no "prefácio epistemológico-

Encontramos aqui a fratura tanto entre coisa e palavra, quanto entre significado e significante, ideia e palavra.

Isso será importante na medida em que, no prosseguimento deste capítulo, abordarei a crítica de Benjamin a uma linguagem representativa ou à concepção da língua como signo (*Zeichen*). Benjamin chamará de burguesa essa concepção de linguagem, na medida em que funciona como um instrumento para a troca intersubjetiva, em que o meio da comunicação (*Mittel der Mitteilung*) é a palavra (*das Wort*); o objeto, a coisa (*Gegenstand der Mitteilung, die Sache*); e o destinatário, outro ser humano (*Adressat der Mitteilung, ein Mensch*). Na medida em que a linguagem é concebida como instrumento, aquilo de que não se faz a experiência é justamente a comunicabilidade da própria comunicação, o *Medium* da linguagem, o fato de que há linguagem. É isso que, segundo Milner, graças à arbitrariedade do signo, a linguística tem condições de ignorar.

É essa relação com uma negatividade – o fato de que há linguagem para além e aquém de qualquer evento de significação, e para além da língua como estrutura específica da linguagem humana – que Agamben nomeará, em *Infância e história*, de poder pressuponente da linguagem.[3] O que permanece como negatividade na medida em que se faz um uso instrumental da língua é essa experiência da própria existência da linguagem. É a própria comunicabilidade da linguagem que permanece indizível em tudo que é dito. Nesse sentido, Agamben dirá que o inefável é

-crítico" à *Origem do drama barroco alemão*, de uma "restauração" do caráter simbólico da língua, que coincidirá com a linguagem enquanto *Medium*.

3 Essa expressão é definida pela primeira vez em um texto intitulado "A coisa mesma" (1984), como veremos no segundo capítulo. Nesse momento introdutório, minha referência é ao prefácio à edição francesa (1989) de *Infância e história*.

uma categoria que pertence exclusivamente à linguagem humana, e que, longe de assinalar um limite da linguagem, ele exprime "seu invencível poder pressuponente, de maneira que o indizível é precisamente aquilo que a linguagem deve pressupor para poder significar" (Agamben, 2012: 11).

Essa relação pode ser pensada tanto a partir da oposição entre linguagem e língua, quanto a partir da oposição, estabelecida por Saussure, e retomada por Benveniste, entre a língua, como estrutura específica da linguagem humana, e a fala, como expressão individual de um sujeito. Nesse sentido, Saussure nos explica que a língua, como sistema de signos referente à estrutura humana, aponta para o elemento sincrônico, enquanto que a fala, como da ordem de um sujeito, aponta para o elemento diacrônico da língua: "tudo quanto seja diacrônico na língua não o é senão pela fala" (Saussure, 2012: 141). Língua e fala correspondem, em Saussure, ao que é social e individual, e ao que é essencial e acidental, respectivamente (p. 45). Mas também neste caso, o falante, no momento de sua fala, mantém a língua, como sistema de signos, em suspensão. No ato de fala (*parole*), a língua como sistema (*langue*) permanece como aquilo que não pode ser dito em sua totalidade.

Por isso, língua e fala, sincronia e diacronia, significante e significado, assim como a oposição *Medium* e *Mittel*, como veremos em Benjamin, remetem o falante a uma relação de negatividade constitutiva, relação que Benjamin e Agamben procuram repensar. No entanto, é importante lembrar que termos como "poder pressuponente da linguagem" e "negatividade" não são termos do vocabulário benjaminiano. Na aproximação entre Benjamin e Agamben não pretendo reduzir a filosofia da linguagem benjaminiana a uma terminologia agambeniana, mas somente ressaltar o caráter negativo da linguagem humana que, como apontarei no prosseguimento deste capítulo, também pode ser aventado no ensaio "Sobre a linguagem" de Benjamin, ainda que com termos diferentes.

Antes de trabalhar no ensaio "Sobre a linguagem" de Benjamin, opto por averiguar em que consiste o nexo entre negatividade e linguagem, a fim de construir um diagnóstico, de Agamben a Benjamin, acerca do que Agamben entende por "poder pressuponente da linguagem". A partir da construção desse diagnóstico será possível compreender o sentido e o motivo da proposta para a qual Agamben e Benjamin, cada um à sua maneira, nos encaminharão no segundo capítulo. Para tanto, terei em conta algumas questões que surgem em *A linguagem e a morte, um seminário sobre o lugar da negatividade* (1985). Nesse livro, Agamben tem em vista justamente aquilo que, segundo Milner, a linguística moderna com Saussure pôde ignorar: a relação intrínseca entre linguagem e ser.

Agamben empreenderá um forte diálogo com Heidegger e Hegel, diálogo do qual destacarei alguns aspectos que considero mais fundamentais, na medida em que a inextricável relação entre ser e linguagem remeterá "ao poder pressuponente da linguagem" e à negatividade que este institui no falante. "Ser", "linguagem" e "negatividade" serão os termos a partir dos quais Agamben construirá sua concepção da história da metafísica como a tradição do pensamento que concebe a autofundação do ser como fundamento negativo. Essa tradição consiste também em uma forma de vida que lança o falante no abismo do niilismo, em Agamben, ou no abismo da tagarelice no ensaio de Benjamin de 1916, como veremos a seguir. Nas palavras de Agamben:

> o desvendamento e o advento devastador do extremo funda-
> mento negativo no próprio *éthos*, ou seja, na morada habitual
> do homem [...] é o *niilismo*, para além de cujo horizonte o pen-
> samento contemporâneo e a sua *práxis* (a sua "política") ainda
> não deram um só passo. (Agamben, 2006: 11)

A leitura de Heidegger e Hegel passa por uma compreensão da estrutura do fundamento negativo do ser, que é inseparável da questão da linguagem. Mas se Agamben, logo na introdução de *A linguagem e a morte*, propõe-se não a repetir nem a ressaltar a estrutura do fundamento negativo, e sim, a compreendê-la, quero discutir, em que sentido, em termos de linguagem, o ser como fundamento negativo corresponde ao puro ter-lugar da linguagem, que com o Benjamin do ensaio de 1916 posso chamar de *Medium* da linguagem.

Sabemos que Heidegger, em sua mais célebre obra, *Ser e tempo* (1927), concebe o *Dasein* – literalmente, o "ser-aí" –, como o único ente para o qual seu próprio ser está em jogo. Em tal compreensão, a linguagem tem um papel essencial, na medida em que ela constitui o mundo do *Dasein*. Se, por um lado, na obra de Heidegger o *Dasein* é a noção por meio da qual o filósofo produz sua crítica tanto ao sujeito moderno quanto à noção de "homem" provinda da antropologia, da psicologia, e das ditas "ciências humanas", Agamben, por outro lado, questionará aquilo que, em sua interpretação, remete o *Dasein* a uma negatividade constitutiva, e faz com que também o pensamento heideggeriano permaneça como parte da história da metafísica. Será a partir da experiência autêntica da morte, experiência na qual o *Dasein* é remetido ao seu aí, ao seu *Da*, que Agamben encontrará a negatividade constitutiva do *Dasein*.

A partir da definição do *Dasein* não meramente como "ser--aí", mas como aquele ente que é o aí (ser-o-aí), Agamben traça um paralelo entre Heidegger e Hegel, aproximando a partícula "aí" à partícula "isto" que aparece no primeiro capítulo da *Fenomenologia do espírito* (1807) de Hegel, intitulado "A certeza sensível, ou o Isto e o querer-dizer" (*Die sinnliche Gewissheit oder das Diese und das Meinen*). A *Fenomenologia* – ou, conforme o título de sua primeira edição, a "ciência da experiência da consciência", espécie de *Bildungsroman*[4] que narra a formação da consciência natural e sua progressão em direção à ciência e ao conhecimento filosófico, ao conhecimento absoluto – se inicia com a tentativa da certeza sensível de apreender-o-isto (*das Diese nehmen*). Por meio da aproximação entre o *Da* e o *Diese*, Agamben afirma que o problema do ser é um problema do pronome demonstrativo. Por esse motivo, Agamben investiga a natureza dos pronomes em Benveniste, e constrói, em mais uma aproximação, dessa vez entre Heidegger--Hegel-Benveniste, uma série de opostos, os quais apontam para o "poder pressuponente da linguagem" e para a relação de negatividade na qual ele lança o *zoon lógon échon*.

---

[4] A comparação entre a *Fenomenologia* e o *Bildungsroman* (romance de formação) é feita por Jean Hyppolite, tradutor da *Fenomenologia* para a língua francesa, no livro *Gênese e estrutura da fenomenologia de Hegel* (cf. Hyppolite, 1974: 11-12). Assim como, por exemplo, no talvez mais célebre romance de formação, *As aventuras de Wilhelm Meister*, de Goethe, a personagem principal passa por uma série de experiências a partir das quais abandona sua primeira convicção e chega à sua verdade, a de que deve tornar-se ator, e não comerciante, também o movimento da *Fenomenologia* marca essa constante passagem entre aquilo que é tomado como verdadeiro, e que se torna, em seguida, ilusão. Segundo Hyppolite: "A *Fenomenologia do espírito*, de Hegel, por sua parte, é o romance da formação filosófica; ele segue o desenvolvimento da consciência, que ao renunciar às primeiras crenças, alcança, através de suas experiências, o ponto de vista propriamente filosófico, aquele do saber absoluto. Mas de acordo com Hegel, tal história da consciência não é um romance, mas sim uma obra da ciência" (Hyppolite, 1974: 12).

À fratura entre ser e ente, ontológico e ôntico – provinda da filosofia heideggeriana – corresponderá "puro ter lugar da linguagem na enunciação" e "aquilo que é dito e significado", língua e fala, com Benveniste. Neste capítulo, abordo, em um primeiro momento, o que Agamben chama de "poder pressuponente da linguagem" a partir de *A linguagem e a morte*,[5] para, em um segundo momento, abordá-lo no ensaio de Walter Benjamin "Sobre a linguagem em geral e sobre a linguagem humana", ressalvadas as devidas diferenças.

Ser-o-aí, apreender-o-isto

Logo na introdução de *A linguagem e a morte,* Agamben propõe-se a pensar a relação entre linguagem e morte, visto que, na tradição da filosofia ocidental, o ser humano é definido como o animal que tem a faculdade de falar e, ao mesmo tempo, como o animal que tem a faculdade de morrer. Essa investigação leva Agamben a interrogar o lugar e a estrutura da negatividade, questão que o remete ao problema da voz como um problema metafísico fundamental e como estrutura originária da negatividade. O nexo entre linguagem, morte, voz e metafísica indica uma negatividade constitutiva na construção do humano. Agamben fará uma leitura minuciosa de Heidegger e Hegel para pensar tal nexo, da qual destacarei alguns pontos que considero mais importantes. É importante ressaltar, no entanto, que Agamben considera o termo "metafísica", ao longo do seminário, como a tradição do pensamento que concebe

---

5 Uma versão desse capítulo foi publicada como "A linguagem e a morte: algumas considerações a partir de Giorgio Agamben", no livro *Que mais deseja o corpo de alcançar? Escritos sobre filosofia e linguagem na contemporaneidade,* organizado por Jacob dos Santos Biziak e Carla Rodrigues (São Carlos / São Paulo: Pedro & João Editores, 2018, p. 227-253).

a autofundação do ser como fundamento negativo. O pensamento heideggeriano seria, então, a culminação da metafísica.[6]

Na primeira das oito jornadas do seminário *A linguagem e a morte*, Agamben faz uma leitura detida, sobretudo, dos parágrafos 50, 51, 52 e 53 de *Ser e tempo*, nos quais Heidegger situa a relação do *Dasein* (o ser-aí) com sua morte. Dessa maneira, se a compreensão cotidiana aproxima o morrer a um evento que diz respeito ao *Dasein*, mas que não pertence propriamente a ninguém, a morte será pensada, por Heidegger, como a possibilidade mais própria do *Dasein*. A experiência de antecipação da morte, a partir da morte do outro, consiste na "possibilidade da impossibilidade da existência em geral, do esvanecimento de todo referir-se a, e de todo existir" (Agamben, 2006: 13-14). Assim, o ser-para-a-morte do *Dasein*, a experiência da impossibilidade mais radical, experiência puramente negativa, remete o *Dasein* a sua dimensão mais própria: a de ser o ente para o qual seu próprio ser está em jogo, a de ser lançado, de ser-o-aí que o constitui enquanto tal. Mas na medida em que o *Dasein* é o aí – e por isso, Heidegger sugere, em uma carta a Jean Beaufret, que a tradução de *Dasein* para a língua francesa não seja *me-voilà* (eis-me aí), mas sim *être-le-là* (ser-o-aí) – na medida em que ele, sendo, é lançado, aquilo a que ele não tem acesso é o que mais o constitui enquanto tal, que lhe é mais próprio, sua abertura, seu *Da*, seu *aí* ou seu *aqui*. Nas palavras de Heidegger:

---

6   Logo na introdução de *A linguagem e a morte*, Agamben narra sua participação no seminário oferecido por Heidegger em Le Thor, na Provença francesa (1966). Em certa ocasião, Heidegger teria aludido a um limite de seu pensamento, inacessível para si mesmo, que os demais integrantes do seminário talvez pudessem enxergar e desdobrar. De certo modo, é a esse limite do pensamento heideggeriano que Agamben se dedica. Outro texto em que o filósofo italiano conceberá o pensamento heideggeriano como a culminação da metafísica encontra-se em *A potência do pensamento, ensaios e conferências*, intitulado "Heidegger e o nazismo". Cf. Agamben (2015).

Sendo, o *Dasein* é lançado, não foi conduzido por si ao seu *Da*. Sendo, o *Dasein* é determinado como um poder ser, que pertence a si mesmo, embora não como se tivesse dado a si mesmo a própria posse... Uma vez que ele próprio não pôs o fundamento, ele repousa em seu peso... [...] Sendo fundamento, ou seja, existindo como lançado, o *Dasein* fica constantemente atrás de suas próprias possibilidades [...] Ser-fundamento significa, portanto, *não* ser jamais dono do próprio ser mais próprio desde o fundamento. Este *Não* pertence ao sentido existencial do ser-lançado. Sendo fundamento, ele próprio é uma negatividade de si mesmo. Negatividade (*Nichtigkeit*) não significa de modo algum não estar presente, não consistir, mas significa um *Não* que constitui o ser do *Dasein*, o seu ser-lançado [...]. Tanto na estrutura do ser-lançado quanto na do projeto, tem lugar uma negatividade essencial. Ela é o fundamento para a possibilidade da negatividade do *Dasein* inautêntico na decadência (*Verfallen*), na qual se encontra desde sempre facticiamente. (Heidegger apud Agamben, 2006: 14-15; Heidegger, 2009: 364-365)

A negatividade que constitui o *Dasein* enquanto tal – na medida em que aquilo que lhe é mais próprio é o *aí*, a espacialidade e a abertura nas quais está lançado (projetado) – é revelada ao *Dasein* na experiência autêntica da morte. Mas isso significa que, justamente no momento em que a possibilidade de ser aquilo que lhe é mais próprio, ser seu próprio *Da*, é assumida, o *Da* revela-se como o lugar a partir do qual ameaça uma negatividade radical. Por isso, Agamben propõe-se a pensar o que na partícula *Da* nulifica e introduz a negação no ente homem, que deve ser o seu *aí* ou o seu *aqui*, e chega a afirmar que "a negatividade provém, ao *Dasein*, de seu próprio *Da*" (Agamben, 2006: 18). Por meio dessa constatação, Agamben aproxima a partícula *Da*, em Heidegger, ao pronome demonstrativo *diese* (isto, este), a partir da *Fenomenologia do espírito*, de Hegel.

Essa aproximação é importante pois a questão da negatividade do *Dasein* remete a um problema de linguagem: as partículas *Da* e *Diese*, como pronomes demonstrativos, articulam a questão do ser à questão da linguagem. Na articulação entre Heidegger e Hegel, Agamben dirá que, se, em *Ser e tempo*, o pensamento heideggeriano se inicia com a formulação de que o termo *Dasein* significa ser-o-*Da* (§28), a *Fenomenologia do espírito* é iniciada, em seu primeiro capítulo, "A certeza sensível, ou o Isto e o querer-dizer" (*Die sinnliche Gewissheit oder das Diese und das Meinen*), a partir da tentativa da certeza sensível de apreender-o-*isto* (*das Diese nehmen*). Assim, Agamben investiga uma possível analogia entre a experiência da morte, que em *Ser e tempo* revela ao *Dasein* a possibilidade autêntica de ser o seu *Da* (seu aí ou seu aqui), e a experiência de "apreender-o-isto", que garante que o discurso hegeliano se inicie *ex nihilo*, na *Fenomenologia*. Nesse sentido, Agamben indaga se a concepção heideggeriana do *Dasein* como tentativa de problematizar a categoria do "humano" ou do "sujeito" é realmente suficiente para situar o *Dasein* para além do sujeito hegeliano, "do *Geist* [espírito] como *das Negative* [o negativo]" (Agamben, 2006: 18).

A *Fenomenologia do espírito* se inicia, em seu primeiro capítulo, como uma tentativa de liquidação da certeza sensível, mediante uma análise do "isto" (*das Diese*) e do indicar. No movimento dialético de *Aufhebung (suprassunção)*, em que consiste a experiência da consciência descrita pela *Fenomenologia*, o ponto de partida é a certeza sensível.[7] Se a certeza sensível apresenta seu conteúdo concreto como o mais rico e o mais verdadeiro, Hegel dirá, no entanto, que ela se dá como a verdade mais pobre e mais abstrata, e acrescenta:

> daquilo que sabe, ela [a certeza sensível] diz apenas isto: ele é; e a sua verdade contém somente o *ser* da coisa; de sua parte, a consciência participa desta certeza apenas como puro *Eu*; ou seja, *Eu* estou aqui (*Ich bin darin*) somente como puro *este* e o objeto, do mesmo modo, somente como puro *Isto* (*Dieses*). (Hegel apud Agamben, 2006: 24; Hegel, 2012: 85)

Ao dar prosseguimento à leitura de Hegel, Agamben afirmará que, se a certeza sensível se interrogar sobre o próprio objeto ("o que é o *Isto*?"), ela fará a experiência de que aquilo que se apresentava como a verdade mais concreta é, no entanto, um simples universal. Para esclarecer essa afirmação, Agamben observa que Hegel aproxima o pronome demonstrativo "isto" àquilo que ele chama de "a dupla forma do seu ser": as palavras "agora" e "aqui". Se tomarmos a palavra "agora" como exemplo, também poderemos averiguar que ela, nos termos de Hegel, aponta para uma verdade extremamente concreta, que, entretanto, é a verdade mais universal. Nesse sentido, Hegel proporá a seguinte experiência:

> À pergunta: *o que* é Agora? Respondemos, por exemplo: *o Agora é a noite*. E, para provar a verdade desta sensível certeza, um

---

7 No prosseguimento do capítulo, trabalharei uma definição de *Aufhebung*.

simples experimento será suficiente. Escrevamos esta verdade; uma verdade nada perde ao ser escrita; e igualmente pouco ao ser conservada. Olhemos *agora, este meio-dia*, a verdade escrita: devemos dizer então que ela se tornou vazia. (Hegel apud Agamben, 2006: 24; Hegel, 2012: 85)

Por um lado, se "*Agora*" poderia se apresentar como a concretude mais radical, na medida em que não podemos apreendê-lo, ele é também o que há de mais abstrato e inapreensível. Por isso, o "Agora" será caracterizado como um negativo em geral, como universal (*Allgemeines*), como mediato, e não imediato, já que nunca podemos apreender a imediatidade para a qual ele, supostamente, aponta: "este *Agora* que se mantém não é, portanto, um imediato, mas um mediato; pois ele é determinado como algo que permanece e se conserva precisamente através do fato de que um outro, isto é, o dia e a noite, não é" (Hegel apud Agamben, 2006: 24; Hegel, 2012: 87). Dessa maneira, o universal é o verdadeiro da certeza sensível. Em importante passagem destacada por Agamben, é como um universal que exprimimos o sensível e o ser em geral:

> É como um universal que nós exprimimos (*sprechen... aus*) também o sensível; aquilo que dizemos, é: *Isto*, ou melhor, o *Isto* universal, ou: *ele é* (*es ist*); ou seja, *o ser em geral*. Nós não nos *representamos* (*stellen... vor*) certamente o *Isto* universal ou o ser em geral, mas *exprimimos* o universal; ou seja, nós não falamos absolutamente como, nesta certeza sensível, *queremos-dizer* (*meinen*). Mas a linguagem é, como vemos, o mais verdadeiro: nela nós mesmos contradizemos imediatamente o nosso *querer--dizer* (*unsere Meinung*) e, visto que o universal é o verdadeiro

da certeza sensível e a linguagem exprime apenas esse verdadeiro, não é possível, portanto, que nós possamos dizer (*sagen*) um ser sensível, que nós *queiramos-dizer* (*meinen*). (Hegel apud Agamben, 2006: 25; Hegel, 2012: 88)

Tentar dizer a certeza sensível significa ter a experiência da impossibilidade de dizer aquilo que queremos dizer, e isso não por conta de uma pobreza das palavras, mas sim porque só podemos dizer aquilo que há de universal no "isto", já que a linguagem só pode exprimir o que há de universal no sensível. Agamben, ao prosseguir em sua leitura de Hegel, mostrará que, mesmo quando a certeza sensível tenta sair de si e indicar (*zeigen*) aquilo que ela quer-dizer, o "agora" e o "isto", ela percebe que o próprio gesto de mostrar também é, desde sempre, mediação. Nem mesmo o gesto de Crátilo – que ao levar ao extremo a teoria heraclítica do ser como contingência radical, não mais fala, mas somente indica – seria aqui suficiente. Ao radicalizar a concepção heraclítica de que o ser não é, somente devém, e por isso não pode ser apreendido, Crátilo não mais falava, pois no momento de dizer o ser, ele já havia mudado, já não era mais o mesmo e igual a si mesmo, segundo o célebre fragmento atribuído a Heráclito: "*panta rhei*", "todas as coisas se movem e nada permanece imóvel" (Platão, 1978: 77-402a). Por isso, Crátilo somente apontava, na tentativa de capturar o ser. Se, em Hegel, o próprio movimento de indicar já contém em si uma mediação, o gesto de Crátilo seria também insuficiente em sua tentativa de apreender o ser, ou as coisas no sensível.

Que o próprio processo de mostrar já seja mediação quer dizer que ele já é um processo dialético, e que, como tal, contém em si desde sempre sua negação. Nesse sentido, o "agora", no momento imediato em que é indicado, como "este agora", já deixou de ser: "vemos que o *Agora* é precisamente isto, já não ser enquanto é. O *Agora*, como nos é indicado, é um ter-sido (*gewesenes*), e esta é a sua verdade" (Hegel apud Agamben, 2006: 25; Hegel, 2012: 90). Por isso, querer captar o *isto* (*das Diese nehmen*) na indicação significará ter a experiência de que a certeza sensível é um processo de negação e mediação, e que, se a consciência natural (*das natürliche Bewusstsein*) pretendeu colocar-se no início da dialética como absoluto, ela se constituirá, na verdade, como mais um momento a ser suprimido (*aufgehoben*) em direção ao saber absoluto e ao fim da história.

Desse modo, a coisa sensível, que se quer dizer, é inacessível à linguagem, pois esta pertence à consciência e ao universal em si. Para Agamben, "aquilo que é indizível, para a linguagem, nada mais é que o próprio querer-dizer, a *Meinung*, que, como tal, permanece necessariamente não dita em todo dizer" (Agamben, 2006: 27). Esse não dito, entretanto, será apenas um negativo e um universal que, ao ser tomado-por-verdadeiro, poderá ser transformado em alguma outra coisa, passível de ser expressa pela linguagem:

> Mas se quiser vir em socorro da linguagem, que possui a natureza divina de inverter imediatamente o querer-dizer, de transformá-lo em alguma outra coisa e de não o deixar vir à palavra, *indicando* agora este pedaço de papel, então eu experimento aquela que é a verdade da experiência sensível: eu o indico como um *Aqui*, que é um Aqui de outros *Aqui* ou, em si mesmo, um *simples agrupamento* de muitos *Aqui*, vale dizer, um universal; eu o tomo como é na verdade e, ao invés de conhecer um ime-

diato, eu percebo (*nehme ich wahr*, tomo por verdadeiro). (Hegel apud Agamben, 2006: 27-28; Hegel, 2012: 93)

O "Aqui", o "Isto" ou o "Agora" apontam para uma imediatidade universal, na medida em que, em um "simples agrupamento de muitos" "aqui", "agora" e "isto" está contida a imediatidade como negatividade. O "isto" universal que, portanto, pode ser dito, consistirá na supressão do "isto" em sua imediatidade. Lembro que a negatividade em Hegel é sempre determinada e relativa, e que será a propósito da *Wahr/nehmung*, o tomar por verdadeiro, do *Isto*, que Hegel articulará, de modo cabal, a explicação do significado dialético do termo *Aufhebung*:

> O *Isto* é posto, então, como um *Não-isto* ou como suprimido (*aufgehoben*), e, portanto, não como nada, mas como um nada determinado ou *nada de um conteúdo*, ou melhor, do *Isto*. O próprio sensível é, assim, ainda presente, mas não como deveria ser na certeza imediata, como um singular que-se-quis-dizer, mas como um universal, como o que é determinado como propriedade. O suprimir (*das Aufheben*) expõe assim o seu verdadeiro duplo significado, que vimos no negativo: ele é um *negar* e, ao mesmo tempo, um *conservar*; o nada, como *nada do Isto*, preserva a imediatez e é ele mesmo sensível, mas uma imediatez universal. (Hegel apud Agamben, 2006: 29; Hegel, 2012: 96)

A partir dessa leitura, Agamben poderá afirmar que a linguagem conserva o indizível dizendo-o, ou seja, colhendo-o na sua negatividade, como aquilo que foi negado e ao mesmo tempo conservado. Em termos agambenianos, pode-se dizer que a linguagem pressupõe o indizível para poder significar, de onde provém seu "poder pressuponente". De certa maneira, a relação indizível-dizível, caracterizada por Agamben como uma relação de exclusão-inclusiva, pode ser pensada como uma reformulação da *Aufhebung* hegeliana, em que um "Isto" é imediatamente excluído e incluído, negado e conservado, na linguagem. Assim, apreender-o-isto e ser-o-aí remetem o humano a uma negatividade constitutiva. O que há nas partículas *Da* e *Diese* que lançam o humano na negatividade? Essa pergunta levará Agamben a investigar o caráter linguístico dos pronomes, e sobretudo, dos pronomes demonstrativos.

A natureza dos pronomes

Segundo Agamben, se os primeiros a reconhecer a autonomia dos pronomes como articulações indicativas (ἄρθρα δεικτικα) do discurso foram os estoicos, somente a partir da linguística moderna a problemática da passagem entre *significar* e *mostrar*, que tem lugar no pronome, será explicada. Ainda para Agamben, essa passagem já havia sido aventada no pensamento lógico-gramatical da Idade Média, que distinguia entre duas espécies de demonstrativos: uma que se refere aos sentidos (significa aquilo que indica); outra, que se refere ao intelecto (não significa aquilo que indica, mas qualquer outra coisa, como, por exemplo, no caso do nome próprio).[8] Se somente a linguística moderna pôde explicar esse problema, isso se deu também por conta do desenvolvimento da filosofia moderna que, de Descartes a Kant e Husserl, é, em boa medida, uma reflexão sobre o estatuto do pronome "eu". Pois o estatuto do pronome "eu" aponta para o fato de que há linguagem, para além

---

8   Agamben fornece como exemplo a *Gramática especulativa* de Tomás de Erfurt, que está na base da tese de doutoramento de Heidegger sobre Duns Scot. Cf. Agamben (2006: 39).

de qualquer significação, como aparece na leitura agambeniana de Benveniste.

A linguística moderna, com Benveniste, classifica os pronomes como "indicadores da enunciação", e com Jakobson, como *shifters*. Atenho-me aos "indicadores da enunciação" tais como concebidos por Benveniste. Agamben destaca dois textos do linguista francês, "A natureza dos pronomes" e "O aparato formal da enunciação", em que Benveniste identifica o caráter primordial dos pronomes, junto aos demais indicadores da enunciação, tais como o "aqui", o "agora", "o "hoje" etc. na remissão que estes efetuam a uma instância de discurso. Os pronomes aparecem, portanto, como "signos vazios", que se tornam "plenos" quando o locutor os assume em uma instância de discurso. Não há, nesse sentido, nenhum referente objetivo para essa classe de termos, os quais só ganham significado por meio da referência à instância de discurso que os contém.

Por isso, Benveniste dirá que "eu" ou "tu" não se referem a nenhuma realidade objetiva, mas "unicamente [a] uma 'realidade de discurso', que é algo muito singular [...] *Eu* significa 'a pessoa que enuncia a presente instância de discurso que contém *eu*'" (Benveniste apud Agamben, 2006: 40). Dessa maneira, a *díxis*, a indicação, efetuada pelos pronomes, implicaria uma remissão à instância discursiva, e não uma indicação sensível. "Eu", "Aqui", "Agora" indicam o fato de que há linguagem, de que a linguagem tem lugar, de sua instância. Nas palavras de Benveniste, em uma passagem destacada por Agamben:

> É inútil definir estes termos e os demonstrativos em geral através da *díxis*, como se costuma fazer, se não se acrescenta que

a *díxis* é contemporânea da instância de discurso que porta o indicador de pessoa; é desta referência que o demonstrativo retira o seu caráter sempre único e particular, que é a unidade da instância de discurso à qual se refere. O essencial é, portanto, a relação entre o indicador (de pessoa, de lugar, de tempo, de objeto mostrado etc.) e a *presente* instância de discurso. Efetivamente, tão logo se deixa ter em mira, através da própria expressão, esta relação do indicador com a instância de discurso que o manifesta, a língua recorre a uma série de outros termos distintos que correspondem simetricamente aos primeiros, mas que se referem não mais à instância de discurso, mas aos objetos reais e aos tempos e lugares "históricos". Daí as correlações: eu: ele; aqui: lá; agora: então; hoje: o mesmo dia. (Benveniste apud Agamben, 2006: 41)

Os pronomes são signos vazios na medida em que não remetem a uma realidade lexical, porque só se tornam plenos no momento em que o locutor os assume em uma instância discursiva. É assim que os pronomes operam a conversão da linguagem em discurso e permitem a passagem da língua (*langue*) à fala (*parole*) (Agamben, 2006: 41). Por esse motivo, Agamben afirmará que a articulação que os pronomes efetuam não é a do não linguístico – que seria a indicação sensível – ao linguístico, mas sim a da língua à fala. Aquilo que permaneceria como negatividade, como indizibilidade, não seria simplesmente um objeto inominado, mas sim a própria instância de discurso, o seu próprio ter-lugar, pois, nas palavras de Agamben, "a indicação é a categoria através da qual a linguagem faz referência ao seu próprio ter-lugar" (Agamben, 2006: 43).

Para melhor compreender a esfera da significação que surge na remissão à instância de discurso operada pelos pronomes, Agamben aborda a distinção entre enunciação e ato de fala, que tem lugar na obra de Benveniste. O linguista definirá a enunciação como a "colocação em funcionamento da língua através de um ato individual de utilização" em que o que está em questão é o "próprio ato de produzir um enunciado" (Agamben, 2006: 43). A relação entre o locutor, o "eu", e a língua é o que determina o caráter linguístico da enunciação, o que não ocorre no ato de fala, em que o que está em questão é o texto do enunciado, a esfera da significação. Agamben conclui que:

> A esfera da enunciação compreende [...] aquilo que, em todo ato de fala, se refere exclusivamente ao seu ter-lugar, à sua *instância*, independentemente e antes daquilo que, nele, é dito e significado. Os pronomes e os outros indicadores da enunciação, antes de designar objetos reais, indicam precisamente que *a linguagem tem lugar*. Eles permitem, deste modo, referir-se, ainda antes que ao mundo dos significados, ao próprio *evento de linguagem*, no interior do qual unicamente algo pode ser significado. (Agamben, 2006: 43)

Em tudo o que é dito e significado o próprio ter-lugar da linguagem já se apresenta, mas essa apresentação, o fato de que há linguagem, é aquilo que permanece como inefabilidade. Agamben articula as partículas "aí" e "isto", de Heidegger a Hegel, e os pronomes como indicadores da enunciação, em Benveniste, como indicadores da esfera do próprio ter lugar da linguagem, de sua existência. Se, para a filosofia, o ser é aquilo que, sem ser nomeado, é já sempre indicado em cada dizer, a diferença ontológica entre ser e ente, mundo e coisa,[9] corresponde ao "puro ter-lugar da linguagem", por um lado; e "aquilo que é dito e significado", por outro, entre linguagem e fala. Para Agamben, "a transcendência do ser em relação ao ente, do mundo em relação à coisa, é, primeiramente, transcendência do evento de linguagem em relação à fala" (Agamben, 2006: 44). Com isso, o autor vai acentuar a ligação entre a história da metafísica e a dimensão da palavra ser, "cuja eterna busca e eterna perda [...] constituem a história da metafísica, [que] é aquela do ter-lugar da linguagem que, em cada ato de fala, colhe o abrir-se desta dimensão e, em todo dizer, tem, antes de mais nada, experiência da 'maravilha' que a linguagem seja" (Agamben, 2006: 44).

Essa transcendência implica uma negatividade, pois se o ser-aí é o único ente para o qual seu ser está em jogo, e se somente na experiência autêntica da morte ele acessa aquilo que lhe é mais

---

9   Para mais sobre a relação entre mundo e coisa, ver Heidegger (2003). Heidegger dirá que o *Dasein* tem mundo, o animal é pobre de mundo (*Weltarmut*), e a pedra (a coisa) é sem mundo (*Weltlos*). A partir de uma retomada das pesquisas do biólogo Uexküll, Heidegger apontará para o fato de que o animal está imediatamente remetido aos portadores de significado (*Bedeutungsträger*) de seu meio ambiente (*Umwelt*). Há uma relação imediata entre o corpo do animal, seu mundo interno (*Innenwelt*) e o seu meio ambiente (*Umwelt*) de maneira que ele não possui a experiência da potência de não estar remetido a seu meio ambiente, de não ser imediatamente capturado nele (é a isso que o senso comum se refere quando diz que o animal tem instinto). Já o *Dasein*, por sua vez, será caracterizado como o animal que aprendeu a entediar-se: ele é aberto ao fechamento do animal, o que quer dizer que ele é aberto à captura imediata (*Benomenheit*) do animal por seu meio ambiente. O tédio funciona aqui como a *Stimmung* (tonalidade emotiva) fundamental do *Dasein*: assim como ele é o único ente para o qual a linguagem é desde sempre mediação, ele não somente é o único ente para qual seu próprio ser está em jogo como também é o único ente que pode fazer a experiência da potência de não, como, por exemplo, da potência de não mais existir a partir da antecipação de sua própria morte. Cf. Agamben (2002). Lacan, leitor de Heidegger, se refere algumas vezes à fratura entre *Innenwelt* e *Umwelt* no caso do humano, como se poderá ver no terceiro capítulo.

próprio – o "aí" como abertura e espacialidade – ele é, de fato, nas palavras de Hegel, o ser negativo que "é o que não é, e não é o que é", e nas de Heidegger, "o lugar-sustentador [*Platzhalter*] do nada" (Agamben, 2006: 12).

A voz e a Voz

O que significa, no entanto, *indicar* a instância de discurso? Como pode o discurso ter *lugar* e ser indicado? Essas perguntas encaminham Agamben ao problema da voz, pois o que permite que o discurso seja indicado é a voz. Para Agamben, o problema da *díxis* é o problema da voz, e de sua relação com a linguagem. Em mais de uma ocasião, Agamben faz menção à célebre passagem de Aristóteles, em *Da Interpretação* (16a, 3-7), em que a voz humana é caracterizada como voz articulada (*phoné énarthros*). Já a voz animal, em contrapartida, é caracterizada como voz confusa (*phoné synkechyméne*) e desarticulada. Aquilo que na voz humana possibilita que ela seja articulada é a letra, o *grámma*; é o fato de que ela pode ser escrita, de que ela já é sempre *phoné engramátos*. Se o círculo da significação linguística, de acordo com Aristóteles, consiste no processo de interpretação, que se desenrola em três termos – aquilo que existe na *voz* interpreta e significa os *pathémata*, as afecções na alma que, por sua vez, interpretam e significam as *coisas*, as *pragmata* – a letra, o *grámma*, aparece como quarto hermeneuta.

Para Agamben, o estatuto particular do *grámma* consiste no fato de que ele não é, como os demais elementos, um mero signo, mas é, ao mesmo tempo, elemento da voz, "*quantum* de voz articulada" (Agamben, 2012: 16). Como signo e, ao mesmo tempo, como elemento constitutivo da voz, a letra aparece como aquilo que articula a passagem da voz (*phoné*) ao discurso (*lógos*). No entanto, para Agamben, não há um *árthros*, uma articulação, entre voz e fala, mas a voz permanece como pressuposição de si mesma, como elemento negativo constitutivo do *lógos*, incluída a partir de uma exclusão, portanto, excluída-incluída. A voz permanece como o elemento negativo constitutivo do *lógos*.

De que "voz" se trata aqui? Se, por um lado, Benveniste define a realização vocal da língua como o aparato fundamental da enunciação, por outro lado, Agamben estabelece uma distinção entre a "voz", escrita com "v" minúsculo, e a "Voz", escrita com "v" maiúsculo. À "voz" corresponde a mera emissão de som, e a "Voz", em contrapartida, aponta para uma "dimensão ontológica fundamental", correlata dos pronomes (com Benveniste) e das partículas "isto" e "aí" (com Hegel e Heidegger). Para Agamben, a Voz se apresenta como "pura intenção de significar, como puro--querer dizer, no qual alguma coisa se dá à compreensão sem que se produza ainda um evento determinado de significado" (Agamben, 2006: 53).

À procura por uma experiência dessa "Voz" na história da filosofia, Agamben encontra uma passagem de Agostinho, em *Da Trindade*, em que o filósofo reflete sobre o estatuto da palavra morta (*vocabulum emortuum*) "*temetum*", antiga palavra para designar *vinum*, vinho. O ouvinte, diante da pronúncia dessa palavra, cujo significado não conhece, faz a experiência de que o som que ouviu não é uma mera voz vazia (*inanem vocem*), mas um som significante. Para Agostinho, ao não ter conhecimento do significado da palavra que ouviu, o ouvinte desejará sabê-lo. Na leitura de Agamben, a experiência de uma palavra que nem é mero som nem ainda significado, consiste, em Agostinho, na experiência amorosa como vontade de saber: "à intenção de significar sem significado, corresponde, de fato, não a compreensão lógica, mas o desejo de saber" (Agamben, 2006: 54).

É para essa dimensão da Voz que Gaunilo, lógico medieval do século XI, aponta ao propor uma experiência de pensamento que reside somente na voz (*sola voce*), e não significa nem remete a uma coisa (*res*): o "pensamento da voz só (*cogitatio secundum vocem solam*)". Em uma passagem de Gaunilo, citada por Agamben, o lógico medieval propõe um pensamento que pense

> Não tanto a própria voz, que é uma coisa de algum modo verdadeira, a saber, o som das sílabas e das letras, quanto o significado da voz ouvida; não, porém, como é pensado por quem conhece o que se costuma significar com aquela voz (que é pensado conforme a coisa, ainda que verdadeira somente no pensamento), mas, antes, como é pensado por quem não conhece o seu significado e pensa apenas conforme o movimento do ânimo com que procura representar-se o efeito da voz ouvida e o significado da voz percebida. (Agamben, 2006: 55)

O "pensamento da voz só", experiência não mais de um mero som e não ainda de um significado, indica o puro ter-lugar de uma instância de linguagem e, por isso, Agamben o aproxima da dimensão do puro ser. É a partir dessa singular aproximação que, para Agamben, é possível pensar a proposição de Roscelino de Compiègne (século XI) segundo a qual as essências universais seriam somente *flatus vocis* (sopro de voz). Roscelino, professor de Pedro Abelardo, se inseriu na querela dos universais como o precursor da corrente do nominalismo, considerada herética. Segundo essa concepção, as essências universais são somente *flatus vocis*, sopros vocais, nomes, e não possuem uma realidade ontológica. *Flatus vocis* consiste nessa experiência da Voz não como mero som, mas como pura indicação de que a linguagem tem lugar. Por isso, na leitura de Agamben, "*flatus vocis*" e "pensamento da voz só" consistem no pensamento do que há de mais universal: o pensamento do ser. "O ser é [está] na voz (*esse in voce*) como abrir-se e mostrar-se do ter-lugar da linguagem, como Espírito" (Agamben, 2006: 56).

A articulação entre a experiência da "*flatus vocis*" e o *Geist* hegeliano pode ser constatada do ponto de vista etimológico. Na etimologia da palavra alemã *Geist*, por exemplo, encontramos o verbo *hauchen* (respirar), e o substantivo, der *Hauch*, o sopro, assim como na palavra latina *Spiritus*, encontramos o verbo *spirare* (soprar, respirar) e na palavra latina *anima*, o substantivo grego *anemos* (vento).[10] O sopro, como aquilo que constituiu o ser, também está na compreensão judaico-cristã da criação do humano, no Gênesis, na medida em que Deus insufla no homem (em Adão) o sopro divino.

Para Agamben, assim como a Voz não é o mero fluxo sonoro emitido pelo aparelho fonador, também o locutor, o "eu", não é meramente o indivíduo psicossomático do qual provém o som. A voz animal, a voz como mero som, pode ser índice do animal que a profere, mas não pode remeter a uma instância de discurso ou abrir a esfera da enunciação. Por isso, Agamben chega a afirmar que "a Voz humana é a tumba da voz animal" (Agamben, 2006: 67). E na medida em que esta Voz "tem o estatuto de um *não mais*

---

10   Cf. verbete *Geist* (Espírito) em Wahrig (1968, 1979).

(voz) e de um *não ainda* (significado), ela constitui uma dimensão negativa". Ela é *fundamento* "no sentido de que ela é aquilo que vai *ao fundo* e desaparece, para que assim o ser e a linguagem tenham lugar" (Agamben, 2006: 56). Acredito ser possível aproximar essa dimensão negativa da linguagem humana ao *Medium* da linguagem, tal como aparece no ensaio "Sobre a linguagem", de Benjamin.

Sem pretender reduzir Benjamin a Agamben, me encaminho ao "Sobre a linguagem" com o objetivo de aproximar a negatividade da linguagem humana ao momento da queda do paraíso, a partir da releitura de Benjamin do Gênesis bíblico. Em Benjamin, essa negatividade será caracterizada como uma "tagarelice" (*Geschwätz*). No entanto, a tagarelice aparece na "Metafísica da Juventude" com outro sentido, como se poderá ver no prosseguimento deste capítulo.

Sobre a linguagem em geral e sobre a linguagem humana

No ensaio "Sobre a linguagem em geral e sobre a linguagem humana", escrito como parte da troca de correspondência com o amigo Gerschom Scholem,[11] Benjamin desenvolve uma teoria da linguagem a partir de uma leitura do Gênesis:

> ao se considerar a seguir, com base nos primeiros capítulos do Gênesis, a essência da linguagem, não se pretende realizar uma interpretação da Bíblia, nem colocar aqui a Bíblia, objetivamente, enquanto verdade revelada, como base para nossa reflexão, mas sim indagar o que resulta quando se considera o texto bíblico em relação à própria natureza da linguagem; e a Bíblia é,

---

11 Cf. carta de 11 de novembro de 1916 (Benjamin, 1979: 119).

de início, indispensável para esse projeto porque estas reflexões a seguem em seu princípio, que é o de pressupor a linguagem como uma realidade [*Wirklichkeit*] última, inexplicável e mística que só pode ser considerada em seu desenvolvimento. (Benjamin, 2011d: 60)

Pressupor a linguagem como uma realidade (*Wirklichkeit*) última e inexplicável pode ser aproximado do que Agamben chama de poder pressuponente da linguagem, para além e aquém de qualquer evento de significação, ou de qualquer uso instrumental da língua. Será nesse sentido que Benjamin fará menção à frase de abertura do Gênesis bíblico, em que o *lógos* é posto na *arché* tanto da criação do humano quanto na criação do mundo. Ao pressupor a linguagem como realidade última, Benjamin assinala o que, em Agamben, constitui o caráter pressuponente da linguagem, elaborado por meio das leituras de Heidegger, Hegel e Benveniste.

Já de início, Benjamin apoiará seu "pequeno tratado" (Benjamin, 1979: 119) no significado abrangente que a palavra *Sprache* possui em alemão, que significa tanto língua quanto linguagem, e torna indistinta a divisão que temos em nossa língua entre uma língua humana e as linguagens da música ou dos pássaros, tal como propõe Saussure. Se, por um lado, Saussure define a língua (*langue*) como classificável entre os fatos humanos, enquanto a linguagem (*langage*) não o é, a palavra alemã *Sprache*, por outro lado, ao tornar indiscerníveis "língua" e "linguagem", instiga a indagar justamente aquilo que a linguagem/língua é quando ela não é "um sistema de signos que exprimem ideias", quando ela não é representação, ponto de partida de Saussure. Ao contrário, como dirá

Jeanne-Marie Gagnebin, "a língua alemã instiga a indagar sobre a relação entre essas 'linguagens' e a 'língua humana'".[12]

Se, para Saussure, o problema linguístico é um problema semiológico, podemos dizer que, para Benjamin, o problema linguístico é um problema ontopoético e ontofânico, na medida em que a linguagem/língua prefigura aqui como construtora de mundo, como o princípio a partir do qual o mundo é. Tomo emprestado os termos ontopoético e ontofânico de Jaa Torrano em um estudo que introduz sua tradução para a língua portuguesa da *Teogonia*, de Hesíodo.

"Ontopoético", segundo a etimologia da palavra *poíesis*: de *poieîn*: pro-duzir, pro-dução na presença, isto é, trazer do não ser ao ser. E "ontofânico", segundo a etimologia da palavra *phainomenon*, de *phaino*, aquilo que aparece, que vem à luz. Sobre esse poder ontopoético e ontofânico da linguagem em *A Teogonia*, Torrano nos diz: "as palavras falam tudo, elas apresentam o mundo. Sendo as palavras por excelência o mais real e consistindo o poder delas especificamente num poder de presentificação, nas palavras é que reside o ser" (Torrano, 2007). É esse poder da linguagem que está também em questão no Gênesis bíblico, ponto de partida de Benjamin.

---

12 Cf. nota 21 da tradução brasileira de "Sobre a linguagem em geral e sobre a linguagem do homem", p. 50. Jeanne-Marie Gagnebin dirá que "o alcance especulativo e ontológico de *Sprache*, em sua amplitude, merece ser ressaltado e pode servir de horizonte para toda a filosofia alemã, em particular aquela do romantismo alemão, tradição na qual o ensaio de Benjamin se insere, ocupando lugar de destaque. Com efeito, mesmo que a língua alemã confira à língua humana, isto é, verbal e articulada, e às várias línguas idiomáticas um sentido eminente [...], em conformidade com toda a tradição filosófica que distingue o homem dos outros animais pela posse da linguagem, ela pressupõe uma função expressiva na base dessa língua/linguagem, que não pode ser reduzida unicamente às línguas verbais humanas. [...] A função expressiva e significante da *Sprache* ajuda também a entender que se possa dizer dos homens que eles têm línguas diferentes, mas, ao mesmo tempo, possuem a mesma língua/linguagem, como disse Wilhelm von Humboldt" (Benjamin, 2011d: 50).

Já pelo abrangente significado que *Sprache* possui em alemão podemos entender o título do ensaio de Benjamin, "Sobre a linguagem em geral e sobre a linguagem humana", pois a linguagem das palavras é somente um caso da linguagem/língua em geral, ela é a linguagem/língua humana. Há na língua alemã uma divisão binária entre "*Sprache*" (que significa tanto "linguagem" quanto "língua") e "*Rede*" ("discurso"). A indistinção entre "linguagem" e "língua", que o termo alemão "*Sprache*" denota, aponta para a possibilidade de existência tanto de uma língua/linguagem das coisas ou da natureza, quanto para a existência de uma língua/linguagem humana. A própria palavra alemã "*Sprache*" instiga a indagar sobre a possibilidade de existência de uma língua/linguagem não humana ou sobre uma "origem" da língua/linguagem em que o que está em questão não é meramente o caráter instrumental e comunicativo das línguas históricas.

Dessa maneira, para Benjamin, não só o ser humano possui sua linguagem/língua, mas também as coisas possuem uma linguagem/língua, e em sua linguagem/língua material, as coisas e os acontecimentos se comunicam ao humano. Como escreve Benjamin: "não há evento ou coisa, tanto na natureza animada, quanto na inanimada, que não tenha de alguma maneira, participação na linguagem, pois é essencial a tudo comunicar seu conteúdo espiritual [*geistigen Inhalt*]" (Benjamin, 2011d: 51). A comunicação desses conteúdos espirituais, no caso das coisas inanimadas, se dá na linguagem/língua, pois para Benjamin não existe nada que não mantenha relação com a linguagem/língua. Para Benjamin, a existência das coisas em si mesmas, fora da linguagem, ou seja, fora de suas expressões na linguagem, é uma ideia da qual nada se poderia tirar de fecundo:

a linguagem desta lâmpada, por exemplo, não comunica a lâmpada (pois a essência espiritual da lâmpada, na medida em que é comunicável, não é em absoluto a própria lâmpada), mas a lâmpada-linguagem, a lâmpada-na-comunicação, a lâmpada-na-expressão. (Benjamin, 2011d: 53)

Isso quer dizer que antes de a linguagem funcionar como instrumento, antes de comunicar qualquer conteúdo *através* de si mesma (*durch sich selbst*), ela comunica, *em* si mesma (*in sich selbst*), sua comunicabilidade pura e simples. A comunicabilidade da linguagem pode apontar para o que Agamben chama de "poder pressuponente". Pois também Benjamin ressalta o fato de que a linguagem, antes de ser signo, é comunicabilidade pura e simples de si mesma. Na medida em que não temos acesso à própria lâmpada, à "coisa lâmpada", aquilo que acessamos quando falamos "lâmpada" é o *Medium* em que expressamos a lâmpada, e esse *Medium* é a comunicabilidade da própria linguagem. Ou seja, se a linguagem/língua não comunica a "coisa em si", mas sim a coisa na linguagem, a coisa na expressão, a linguagem comunica a si mesma. A linguagem/língua comunica a linguagem/língua: Benjamin pretende levar a sério essa tautologia.

Há, no entanto, uma diferença entre o que Benjamin chama de "essência espiritual" (*geistige Wesen*) das coisas (a comunicabilidade das coisas) e "essência linguística" (*sprachliches Wesen*) das coisas (o que nas coisas se comunica), pois só conhecemos as coisas na medida em que elas se comunicam: "a essência espiritual só é idêntica à essência linguística na medida em que é comunicável" (Benjamin, 2011d: 52). Isso significa dizer que todas as coisas comportam uma parte não linguística e que existe alguma coisa nas coisas que não é perfeitamente comunicável: "é o que queremos dizer quando falamos que as coisas são mudas" (Benjamin, 2013: 335). Essa diferenciação entre a essência espiritual e a essência linguística "é a distinção primordial em uma investigação de caráter teórico sobre a linguagem" (Benjamin, 2011d: 52). Isso que não se comunica das coisas pode ser pensado como a origem silenciosa da linguagem, mas essa linguagem ainda não é a linguagem humana das palavras, e sim a linguagem muda das coisas.

Se somente por intermédio da essência linguística das coisas (o que nas coisas se comunica) chegamos ao conhecimento linguístico das coisas, então o que se comunica das coisas é sua essência linguística. É nesse sentido que Benjamin pode dizer que "toda linguagem comunica-se a si mesma (*jede Sprache teilt sich selbst mit in sich selbst*)" (Benjamin, 2011d: 53), ou seja, que a língua é o meio, *Medium*, da comunicação (*das "Medium" der Mitteilung*), em que o que é comunicado é a língua mesma. O que a linguagem comunica é sua comunicabilidade pura e simples, ela é esse *Medium* no qual as coisas se comunicam, e não o meio, *Mittel*, por meio do qual as coisas se comunicam. Esse *Medium* da linguagem em que ela se comunica em si mesma indica uma relação de imediatidade (*Unmittelbarkeit*), e tal imediatidade em que a língua/linguagem (*Sprache*) se comunica em si mesma é o que podemos chamar, a partir de Benjamin, de magia da linguagem: "se quisermos chamar de magia essa imediatidade, então o problema originário da linguagem será sua magia" (Benjamin, 2011d: 54). Se, por um lado, a linguagem como *Mittel* (meio) será caracterizada como um meio para fins, no sentido de funcionar como instrumento para a troca intersubjetiva, por outro lado, a linguagem como *Medium* será caracterizada como um meio em si mesma, pois o que se comunica é a própria linguagem. Benjamin dirá que o caráter mágico da linguagem como *Medium*, sua imediatidade, remete a outro aspecto, ao seu caráter de infinitude (*Unendlichkeit*):

> Pois precisamente porque nada se comunica através da língua, aquilo que se comunica na língua não pode ser limitado nem medido do exterior, e por isso em cada língua reside sua incomensurável, e única em seu gênero, infinitude. É a sua essência linguística, e não seus conteúdos verbais, que define o seu limite. (Benjamin, 2011d: 54)

O *Medium* da linguagem remete à comunicabilidade da própria linguagem, e não àquilo que por meio da linguagem é comunicável. Por isso, nenhum conteúdo verbal pode definir seu limite. Mas, se a essência espiritual das coisas não se reduz à sua essência linguística, ou seja, se todas as coisas comportam uma parte não linguística, a essência espiritual do humano se comunica inteiramente em sua essência linguística, porque a essência espiritual humana é a sua essência linguística. No caso da linguagem das coisas, há uma fratura entre essência espiritual (a comunicabilidade das coisas) e essência linguística (isso que nas coisas se comunica), pois há algo nas coisas que não se comunica totalmente (há um elemento material, silencioso, das coisas ao qual não temos acesso). No caso da linguagem humana, essência espiritual e essência linguística são idênticas, porque a comunicabilidade é aquilo que se comunica na linguagem humana antes mesmo do objeto que ela pretende comunicar. Por isso, na palavra humana para o objeto "lâmpada", o que primeiramente é comunicado é a comunicabilidade da própria linguagem, é o fato de que há linguagem, é a dizibilidade da linguagem anterior e posterior ao objeto que ela pretende comunicar. É a isso que Benjamin chama de *Medium* da linguagem. Ou seja, antes da linguagem ser um meio de comunicação, um *Mittel*, um instrumento para a troca intersubjetiva, ela comunica sua própria existência, sua própria comunicabilidade, o fato de que é um *Medium*, um meio puro.

Se, para Benjamin, a essência espiritual humana é totalmente comunicável, a garantia dessa comunicação perfeita é o nome, pois "a essência linguística do humano [*des Menschen*] está no fato de ele nomear as coisas" (Benjamin, 2011d: 55). O que quer dizer que o ser humano comunica sua essência espiritual ao nomear as coisas. O ser humano não comunica sua essência espiritual, que é sua essência linguística, através (*durch*) dos nomes, e sim nos (*in*) nomes. Benjamin caracteriza uma concepção de linguagem em que o meio (*Mittel*) da comunicação é a palavra, o objeto, a coisa, e o destinatário, outro ser humano, como uma concepção burguesa de linguagem (*bürgliche Auffassung der Sprache*).

No nome, o que se comunica é uma comunicabilidade pura e simples, é a linguagem mesma como *Medium*, de modo perfeito e absoluto. Pois, se na linguagem das coisas, como vimos, sua essência espiritual não é perfeitamente comunicável em sua essência linguística, a essência espiritual do humano é plenamente comunicável no nome. Ao remeter-se ao Gênesis, Benjamin dirá que a criação divina só se completa quando Adão (trata-se de um homem, portanto) nomeia as coisas, pois ao nomear as coisas, toda natureza se comunica, desde que se comunica, na língua, ou seja, no humano mesmo. É interessante atentar aqui para a ambiguidade histórica entre o "homem" e o "humano", assim como entre "*der Mann*" e "*der Mensch*". A expressão alemã que Benjamin usa para referir-se à linguagem humana é "*menschliche Sprache*", assim como a palavra para designar o humano é "*der Mensch*", já a palavra alemã para designar o homem, do gênero masculino, é "*der Mann*". Entretanto, ao retraçar a narrativa do Gênesis, não se pode deixar de atentar para o fato de que é um "homem", Adão, quem nomeia as coisas na natureza. Considero essa observação importante não só porque, três anos antes da escrita do ensaio "Sobre a linguagem", Benjamin havia escrito a "Metafísica da juventude" (1913-14) – em que pensa o que seria uma linguagem feminina e uma cultura feminina –, mas também porque, como veremos no terceiro capítulo, Lacan faz uma paródia do Gênesis em que reinterpreta a nomeação adâmica ao dar um protagonismo para Eva, aquela que teria sido a primeira a se utilizar dessa linguagem não instrumental.

O conhecimento aqui é imediato, pois o humano conhece a natureza não pelo nome que ele dá às coisas, mas nesses nomes. O nome pode ser chamado de "a língua da língua" ou a "linguagem da linguagem", no sentido de que ele é o *Medium* da linguagem, o lugar da linguagem em que é a própria linguagem que se comunica. Na segunda narração da criação do mundo no Gênesis, Adão não é criado pela palavra, mas é criado a partir da matéria, do barro, no qual é insuflado o sopro divino. Para Benjamin, o sopro divino insuflado em Adão é símbolo, ao mesmo tempo, da vida, do espírito e da linguagem. O sopro divino é símbolo do som, puro princípio formal da linguagem. Se a linguagem das coisas e dos animais é muda e imperfeita, a linguagem humana é imaterial e puramente espiritual.

Nesse ponto, é interessante lembrar aqui da origem etimológica da palavra "*Geist*" (espírito), que remete ao substantivo,

"*Hauch*", "sopro", e ao verbo, "*hauchen*", "soprar", "sussurrar". Ao homem, Adão, não criado a partir da palavra, é conferido o *dom* da língua (Benjamin, 2011d: 60). Essa singularidade do ato criador divino no que se refere a Adão é de extrema relevância para Benjamin, pois Deus não o submeteu à linguagem, tal como fez com as coisas e os animais, mas liberou nele a própria linguagem como *Medium*, a linguagem da Criação. Assim, "o humano [*der Mensch*] é aquele que conhece na mesma língua em que Deus cria" (Benjamin, 2011d: 62). Quando Benjamin diz que a essência espiritual humana é a linguagem, devemos ter em vista que "sua essência espiritual é a linguagem em que ocorreu a Criação" (p. 62), ou seja, toda a linguagem humana é reflexo da palavra criadora divina no nome.

Se, por um lado, a palavra criadora divina é infinita, absoluta e ilimitada, por outro lado, a nomeação humana é sempre de natureza limitada. A criação pela palavra divina é idêntica ao conhecimento das coisas criadas, pois somente Deus pode criar e imediatamente conhecer o que cria; é isso que está em questão na assertiva "e Deus viu que isso era bom", apresentada no Gênesis logo após a criação do mundo pela palavra divina "haja". "E Deus viu que isso era bom" significa, para Benjamin, que "ele o conheceu pelo nome. A relação absoluta do nome com o conhecimento só existe em Deus, só nele o nome, porque é intimamente idêntico à palavra criadora, é o puro *Medium* do conhecimento" (Benjamin, 2011d: 61).

O nome humano, ao contrário, não criador, não conhece imediatamente a coisa em si mesma, mas somente a maneira como a coisa, criada pela palavra divina, se comunica ao humano. A nomeação adâmica é a tradução da linguagem imperfeita e muda das coisas sem nome em uma linguagem humana, sonora, mais perfeita. Essa tradução da língua muda e sem nome das coisas à língua humana, sonora e nomeadora, é garantida por Deus, pois ambas possuem uma proximidade de parentesco em Deus. Benjamin desvincula sua teoria da linguagem tanto do que ele chama de uma concepção burguesa de linguagem, para a qual a palavra, por convenção, é o mero signo da coisa, quanto do que ele chama de uma teoria mística da linguagem, em que a palavra é a essência da coisa. Pois, nas coisas, a palavra criadora de Deus é o gérmen a partir do qual o humano conhece e nomeia.

É a partir da imagem evocada em um poema do pintor Friedrich Müller (1749-1825), citada por Benjamin, que podemos pensar a natureza limitada da nomeação humana: "Deus faz um sinal aos animais para que eles, um a um, se apresentem ao homem [*Menschen*] para serem nomeados" (Benjamin, 2011d: 66). Esse sinal, segundo Benjamin, é a imagem da comunidade linguística entre a criação muda e Deus, na qual a criação muda será traduzida para a linguagem dos nomes. A nomeação humana, ainda que participe da infinitude da linguagem divina, é de natureza limitada, porque nomeia a partir do que já havia sido criado pela linguagem divina. O nome próprio, o nome humano, pode ser pensado como o ponto em que a língua humana participa da infinitude divina da pura palavra, pois o nome próprio não corresponde a nenhum conhecimento metafísico, mas é o ponto em que a língua humana não pode se tornar nem palavra finita nem conhecimento (Benjamin, 2011d: 62).

Ao contrário, o nome próprio consiste na unidade material entre palavra e coisa nomeada. Por isso, o nome próprio não corresponde a nenhum conhecimento, porque ele não representa nem comunica o corpo nomeado, mas cobre-o, apresenta-o, inaugura-o no mundo. A doação de um nome a um corpo recém-nascido, por exemplo, é o momento em que a linguagem "toca" a materialidade do corpo, e em que o ser humano participa do poder ontopoético da palavra criadora e divina: "o nome próprio é o que o homem [*des Menschen*] tem em comum com a palavra *criadora* de Deus" (Benjamin, 2011d: 63).

Posso dizer que o nome próprio indica o próprio ter-lugar da linguagem, assim como os pronomes demonstrativos, de acordo com Benveniste, indicam uma realidade de discurso, e a experiência da Voz, segundo Agamben, aponta para o fato de que *há linguagem*, para além e aquém de qualquer evento de significação. O oferecimento de um nome próprio a um determinado corpo não tem por objetivo nem significar nem representar esse corpo, mas inaugurá-lo no mundo. Tal oferecimento se dá como um evento *da* e *na* linguagem, e não como algo da ordem da significação e da comunicação.

É dessa esfera da linguagem, a esfera dos puros nomes, que o ser humano se distancia ao provar do fruto proibido da árvore do conhecimento do bem e do mal. A queda do paraíso representa, para o ser humano, o afastamento da língua paradisíaca, a língua do conhecimento perfeito, em direção a um conhecimento "nulo", exterior: "o saber sobre o que é bom e o que é mau não tem a ver com o nome, é um conhecimento exterior, a imitação não criativa da palavra criadora" (Benjamin, 2011d: 67). Se o nome conhecia imediatamente as coisas por intermédio da palavra divina, e tinha uma relação com os elementos concretos da língua, a partir do pecado original a linguagem torna-se abstrata, torna-se mero signo, de onde mais tarde virá a pluralidade das línguas históricas.

Em uma possível interpretação agambeniana, a queda implica a relação com uma negatividade, pois aquilo que a linguagem não pode jamais comunicar, na medida em que é mero signo, é sua comunicabilidade pura e simples, ou o fato de que *há* linguagem.

Agora, dirá Benjamin, "a palavra deve comunicar [*Mitteilein*] *alguma coisa* (fora de si mesma). Esse é realmente o pecado original do espírito linguístico" (Benjamin, 2011d: 67). De imediata, de puro *Medium*, a palavra torna-se agora mediação, um meio (*Mittel*) para a comunicação de certos conteúdos, um instrumento para a troca intersubjetiva. Essa palavra que comunica do exterior, dirá Benjamin, é, de certa forma, uma paródia da palavra imediata divina e da nomeação adâmica, pois, mesmo na linguagem como meio de comunicação, permanece a dimensão nomeadora da linguagem. Ela permanece, no entanto, como aquilo que não pode ser dito, como inefabilidade. Em uma formulação agambeniana, poderíamos dizer que a dimensão nomeadora da linguagem, o *Medium* da linguagem, é incluída a partir de uma exclusão – isto é, excluída-incluída – da linguagem como comunicação, da linguagem enquanto *Mittel*.

De sua parte, Benjamin dirá que com relação à linguagem existente, o nome fornece os elementos concretos da linguagem, enquanto que os elementos abstratos teriam suas raízes na palavra judicante, pois foi o direito, por intermédio do contrato, que garantiu o caráter mediado da palavra, ou seja, que garantiu que a palavra comunicasse qualquer coisa fora dela mesma, que ela se tornasse representação. Em "Para uma crítica da violência" (1921), Benjamin afirma que a violência do direito, ao transformar a mentira em delito, transformou também a linguagem e a compreensão mútuas, antes meios puros não violentos e imediatos, em meios mediatos e violentos. De puro *Medium*, a linguagem torna-se representacional, meio de comunicação, meio não puro, meio para fins, técnica de resolução de conflitos, isto é, o próprio Direito.[13]

O que me interessa particularmente é o fato de que Benjamin aproxima a linguagem abstrata – a linguagem como meio para comunicação de fins exteriores a si mesma, a linguagem decaída dos juízos – à imagem do tagarelar (*Geschwätz*). Ele escreve:

> O conhecimento do bem e do mal é – no sentido profundo em que Kierkegaard entende este termo – uma "tagarelice" [*Geschwätz*], e este só conhece uma purificação e uma elevação (a que também foi submetido o homem tagarela [*Geschwätzige Mensch*], o pecador): o tribunal. Realmente, para a palavra que julga, o conhecimento do bem e do mal é imediato. Sua magia é diferente da magia do nome, mas é igualmente magia. Essa palavra que julga expulsa os primeiros homens [*ersten Menschen*] do paraíso; eles mesmos a incitaram, em conformidade com uma lei eterna segundo a qual essa palavra que julga pune seu próprio despertar como a única, a mais profunda culpa [*Schuld*] – e é isso que ela espera [...]. A imediatidade [*Unmittelbarkeit*] [...] da comunicabilidade própria à abstração reside no julgamento [*richterlichen Urteil*]. Essa imediatidade na comunicação da abstração instalou-se como judicante quando o homem

---

13 Cf. Benjamin (2011a: 140), "Para uma crítica da violência". O delito da mentira, ao qual Benjamin faz referência, pode ser pensado na esfera do direito por intermédio do crime de falso testemunho, presente no Código Penal Brasileiro no artigo 342, que assim dispõe: "fazer afirmação falsa, ou negar ou calar a verdade como testemunha, perito, contador, tradutor ou intérprete em processo judicial, ou administrativo, inquérito policial, ou em juízo arbitral: Pena – reclusão, de 1 (um) a 3 (três) anos, e multa". Cf. minha monografia *Efetivar a anomia da lei. Agamben, leitor de Benjamin*, defendida em 2011 na Universidade Federal Fluminense, p. 28.

[*Mensch*], pela queda, abandonou a imediatidade na comunicação do concreto, isto é, o nome, e caiu no abismo da comunicabilidade [*Mittelbarkeit*] de toda comunicação [*Mitteilung*], da palavra como meio [*Mittel*], da palavra vazia [*wortleerheit*], no abismo da tagarelice [*in den Abgrund des Geschwätzes*]. A pergunta sobre o bem e o mal no mundo depois da criação foi tagarelice [*Geschwätz*]. A árvore do conhecimento não estava no jardim de Deus pelas informações que eventualmente pudesse fornecer sobre o bem e o mal, mas sim como símbolo distintivo da sentença [*Gericht*] sobre aquele que pergunta. Essa monstruosa ironia é o sinal distintivo da origem mítica do direito. (Benjamin, 2011d: 67-69)[14]

Segundo uma possível interpretação agambeniana, a linguagem humana, comunicativa, mantém uma relação com o *Medium* da linguagem na maneira de uma negatividade. Por isso, Benjamin diz que a árvore do conhecimento não estava no jardim do Éden pelas informações que pudesse fornecer, mas como símbolo distintivo da sentença [*Gericht*] sobre aquele que pergunta, ou seja, ela estava ali somente para assinalar o que com Agamben posso chamar de "poder pressuponente da linguagem", o *lógos* na *arché* do qual o falante, na medida em que fala e comunica, não pode jamais fazer a experiência, a não ser que seja a experiência de uma queda. Daí provém sua ironia.

Se vimos a partir de Agamben, com Heidegger, Hegel e Benveniste, que a dimensão ontológica do puro ser corresponde à dimensão dos pronomes demonstrativos – aos quais as partículas *Da* e *Diese* nos encaminharam –, também vimos que essas dimensões

---

14   Tradução levemente modificada. Benjamin, 1991: 150-154.

apontam para uma negatividade radical na construção do humano como *zoon lógon échon*. É possível verificar no ensaio de Benjamin, ainda que com outros termos, uma experiência semelhante, isto é, a experiência de uma fratura constitutiva da linguagem humana. Em Benjamin, a palavra humana, a palavra que julga, pune seu próprio despertar com a mais profunda culpa. Ainda que Benjamin não utilize o termo negatividade, o termo alemão para culpa, *Schuld*, se encontra nesse campo semântico, na medida em que também pode significar "estar em débito", "estar em dívida". Mas aquilo diante de que o ser humano se sente culpado é justamente o fato de que há Voz, de que há linguagem, nos termos de Agamben, ou do *Medium* da linguagem, nos termos de Benjamin.

Por isso, a discursividade humana é caracterizada como um tagarelar, pois o tagarelar pode remeter à imagem de uma discursividade infinda que, no entanto, nada diz, motivo pelo qual Benjamin a chama de palavra vazia, já que sempre se mantém em relação com o indizível que a constitui. O humano é tagarela, pois na medida em que fala, tenta dizer o indizível, tenta apreender a sua Voz. Se, por um lado, o ser falante, o humano tagarela (*Geschwätzige Mensch*), em seu tagarelar, está remetido à Voz, para além e aquém de qualquer significado, ou à esfera indizível do *Medium* da linguagem, em que a linguagem é pura expressão de seu puro ter lugar, Agamben, por outro lado, parece se ater à imagem do tribunal evocada por Benjamin. Pois Benjamin prevê um tribunal para a tagarelice (*Geschwätz*) do ser falante, um dia do juízo em que se findaria a relação de débito ou culpa (*Schuld*) em relação ao indizível. E que nos leva ao próximo capítulo.

2

A ideia da linguagem e a ideia como palavra: rumo ao tagarelar feminino em Benjamin

"Somente um pensamento que não esconda seu próprio não dito, mas que o retome e o desdobre, pode, eventualmente, pretender a originalidade" (Agamben, 2009b). Com essa frase, não somente dei início a este livro, na introdução, como Agamben dá início a seu livro sobre o método, o *Signatura Rerum*. De certa maneira, é possível pensar a obra de Agamben como um trabalho de exposição e desdobramento do indizível constitutivo de seu pensamento, isto é, a tentativa de desativar a relação de negatividade na qual o falante é lançado, na medida em que fala e, assim, eliminar cristalinamente o indizível da linguagem. De fato, não é exagero dizer que boa parte da obra de Agamben se encaminha nessa direção: pensar a possibilidade de desativar o "poder pressuponente da linguagem", ou seja, o poder da linguagem de pressupor, como seu elemento indizível e constitutivo, o fato de sua própria existência, de sua comunicabilidade pura e simples. Como vimos no primeiro capítulo, é essa experiência com a linguagem que o falante, na medida em que fala, ou silencia, não pode fazer. Por isso, a experiência do "ter lugar da linguagem", como Agamben não cansa de repetir, aparece como pressuposta e não dita em todo dito e em todo dizer.

Em uma carta de 1916, Walter Benjamin recusa o convite feito por Martin Buber para participar da revista *Der Jude* (*O judeu*), visto que, em vez de conceber a linguagem como um instrumento para o ato político, ele tem em vista a produção de uma "pura cristalina eliminação do indizível na linguagem" [*die kristallen reine elimination des Unsagbaren in der Sprache*] (Benjamin, 1979). Seguindo a proposta de Benjamin a Buber, retomada por Agamben em diversos momentos de sua obra, o filósofo italiano encontrará na ideia platônica a possibilidade de cumprimento dessa tarefa. Benjamin, de sua parte, concebe a ideia como palavra no "prefácio epistemológico-crítico" à *Origem do drama barroco alemão* (1925). Ao desdobrar aspectos fundamentais do texto benjaminiano, Agamben elaborará sua noção de "ideia da linguagem", noção que intitula ao menos três textos deste filósofo.[1]

Em busca do que seria uma fala humana livre das danças em torno do indizível, como disse Agamben certa vez (Agamben, 2012), terei em vista, neste capítulo, em um primeiro momento, as questões do "método" filosófico tal como concebido por ambos os autores, métodos em cujo centro está a compreensão da ideia platônica como palavra ou linguagem. Já em um segundo momento, abordarei algumas personagens femininas do ensaio juvenil de Benjamin, "Metafísica da Juventude" (1913-14), como persona-

---

[1] Os textos são "A ideia da linguagem I", "A ideia da linguagem II" (2012) e "A ideia da linguagem" (2015).

gens que habitam o limiar entre indizível-dizível, *Medium-Mittel*, e por isso, parecem desativar a máquina da linguagem, de acordo com uma possível interpretação agambeniana.

A coisa da linguagem

Na *Carta VII*, Platão narra suas viagens à Sicília e os encontros com Dionísio, tirano de Siracusa. Nesse contexto, Platão descreve a árdua tentativa de ensinar filosofia ao tirano, de encorajá-lo e testar a intensidade de seu compromisso com o saber filosófico. Mas Dionísio não parece progredir. Apesar de ter publicado um trabalho filosófico baseado, alegadamente, nas concepções de Platão, Dionísio mostra ignorância no assunto, pois não poderia haver um tratado escrito que contivesse a verdade sobre as questões discutidas por Platão: "nem eu expliquei tudo, nem Dionísio o pedia, pois ele pretendia saber e ter compreendido muito e até o máximo das lições que mal tinha ouvido de outros" (Platão, 2008: 341b). Mais tarde, segue Platão em sua descrição, "soube que tinha escrito acerca do que ouviu, mas compondo como se fosse obra sua e nada que tivesse ouvido a outro. [...] Sei que alguns outros escreveram sobre essas mesmas coisas, mas esses não sabem nem de si mesmos" (Platão, 2008: 341b). É nesse contexto que Platão introduz uma noção cara à filosofia e que será retomada por Giorgio Agamben: a noção da "coisa mesma" ("*to pragma auto*").

Logo no início de "A coisa mesma", texto que abre o livro *A potência do pensamento*, Agamben retoma o contexto de surgimento do "*to pragma auto*" no texto platônico. Em relação ao que contemporaneamente se chama "plágio", Platão afirma que "aqueles que afirmam saber qual é o objeto de minhas preocupações, seja por tê-lo ouvido de mim ou de outros, seja por tê-lo descoberto sozinho, [...] não é possível [...] que tenham compreendido da coisa, o que quer que seja" (Platão apud Agamben, 2015: 11). Isso porque da "coisa mesma" não parece haver nenhum ensinamento possível, já que ela não é de modo algum dizível:

> Sobre essa coisa não existe nenhum escrito meu nem jamais poderá existir. Não é, de fato, de modo algum dizível, como as outras disciplinas [*mathemata*], mas depois de muito tempo em torno da coisa mesma [*peri to pragma auto*] e depois de muita convivência, de repente, como a luz vinda de uma centelha, ela nasce na alma e se alimenta a si mesma [*auto heauto ede trephei*].
> (Platão apud Agamben, 2015: 11)

Para Agamben, mais que indício das chamadas "doutrinas não escritas" de Platão, essa passagem remete a uma interrogação mais profunda sobre o que seria "a coisa mesma" que o tirano, erroneamente, presumia ter compreendido. Em uma longa citação, Agamben retoma, ao fazer um passo a passo do texto platônico, o que concebe como a exposição da mais madura teoria das ideias. Platão diz que "há em cada um dos seres três elementos a partir dos quais é necessário que o saber surja, sendo o quarto ele mesmo; em quinto lugar, há que pôr o que é em si cognoscível e que verdadeiramente é" (Platão [342a] apud Agamben, 2015: 11). A primeira coisa seria o nome (*onoma*); a segunda, o discurso de definição (*lógos*); a terceira, a imagem (*eidolon*); em quarto lugar, estaria a ciência ou o conhecimento (*nous*) verdadeiro sobre essas coisas; e em quinto, estaria aquilo que, permanecendo indizível, é definido como o mais próximo por semelhança e afinidade do *nous*. Platão escreve que:

Se não apreendermos, em cada coisa, os quatro primeiros elementos, nunca poderemos ter um saber completo do quinto. Além disso, os primeiros quatro manifestam tanto a qualidade [*to poion ti*] como o ser de cada coisa, através da fragilidade da linguagem [*dia do ton logon asthenes*]. Por esse motivo, ninguém com bom senso ousará confiar seus pensamentos à linguagem, tanto mais que se trata de um discurso imóvel, como o escrito com as letras (342a 8-343a). (Platão apud Agamben, 2015: 12)

Nessa passagem, o quinto elemento (a coisa mesma, a ideia da coisa, ou o cognoscível, que é verdadeiramente) não é algo que transcende absolutamente a linguagem e que nada tem a ver com ela. Ao contrário, para ter um saber completo do quinto elemento, é preciso antes apreender os quatro primeiros elementos, que incluem tanto o nome quanto o *lógos*, ou seja, a linguagem. É a partir dessa interpretação que Agamben comenta uma série de passagens de diversos diálogos platônicos em que há aproximações entre as ideias e a linguagem, aproximações já apontadas por Benjamin em seu prefácio epistemológico-crítico à *Origem do drama barroco alemão*, quando ele pensa a ideia como palavra, como se verá em seguida. Essa ressalva é importante porque o que poderia parecer uma aproximação enigmática por parte de Benjamin retorna como ponto fundamental a ser desdobrado na filosofia de Agamben.

Por ora, procedo à investigação dessa singular releitura da teoria das ideias de Platão produzida aqui por Agamben. Nessa releitura, Agamben chega a afirmar que "a coisa mesma é o que, mesmo transcendendo de algum modo a linguagem, só é, todavia, possível na linguagem e em virtude da linguagem: a coisa da linguagem, portanto" (Agamben, 2015: 13). O que a expressão, "a coisa da linguagem", repetida e retomada em diversos momentos da obra de Agamben, pode significar? Mantendo, por enquanto, essa pergunta em suspensão, assinalo que tal noção aponta para a possibilidade de uma experiência com a linguagem, não nos moldes de uma *sigética*,[2] mas sim nos moldes de uma "puríssima eliminação do indizível na linguagem", pois, como dirá Agamben: "a singularidade que a linguagem deve significar não é um inefável, mas é o supremamente dizível, a *coisa* da linguagem" (Agamben, 2012: 11).

No prosseguimento de sua leitura da *Carta VII*, Agamben aproxima os três elementos constitutivos de cada um dos seres aos termos da teoria da significação da linguística moderna. Ao nome corresponde o significante, ao discurso de definição, o significado (ou a referência virtual), e à imagem (indicativa do objeto sensível), o denotado (ou a referência atual). Mas será o quinto elemento, a coisa mesma – o objeto do conhecimento – que introduzirá na teoria do significado um elemento novo. O quinto elemento parece ser o pressuposto ou o próprio ente de onde parte todo discurso que diz que "para cada um dos seres existem três coisas..." (Platão [341b] apud Agamben, 2015: 11). Nesse sentido, o quinto elemento, ou a coisa mesma, seria o próprio objeto do conhecimento, a coisa a ser conhecida. Tal interpretação identificaria o quinto elemento, isto é, a ideia, à própria coisa, ao próprio objeto a ser conhecido, corroborando, portanto, a leitura aristotélica da ideia

---

2 Um silêncio ativo, a construção do silêncio na linguagem lá onde os nomes nos faltam ou onde a palavra se parte em nossos lábios, experiência proposta por Heidegger nas palestras sobre a *Essência da linguagem* e da qual Agamben se afasta (Agamben, 2012: 11).

como mera duplicata da coisa, interpretação da qual Agamben discorda na medida em que a ideia será concebida como o próprio meio em que a coisa é conhecida, como a linguagem mesma.[3] A ideia, concebida como a coisa, como o objeto, funcionaria como o pressuposto a partir do qual surge todo discurso.

Será em oposição à leitura aristotélica da ideia como mera duplicata da coisa que Agamben fará uso de dois códices nos quais os tradutores das edições modernas do texto platônico, Burnet e Souilhé, se basearam. E, se eles traduziram *"pempton d'auto tithenais dei ho de gnoston te kai alethos estin on"* por "em quinto lugar *devemos* pôr o mesmo *que* é cognoscível e que é verdadeiramente" (Agamben, 2015: 15), Agamben encontra nos códices (*Parisinus graecus 1807*, e *Vaticanus graecus I*), em vez de *dei ho* ("devemos... que") a palavra *dio* ("pelo qual") produzindo a seguinte tradução: "quinto [é necessário] colocar o mesmo pelo [através do] qual [cada um dos seres] é cognoscível e verdadeiro" (p. 15). Em outro códice, a partir do qual surgiu a tradução latina do texto, o trecho ficaria da seguinte maneira: "em quinto lugar, na verdade, é necessário colocar isso mesmo pelo qual algo é cognoscível – isto é, o que pode ser conhecido – e verdadeiramente existe" (Agamben, 2015: 15).

---

[3] Nas palavras de Aristóteles: "Passemos aos filósofos que postulam como princípios as Formas e as Ideias. Em primeiro lugar, eles, tentando apreender as causas dos seres sensíveis, introduziram entidades suprassensíveis em número igual aos sensíveis: como alguém, querendo contar os objetos, considerasse não poder fazê-lo por serem os objetos muito pouco numerosos, e, ao invés, considerasse poder contá-los depois de ter aumentado seu número. As formas, de fato, são em número praticamente igual – ou pelo menos não inferior – aos objetos dos quais esses filósofos, com a intenção de buscar suas causas, partiram para chegar a elas. Com efeito, para cada coisa individual existe uma entidade com o mesmo nome; e isso vale tanto para as substâncias como para todas as outras coisas cuja multiplicidade é redutível à unidade: tanto no âmbito das coisas terrenas quanto no âmbito das coisas eternas" (Aristóteles, 2005).

Essa atenção filológica aos pormenores do texto possibilita a Agamben conceber a coisa mesma, a "ideia", não mais como objeto pressuposto da linguagem e do processo do conhecimento, não aquilo *que* devemos conhecer, mas aquilo pelo qual a coisa mesma é cognoscível "no próprio meio de sua cognoscibilidade" (Agamben, 2015: 15). Isso significa que a ideia não pode ser substantivada e pressuposta como outra, ela não pode ser concebida como uma duplicata da coisa: "não é de fato uma outra coisa, mas a mesma coisa, já não, porém, suposta pelo nome e pelo *lógos*, como um obscuro pressuposto real (um *hypokeimenon*), mas no próprio meio de sua cognoscibilidade, na pura luz de seu revelar-se e anunciar-se ao conhecimento" (Agamben, 2015: 15). Por isso, dá-se a caracterização da ideia como *auto*, como ela mesma, e não *outra* que ela.

Agamben insistirá no fato de que a fraqueza do *lógos*, à qual Platão se refere, consiste em não ser capaz de exprimir tal cognoscibilidade e mesmidade, mas de concebê-la como pré-suposto, como *hipo-tese*, no sentido etimológico de ser "aquilo que é posto sob". Isso porque o *lógos*, na medida em que é "*legein ti kata tinos*", "dizer algo-sobre-algo", segundo a definição de Platão no *Sofista* (262e 6-7), é sempre linguagem "pre-su-ponente e objetivante". Ou seja, o *lógos* mantém como pressuposto indizível, não dito, sua própria dizibilidade:

> A linguagem – a nossa linguagem – é necessariamente pre-su--ponente e objetivante, no sentido em que, em seu acontecer, decompõe a coisa mesma, que nela e só nela se anuncia, em um ser *sobre o qual se diz* e em um *poion*, uma qualidade e uma determinação *que dele se diz*. Ela su-põe e esconde o que traz à

luz no próprio ato em que o traz à luz [...]. A advertência que Platão atribui à ideia é, então, a de que *a própria dizibilidade permanece não dita no que se diz* daquilo sobre o que se diz, de que *se perde a própria cognoscibilidade naquilo que se conhece do que é para conhecer*. (Agamben, 2015: 16, grifo do autor)

Se a própria dizibilidade permanece sendo o elemento indizível de tudo o que se diz, ou seja, se ela permanece constituindo o dito como seu pressuposto indizível, para Agamben, o desafio será conceber a linguagem para além de seu poder pressuponente. Por isso, Agamben ressalta o fato de que, quando Platão afirma que a coisa mesma (a dizibilidade da ideia) não é de modo algum dizível como as demais disciplinas (*mathemata*), isso quer dizer que "ela não é dizível *do mesmo modo* que as outras disciplinas, mas nem por isso é simplesmente indizível" (Agamben, 2015: 14, grifo meu). Conceber a ideia como um pressuposto indizível seria também remeter o falante a uma negatividade radical.

Seguindo os desdobramentos de Agamben, na origem das chamadas doutrinas não escritas de Platão estaria em questão uma posição ética, que abandona a tarefa de ocupar-se do indizível na forma de um "dizer acerca do que não se pode dizer". Para Agamben, tanto a escrita do último Heidegger quanto a abordagem de Jacques Derrida parecem ocupar-se do inefável, mantendo-o intacto. Segundo o filósofo italiano, a fraqueza da linguagem posta em causa na *Carta VII* por Platão parece profetizar "a dificuldade implícita no caráter metafísico de nossa linguagem, que exaspera, em um obstinado furor e quase como um íntimo obstáculo, a escrita do último Heidegger" (Agamben, 2015: 17). Não por acaso, o texto "A coisa mesma" é dedicado a

Derrida, pois Agamben parece opor aqui a desistência de Platão da escrita – como um gesto ético de ultrapassagem da dicotomia indizível-dizível – à noção de escrita derridiana. Se Agamben se vê como herdeiro de uma tomada de postura ética de Platão, ele também enxerga Derrida como um herdeiro do que chama de "mística aristotélica", já que a impossibilidade de escrita da coisa mesma e o subsequente abandono dessa tarefa por parte de Platão são opostos ao *grámma* como quarto elemento da teoria da significação no *Da Interpretação* de Aristóteles.

Agamben aproxima a tripartição da teoria da significação produzida por Aristóteles (voz/alma/coisas) à distinção platônica entre nome/logos, conhecimento, e objeto sensível, para pensar as *grámmata* (o quarto hermeneuta, intérprete da voz), como último hermeneuta além do qual não existe outra *hermeneia* possível, mas sobretudo, como a própria forma da pressuposição, e nada além disso. Segundo ele, Derrida teria ressaltado o *grámma* como pressuposto negativo a partir do qual a metafísica opera. A crítica de Agamben a Derrida talvez se dê de maneira mais explícita em *A linguagem e a morte,* quando Agamben escreve que

> é possível avaliar a acuidade, mas também o limite da crítica de Derrida à tradição metafísica. Pois, se devemos certamente render homenagens a Derrida como o filósofo que identificou com mais rigor [...] o estatuto original do *grámma* e do significante na nossa cultura, também é verdade que ele acreditou, deste modo, ter aberto o caminho para a superação da metafísica, enquanto havia, de fato, apenas trazido à luz o seu problema fundamental. A metafísica não é, com efeito, simplesmente o primado da voz sobre o *grámma*. Se a metafísica é aquele pen-

samento que coloca na origem a voz, é também verdade que esta voz é, desde o início, pensada como suprimida, como Voz. Identificar o horizonte da metafísica simplesmente na supremacia da *phoné* e crer, então, poder ultrapassar esse horizonte por meio do *grámma* significam pensar a metafísica sem a negatividade que lhe é coessencial. A metafísica já é sempre gramatologia, e esta é fundamentologia, no sentido de que ao *grámma* (à Voz) compete a função de fundamento ontológico negativo. (Agamben, 2006: 60-61)

Em oposição à concepção da ideia como pressuposto negativo e indizível, Agamben afirmará que a coisa mesma é a coisa da linguagem, mas não na forma de um *quid*, um quê, que possa ser procurado como uma hipótese para além de todas as hipóteses: "uma tal coisa sem relação com a linguagem, um tal não linguístico, só o pensamos, na verdade, na linguagem, através de uma linguagem sem relação com as coisas" (Agamben, 2015: 18). Por isso, a coisa mesma não é uma outra coisa, mas a própria dizibilidade, "a própria abertura que está em questão na linguagem, que é a linguagem". Ao citar o *Fédon* (76d 8), de Platão, Agamben afirma que a coisa mesma é "aquilo que não cessamos de dizer e comunicar, e no entanto, perdemos sempre de vista". Para Agamben, a estrutura da pressuposição da linguagem é a própria estrutura da tradição, na medida em que, de acordo com o sentido etimológico dessa palavra, traímos "a coisa mesma na linguagem para que a linguagem possa referir-se a algo". A palavra latina *traditio* significa tanto tradição quanto traição (Agamben, 2015: 18).

O desafio do pensamento agambeniano passa a ser, então, desativar o poder pressuponente da linguagem. De que maneira?

Em "A ideia da linguagem II", Agamben compara a linguagem a uma máquina de tortura que condena o ser humano a viver sua existência de ser falante sem entender o sentido da linguagem, condenação que se dá na medida de uma culpa ou um débito: "Vou confiar-lhe um segredo: a linguagem é que é o castigo. Todas as coisas têm de entrar nela e perecer nela na medida da sua culpa" (Agamben, 2012: 113). Como desativar essa máquina sem continuar dizendo acerca do que não se pode dizer, remetendo-se assim ao indizível como pressuposto, nem retornando a um silêncio ativo ou à mudez, mera ratificação do pressuposto negativo?[4] Para Agamben, em termos ainda bastante heideggerianos, a tarefa da exposição filosófica será:

> vir com a palavra em ajuda da palavra, para que, na palavra, a própria palavra não fique suposta na palavra, mas venha, como palavra, à palavra. Nesse ponto, o poder pressuponente da linguagem toca seu limite e seu fim: a linguagem diz os pressupostos como pressupostos e, desse modo, alcança aquele princípio não passível de pressupor e não pressuposto (*arché anypothetos*), que apenas nessa condição constitui a autêntica comunidade e a comunicação humana. (Agamben, 2015: 18)

---

4 O termo "máquina" aparece diversas vezes na obra de Agamben. Como diz Edgardo Castro: "apesar de Agamben não ter dedicado nenhuma consideração particular ao conceito de máquina, é possível determinar suas notas constitutivas [...] Máquina é, de fato, um dos sentidos do termo 'dispositivo' [...] Uma máquina é, em um sentido amplo, um dispositivo de produção de gestos, de condutas, de discursos" (Castro, 2012: 104-105). O termo "dispositivo", por sua vez, deriva do termo latino *dispositio*. Em "O que é um dispositivo?", Agamben afirma que se trata de "um conjunto de práxis, de saberes, de medidas, de instituições cujo objetivo é gerir, governar, controlar e orientar, num sentido que se supõe útil, os gestos e os pensamentos dos homens" (Agamben, 2010: 39).

A formulação agambeniana se aproxima bastante da formulação de Heidegger, quando ele anuncia que sua tarefa é "trazer a linguagem como linguagem para a linguagem" (Heidegger, 2015: 192). Heidegger diz que a formulação usa três vezes a palavra "linguagem" de modo diverso e igual. Em uma aproximação com Benjamin, posso dizer que se trata de trazer para a linguagem como comunicação (*Mittel*) seu elemento não comunicativo (*Medium*). É possivelmente a essas várias camadas de linguagem que Heidegger se refere com a imagem do trançado:

> a formulação indica, inicialmente, um trançado de relações que nos envolve e trança. O propósito de um caminho para a linguagem está emaranhado num modo de dizer que pretende, justamente, liberar-se da linguagem para representá-la como linguagem e assim exprimir o que assim se apresenta. Isso testemunha imediatamente que a própria linguagem já nos trançou num dizer. (Heidegger, 2015: 192)

A grande diferença entre as concepções de Benjamin e de Heidegger é que, para Benjamin, não se trata de acessar o que seria "próprio" da linguagem. "Próprio" e "impróprio", "autencidade" e "inautencidade" não são termos benjaminianos. Heidegger, de sua parte, faz alusão à possibilidade de, "de maneira incansável", "desembaraçar" o trançado em que consiste a linguagem e acessar o que constitui seu "próprio":

> quanto mais claramente a linguagem mostra-se no seu próprio, maior será nesse encaminhamento a importância, para a própria linguagem, do caminho para a linguagem e com maior decisão haverá de transformar-se o sentido da formulação que nos

orienta. Ela deixará de ser uma fórmula para constituir uma ressonância calada, que nos permite um pouco desse próprio da linguagem. (Heidegger, 2015: 193)

Em Heidegger, o acesso ao elemento mais próprio da linguagem se dá por meio de uma escuta. A experiência "autêntica" da linguagem se dá quando a fala cessa e o silêncio se manifesta. É nesse ponto que Agamben se distancia de Heidegger ao se aproximar de Benjamin. É também nesse ponto que me proponho a pensar o tagarelar feminino nem como um retorno ao silêncio ativo da linguagem e tampouco como uma fala que se mantém em relação com o indizível que a constitui.

A ideia da linguagem

Mas o que poderia significar "dizer os pressupostos como pressupostos", "tocar o limite e o fim da linguagem"? Volto ao prefácio à edição francesa de *Infância e história*, cujo título é "*Experimentum linguae*", para enunciar tal tarefa no âmbito mesmo de uma experiência com a linguagem. A etimologia da palavra alemã *Erfahrung*, "experiência", tal como pensada por Heidegger em um curso sobre Hegel, poderá ser útil aqui. Heidegger ressalta a importância do verbo *fahren* (andar sobre rodas) na constituição da palavra *Erfahrung*, pois "*fahren*" indica um movimento, um percurso, uma viagem ou trajeto, mas um percurso sem origem (ou ponto de partida) nem *télos* (ponto de chegada) (Heidegger, 1980: 17-30).[5] Por isso, ao elucidar o que teria sido o primeiro título da *Fenomenologia do espírito*, "Ciência da experiência da consciência",

---

5 Agradeço às aulas do professor Cláudio Oliveira pela referência do texto aqui citado.

Heidegger dirá que se trata de saber se o genitivo "da" ("ciência *da* experiência"/ "experiência *da* consciência") é um genitivo objetivo ou subjetivo, ou seja, trata-se de saber quem tem ciência da experiência ou que é o objeto dessa ciência.

Com Heidegger, a palavra *Erfahrung* complica e torna indecidível uma possível resposta para essa pergunta, já que nem a ciência aqui em questão nem a experiência são saber *de* algo, ou experiência *de* algo, de um objeto diante do qual se encontra um sujeito. Ao contrário, a experiência aqui em questão remete a esse movimento, sem origem nem *télos*, em que é a própria *coisa* experimentada que se experimenta. Desse modo, no vocábulo *Erfahrung* é possível encontrar o mesmo étimo de palavras como perigo (*Gefahr*), perigoso (*gefährlich*), ou até mesmo o verbo "arriscar-se" (*gefährden*), risco e perigo magistralmente explicitados na luta de vida e de morte travada entre as duas consciências, a do senhor e a do escravo, na *Fenomenologia* de Hegel. A palavra "experiência", da mesma etimologia do latino "*experimentum*", título do prefácio de Agamben, também remete a esse perigoso movimento, repleto de surpresas e decepções, já que seus componentes "*ex*" e "*peri*" contêm a ideia de abandonar o perímetro no qual se está. Um dos sentidos para a palavra experiência remete à noção de prova, experimento, em que a própria coisa se verifica e se mostra. Partindo dessas indicações, o que poderia ser um "*experimentum linguae*", um experimento em que a própria coisa, a coisa mesma da linguagem se apresentasse?

Em "A ideia da linguagem", Agamben volta a pensar a possibilidade de fazer um *experimentum linguae* a partir da teoria das ideias de Platão. Em uma importante passagem, o filósofo italiano afirma:

a ideia não é uma palavra (uma metalinguagem) e tampouco visão de um objeto fora da linguagem (um tal objeto, um tal indizível não existe), mas *visão da própria linguagem*, já que a linguagem, que é para o homem a mediação de toda coisa e de todo conhecimento, é ela mesma imediata. Nada de imediato pode ser alcançado pelo homem falante – exceto a própria linguagem, exceto a própria mediação. Uma tal *mediação imediata* constitui para o homem a única possibilidade de alcançar um princípio liberto de todo pressuposto, mesmo da pressuposição de si mesmo [...] A pura exposição filosófica não pode ser, portanto, exposição de suas ideias sobre a linguagem ou sobre o mundo, mas exposição da *ideia da linguagem*. (Agamben, 2015: 31-32)

Que a ideia da linguagem seja "visão da própria linguagem" remete tanto à noção de um *experimentum linguae* quanto à proposta de Agamben de "dizer a dizibilidade", de dizer a "coisa mesma da linguagem". Quando Agamben afirma que a única coisa que pode ser acessada imediatamente pelo falante é a linguagem em sua própria mediação, ele pretende pensar aquele *lógos* na *arché* não mais como um pressuposto indizível que lança o falante a um dizer infinito – cujo sentido e cujo fundamento devem permanecer não ditos –, mas como uma experiência da mediação imediata da própria linguagem. Por isso, fazer um *experimentum linguae* da mediação imediata em que consiste a própria linguagem, ou dizer a dizibilidade e a coisa mesma da linguagem, parece apontar para uma indiscernibilidade ou para uma inseparabilidade entre indizível e dizível, imediatidade e mediatidade, *Medium* e *Mittel*, pois é na própria linguagem como mediação que se pode encontrar seu caráter imediato. Ou seja, a noção de uma "mediação imediata" parece servir para desativar o poder pressuponente da linguagem e eliminar o que seria seu elemento negativo constitutivo.

Agamben vê tal possibilidade enunciada já por Walter Benjamin e ressalta alguns aspectos importantes de sua "Tarefa do tradutor" (1923) (Agamben, 2015). O que será fundamental para Agamben é o fato de que, ao fim do ensaio de Benjamin, a língua pura apareça caracterizada como uma palavra sem expressão (*Ausdruckloses Wort*), uma palavra que já não quer dizer nada e que já não exprime nada, como veremos de maneira aprofundada no quarto capítulo. Como escreve Benjamin citado por Agamben:

> Nessa pura língua, que já não quer dizer nada [*nichts mehr meint*] e já não exprime nada [*nichts mehr ausdruckt*], mas, como palavra sem expressão e criadora é aquilo que é visado por todas as línguas, toda comunicação, todo sentido e toda intenção, alcançam uma esfera em que estão destinados a se extinguir. (Agamben, 2015: 39; Benjamin, 2011a: 116)

"A tarefa do tradutor" se propõe a exposição de uma língua livre de toda comunicação e de todo querer dizer: "todas as línguas querem dizer a palavra que não quer dizer nada" (Agamben, 2015: 40). É nesse sentido que Agamben chega a afirmar que a língua pura não é um ideal, no sentido de ser um *télos* nunca alcançado e, ao mesmo tempo, pressuposto, mas sim uma ideia. Benjamin, de sua parte, no prefácio epistemológico-crítico à *Origem do drama barroco alemão* (1925), estabelece uma estreita relação entre a língua pura da nomeação adâmica e a teoria das ideias de Platão, relação que será agora investigada. Tal relação não prescindirá, no entanto, de uma investigação acerca do método, tanto em Benjamin como em Agamben.

A ideia como palavra, ou sobre o método

Antes de avançar em direção ao prefácio epistemológico-crítico, proponho aqui um passo atrás em direção ao "Programa para a filosofia que vem", redigido entre 1917 e 1918. Em minha leitura, retomo a hipótese interpretativa do ensaio proposta por Patrícia Lavelle em *Religion et Histoire*, à qual remeto aqui o leitor.[6] Nesse texto programático, Benjamin pretende partir do sistema kantiano para fundar um conceito superior de experiência que esteja para além dos conceitos de sujeito e objeto. Ele encontra, porém, uma aporia no conceito de experiência sobre o qual Kant funda sua teoria do conhecimento. A experiência que parecia a Kant imutável permanece submetida a um contexto histórico específico: o Iluminismo. Para Benjamin, a representação da experiência no Iluminismo, em suas caraterísticas mais fundamentais, não se distingue da representação da experiência que funda a Modernidade: aquela de Descartes.

Ao construir seu conceito de experiência por analogia com a experimentação da ciência moderna e ao tomar emprestado os princípios da experiência da física newtoniana, na qual os objetos são dados a um sujeito, Kant assinala a aporia da qual pretendia escapar: a confusão entre sujeito empírico e sujeito transcendental. Para compreender melhor essa crítica, seguindo as indicações de Lavelle, remeto-me ao parágrafo 16 da *Crítica da razão pura*, em que o sujeito transcendental é definido por Kant. O filósofo alemão divide o sujeito cartesiano (*res cogitans*) em sujeito transcendental e sujeito empírico. O sujeito transcendental

---

[6] Para mais sobre a relação entre Kant e Benjamin, assim como para uma leitura aprofundada de "Sobre o Programa para a filosofia que vem", remeto ao livro de Patrícia Lavelle (2008: 39-46).

é o sujeito formal do conhecimento, que, por sua vez, não pode ser conhecido. Definido como a "unidade sintética originária da apercepção" (Kant, 2012: 131), ele é a autoconsciência que assegura a unidade da experiência e, por isso, permite o conhecimento. O sujeito da experiência empírica, o sujeito empírico, como escreve Lavelle, "é apresentado como um 'eu' psicofísico, que, disperso na multiplicidade das representações, não pode fundar um conhecimento verdadeiro" (Lavelle, 2008: 41-42; cf. Kant, 2012: 129). Kant questiona a inferência presente na conjunção conclusiva "logo" no *cogito* cartesiano ("penso, logo sou"), ou seja, questiona a inferência de que o sujeito é um ser substancial e psicológico. Nas palavras de Kant, em passagem destacada por Lavelle (2008: 41):

> por esse eu, por esse ele, por esse isso (a coisa) que pensa, não se representa nada a não ser um sujeito transcendental dos pensamentos = X, o qual não é conhecido senão através dos pensamentos: tomado isoladamente, não podemos ter jamais o menor conceito que seja. (Kant, 1980: 1050)

No entanto, seguindo a linha argumentativa de Lavelle, se Kant desprovê o sujeito transcendental de toda e qualquer substância psicológica, ele continua a ser concebido como um "eu penso", *como se* fosse um sujeito (Lavelle, 2008: 42). Para Lavelle, em Kant, a dicotomia interno e externo se mantém, pois se eu penso, penso forçosamente alguma coisa, qualquer coisa. Ou seja, o sujeito transcendental – concebido como uma pura forma sobre a qual não se pode afirmar nada, a não ser a própria ação de pensar – pressupõe a realidade de um mundo exterior, de um objeto como causa das sensações. Ainda que não se possa ter acesso à coisa em si, represento para mim um objeto como causa das sensações (Kant, 1980: 129-131). Nas palavras de Lavelle: "se dizer 'eu penso' significa necessariamente que eu penso qualquer coisa, que eu represento para mim um objeto, então cada representação supõe essa consciência unificadora" (Lavelle, 2008: 41). Ao manter a dualidade sujeito/objeto, interno/externo, Benjamin considera o sistema kantiano perpassado por uma metafísica rudimentar, que é preciso superar:

> as insuficiências relativas à experiência e à metafísica aparecem, no interior mesmo da teoria do conhecimento, como os elementos de uma metafísica especulativa (ou seja, que se tornou rudimentar). Os mais importantes desses elementos são, em primeiro lugar, a incapacidade de Kant, a despeito de todas as suas tentativas, de ultrapassar definitivamente uma concepção que faça do conhecimento uma relação entre os sujeitos e os objetos quaisquer; em segundo lugar, seu esforço, igualmente insuficiente, de pôr em questão a relação do conhecimento e da experiência com a consciência empírica humana [*menschlich empirisches Bewusstsein*]. Esses dois problemas estão estreitamente ligados, e, mesmo que Kant e os neokantianos tenham em uma certa medida ultrapassado a natureza do objeto da coisa em si como causa de sensações, resta ainda eliminar a natureza subjetiva da consciência cognoscente. (Benjamin, 2000: 184)

À procura de uma experiência que ultrapasse os conceitos de sujeito e objeto, Benjamin se refere a Johan Georg Hamann (1730-

1788),[7] contemporâneo de Kant, autor de uma *Metacrítica do purismo da razão pura* (1784). Essa experiência transcendental será pensada em uma relação com a linguagem. Como escreve Benjamin:

> A grande transformação, a grande correção a qual convém submeter um conceito de conhecimento orientado de maneira unilateral em direção às matemáticas e à mecânica, não é possível se não puser o conhecimento em relação à linguagem, como Hamann havia tentado fazer no período de vida de Kant. Por ter tido consciência de que o conhecimento filosófico é absolutamente certo e apriorístico, e que a filosofia é por esse lado correspondente da matemática, Kant perdeu inteiramente de vista que todo conhecimento filosófico encontra seu único meio de expressão na linguagem, e não em fórmulas e em números. (Benjamin, 2000: 93)

Quando Agamben escreve o prefácio à edição francesa de *Infância e história*, não por acaso intitulado de "*experimentum linguae*", é essa redefinição do transcendental em função de suas relações com a linguagem que está ali em questão. Agamben retoma o programa de Benjamin para dizer que fazer uma experiência transcendental com a língua indica "uma experiência que se sustenta somente na linguagem, um *experimentum linguae* no sentido próprio do termo, em que aquilo de que se tem experiência é a

---

[7] Hamann influenciou em grande medida o ensaio "Sobre a linguagem" (1916) de Benjamin, assim como influenciou o movimento do *Sturm und Drang* (Tempestade e ímpeto) do pré-romantismo alemão, e autores como Herder e Goethe. Ele também é citado por Agamben em *Infância e história*: "Hamann [...] define a língua humana como 'tradução' da língua divina e deste modo identifica em uma *communicatio idiomatum* entre humano e divino a origem da linguagem e do conhecimento" (Agamben, 2012: 61).

própria língua" (Agamben, 2012: 11). Da *reine Vernunft* (razão pura) à *reine Sprache* (língua pura): repensar a esfera da experiência transcendental como linguagem significa dizer que, antes de a linguagem indicar qualquer coisa fora de si mesma, ela indica seu próprio ter lugar, sua comunicabilidade pura e simples. A esfera transcendental para além de sujeito e objeto é a linguagem concebida como *Medium* e não como meio (*Mittel*). É essa crítica à teoria do conhecimento kantiana que está como pano de fundo do prefácio epistemológico-crítico à *Origem do drama barroco alemão*.

Logo no início de seu prefácio, Benjamin opõe aos sistemas filosóficos do século XIX – calcados no *more geométrico* da demonstração matemática – sua concepção de escrita filosófica como ensaio ou tratado. Se uma filosofia sistemática tem em vista a produção do conhecimento como posse, como apropriação do objeto na consciência, "ainda que seja uma consciência transcendental" (Benjamin, 1984: 51), o tratado filosófico tem em vista a apresentação (*Darstellung*) da verdade.

Benjamin faz uma distinção entre conhecimento e verdade que pode corresponder à distinção entre representação (*Vorstellung*) e apresentação (*Darstellung*). A teoria do conhecimento, concebida por analogia com a experimentação da ciência moderna, tem em vista a aquisição do objeto, "mesmo que através da sua produção na consciência" (Benjamin, 1984: 52). O sujeito do conhecimento representa (*Vor-stellt*) para si uma realidade externa, diante da qual se encontra, ainda que não possa acessá-la em si mesma. A apresentação (*Darstellung*) da verdade, por sua vez, nem recorre aos instrumentos coercitivos da demonstração matemática nem é uma via para a aquisição do objeto, pois é a própria apresentação das ideias:

se a apresentação (*Darstellung*) quiser afirmar-se como o verdadeiro método do tratado filosófico, não pode deixar de ser a apresentação das ideias. A verdade, presente no bailado das ideias apresentadas, esquiva-se a qualquer tipo de projeção no reino do conhecimento. (Benjamin, 1984: 51, tradução modificada)

É dessa maneira que a teoria platônica das ideias é introduzida logo no segundo item do prefácio, intitulado "conhecimento e verdade". Benjamin dirá que, se, por um lado, para uma certa teoria do conhecimento (referência ao idealismo transcendental kantiano), o objeto não preexiste como apresentação de si mesmo, mas é apenas produzido e possuído na consciência, por outro lado, na apresentação da verdade, que tem por objeto as ideias, o objeto, as próprias ideias, preexiste. Em outras palavras, a verdade preexiste como ideia. Mas, na medida em que as ideias serão concebidas por Benjamin como linguagem, como a pura palavra da nomeação adâmica, o objeto do tratado filosófico será aquela "coisa mesma da linguagem" à qual Agamben se refere. O objeto do tratado filosófico, a apresentação da verdade que se encontra "no bailado das ideias apresentadas", "não é inerente a uma estrutura da consciência" (Benjamin, 1984: 51-52), a um sujeito transcendental como o sujeito formal do conhecimento, mas, dirá Benjamin, a um Ser. E esse ser é a própria linguagem.

Será com Platão que Benjamin poderá produzir sua crítica à teoria do conhecimento. Assim, se o método da teoria do conhecimento kantiano será uma via para a aquisição do objeto, mesmo que através de sua produção na consciência, o método da apresentação das ideias será a apresentação da própria "coisa" da linguagem, para além de um sujeito ou de um objeto. Por isso, Benjamin afirmará que "método é caminho indireto, é desvio [*Methode ist Umweg*]" (Benjamin, 1984: 50-51), o que nos remete mais uma vez ao *ex-perimentum linguae* sobre o qual Agamben fala, àquela *Er-fahrung*, ou à *ex-periência*, a saída do perímetro em que se está – não para chegar a um *télos* nem para retornar a uma origem –, mas para habitar o limiar em que consiste o próprio *fahren*, o próprio andar, e a "coisa mesma da linguagem". Observo, inclusive, que a palavra alemã "*Umweg*", que se traduz por "desvio", significa literalmente "caminho" (*Weg*) "circundante", "ambiente" (*Um*), e indica, de maneira mais radical que a palavra portuguesa "des-vio", a imanência do caminho, a indiscernibilidade entre o caminhar e o caminho, isto é, o fato de que o que faz o caminho é o caminhar e vice-versa.

Benjamin opõe a unidade do Conceito à unidade do "Ser da verdade". Se, por um lado, o conceito tem sua unidade produzida a partir do que há de igual no particular, ou seja, se sua unidade consiste em uma superação das diferenças para a produção de uma média, de uma igualação do desigual; por outro lado, a unidade da verdade consiste em uma determinação direta e imediata. Por isso, Benjamin aproxima o tratado filosófico à imagem de um mosaico, pois ambos justapõem elementos isolados e heterogêneos:

> o valor desses fragmentos de pensamento é tanto maior quanto menor sua relação imediata com a concepção básica [média] que lhes corresponde, e o brilho da apresentação depende desse valor da mesma forma que o brilho do mosaico depende da qualidade do esmalte. (Benjamin, 1984: 51)

É essa "mais exata das imersões nos pormenores do conteúdo material [*Einzelheiten eines Sachgehalts*]"[8] que coloca o método do tratado filosófico proposto por Benjamin no limiar entre uma lógica dedutiva (que parte do universal em direção ao particular), e que ele julga ser a coerência dedutiva da ciência, e uma lógica indutiva (que parte do particular ao universal) atrelada à classificação dos gêneros literários. O método filosófico de apresentação da verdade, em cujo centro está a questão da linguagem, aponta para uma outra possibilidade de fazer filosofia.

Benjamin afirmará que "a tarefa do filósofo é praticar uma descrição do mundo das ideias de tal modo que o mundo empírico nele penetre e nele se dissolva" (Benjamin, 1984: 54) e, nesse sentido, parece apontar para uma inseparabilidade entre ideias e empiria. De que modo? A relação entre as ideias e os fenômenos aparece mediada, para Benjamin, pelos conceitos. Os conceitos dissolvem as coisas em seus elementos constitutivos, permitindo, assim, a salvação das coisas nas ideias. Os conceitos seriam o ponto médio que, ao depurar os fenômenos de sua falsa unidade, organizam os elementos que se salvam dos fenômenos, permitindo que os mesmos participem do ser das ideias. Esse parece ser o mesmo e único movimento, produzindo uma certa indiscernibilidade entre ideias, conceitos e fenômenos: "a redenção dos fenômenos por meio das ideias se efetua ao mesmo tempo que a apresentação das ideias por meio da empiria" (Benjamin, 1984: 56).

---

8   A tradução de *Sachgehalt* por conteúdo, por Sérgio Paulo Rouanet, pode ser problematizada na medida em que a palavra teor pretende suplantar a oposição entre conteúdo (*Inhalt*) e forma (*Form*), imprescindível para a reflexão estética de Benjamin. Essa reflexão se dá de maneira aprofundada no ensaio "Sobre as afinidades eletivas de Goethe", em que Benjamin estabelece a distinção entre teor coisal, ou teor material (*Sachgehalt*), e teor de verdade (*Wahrheitsgehalt*) nas obras de arte (Benjamin, 1984: 51).

No entanto, Benjamin afirmará que as ideias são de uma esfera diferente daquela dos objetos, e que elas não incluem os objetos do mesmo modo que o gênero inclui as espécies. Se, por um lado, a relação entre os fenômenos e os conceitos é análoga à relação entre espécie e gênero – na medida em que as afinidades e diferenças dos fenômenos (ou das espécies) constituem o escopo para a organização conceitual (ou de gênero) deles –, por outro lado, a relação entre as ideias e as coisas é análoga à relação entre as constelações e as estrelas (Benjamin, 1984: 56). A ideia não é um conjunto maior (gênero) formado a partir de um conjunto menor (espécie), como, por exemplo, ao gênero "animal" pertencem as diversas espécies de animais, mas "pode ser descrita como a configuração em que o extremo se encontra com o extremo" (Benjamin, 1984: 57). Ao introduzir a questão da linguagem, Benjamin dirá que "é falso compreender como conceitos as referências mais gerais da linguagem, em vez de reconhecê-las como ideias. É absurdo ver no universal uma simples média [*Durchschnittliches*]. O universal é a ideia" (Benjamin, 1984: 57).

Ou seja, se, por um lado, na salvação dos fenômenos pelos conceitos há uma média decorrente da comparação das afinidades e diferenças dos fenômenos entre si (e, por isso, há um apagamento das singularidades de cada fenômeno), por outro lado, a relação entre as ideias e as coisas nos faz conceber de outra maneira a relação universal/singular. Nessa relação, o universal não é o apagamento das singularidades, mas cada singular contém em si um universal, é exemplo do universal. Quando Benjamin diz que as ideias se relacionam com as coisas assim como as constelações com as estrelas, isso quer dizer que o conjunto (as constelações, as ideias) resulta da exposição exemplar dos casos singulares (as estrelas, as coisas), mas não na maneira de um apagamento de suas singularidades, pois a ideia é a configuração em que o extremo se encontra com o extremo.

O que poderia parecer, aos olhos de um pensador sistemático, uma leitura insólita das ideias de Platão, ganha surpreendente clareza no pensamento de Agamben. Inclusive, parece-me que Agamben desdobra, em seu livro sobre o método, aspectos fundamentais do prefácio de Benjamin, aspectos que aqui retomo. Primeiramente, porque Agamben dirá que seu método é paradigmático ou exemplar. "Paradigma", do grego, *para-déiknymi*, significa "aquilo que se mostra ao lado". Já a palavra alemã para "exemplo", *Bei-spiel*, significa literalmente "aquilo que joga [*spiel*] ao lado [*bei*]". Ao buscar a etimologia de ambas as palavras, Agamben aponta para a possibilidade de ultrapassagem das lógicas de dedução e indução. Isso porque a relação entre o exemplo e o paradigma com o conjunto do qual fazem parte é caracterizada como inclusiva-exclusiva, na medida em que o exemplo é excluído do conjunto ao qual pertence a partir de uma inclusão. Ou seja, paradigma e exemplo são excluídos da regra não porque não fazem parte do caso normal, mas, ao contrário, porque manifestam seu pertencimento ao caso normal, são incluídos-excluídos; indicam esse "pertencimento". Paradigma e exemplo são retirados do conjunto do qual fazem parte para mostrar o próprio pertencimento a ele.

Já a lógica da exceção aponta para uma inclusão no caso normal a partir de uma exclusão, e para uma relação de exclusão-inclusiva, como é a relação indizível-dizível, que caracteriza o poder pressuponente da linguagem. Se aproximo a lógica da exceção da relação entre conceitos e fenômenos, posso dizer que os fenômenos são incluídos nos conceitos a partir da exclusão de suas singularidades. Em contrapartida, a relação entre ideias e fenômenos apontaria para a exposição do pertencimento dos fenômenos às ideias. A lógica da exceção, segundo seu étimo *ex-capere*, literalmente "capturar fora", indica o poder pressuponente da linguagem, pois aquilo que é capturado fora, quando o falante fala ou silencia, é o fato de que há linguagem.

O movimento de Agamben é análogo ao de Benjamin em seu prefácio. Se Benjamin afirma que a configuração das ideias vai de extremo a extremo, Agamben, de sua parte, dirá que o gesto paradigmático vai do singular ao singular:[9]

> não há dualidade entre "fenômeno singular" e "conjunto": o conjunto resulta da exposição paradigmática dos casos singulares [...]. No paradigma, a inteligibilidade não precede o fenômeno, mas está, por assim dizer, ao lado (*para*) dele. Segundo a definição aristotélica, o gesto paradigmático não vai do particular ao universal e do universal ao particular, mas do singular ao singular. O fenômeno, exposto no meio de sua cognoscibilidade, mostra o conjunto do qual é paradigma. E o paradigma, em relação ao fenômeno, não é um pressuposto (uma "hipótese"): como "princípio não pressuposto", ele não

---

[9] Será nesse sentido que Agamben conceberá o campo de concentração, o muçulmano e o *homo sacer* (figuras trabalhadas na tetralogia *Homo Sacer*) como paradigmas, ou seja, como fenômenos históricos que não se limitam aos momentos históricos de seus surgimentos, a Alemanha nazista ou o Império Romano, mas que têm "por função construir e tornar inteligível um contexto histórico-problemático bem mais abrangente" (Benjamin, 1984: 9). Por isso, Agamben poderá dizer que a vida matável tida na figura do *homo sacer* reaparece tanto na Alemanha nazista quanto nas democracias contemporâneas, assim como a qualquer momento, num ínfimo segundo, algo como um campo pode se constituir. Para saber mais sobre as figuras do *Homo Sacer* e do muçulmano, remeto aos livros *Homo Sacer: o poder soberano e a vida nua* (2007) [*Homo Sacer I*] e *O que resta de Auschwitz, o arquivo e a testemunha* (2008) [*Homo Sacer III*].

está nem no passado nem no presente, mas em suas constelações exemplares. (Agamben, 2009: 30)

Também parecem ser as ideias, segundo Benjamin, constelações exemplares, paradigmáticas. Ao retomar Victor Goldschmidt (1947), célebre comentador de Platão, Agamben afirmará que o paradigma funciona como a expressão técnica da relação entre ideias e coisas, inteligível e sensível. Segundo Agamben, Goldschmidt aponta para o uso dos exemplos nos diálogos platônicos como esse elemento de indiscernibilidade entre inteligível e sensível. No *Político*, um paradigma sensível, a tecelagem, leva à compreensão das ideias. A fim de explicar como um paradigma pode produzir conhecimento, Platão apresenta as letras e sílabas que as crianças começam a reconhecer em diferentes palavras como "paradigma para o paradigma":

Estrangeiro: seria difícil, meu caro amigo, tratar satisfatoriamente um assunto importante sem recorrer a paradigmas. [...] Parece-me ser uma descoberta curiosa que me leva a falar em que consiste, em nós, a ciência [...]. Precisarei, meu caro, de um outro paradigma para explicar o meu [paradigma para o paradigma]. Nós sabemos, creio, que as crianças, logo que começam a aprender a escrita [...], que elas distinguem suficientemente bem as várias letras, nas sílabas mais curtas e fáceis, e são capazes de, a esse respeito, dar respostas exatas [...], entretanto, já não as distinguem em outras sílabas, e pensam e falam erradamente a seu respeito [...]. Pois bem; o melhor método, o mais fácil e o mais seguro para levá-las aos conhecimentos que ainda não possuem, não seria [...] mostrar-lhes primeiramente os grupos em que interpretaram essas letras corretamente e depois colocá-las frente aos grupos que ainda não conhecem, fazendo-as comparar uns com os outros a fim de ver o que há de igual em ambas estas combinações; até que à força de mostrar-lhes, ao lado dos grupos que as confundem, aqueles que interpretam com exatidão, estes sim mostrados *paralelamente* se tornam, para elas, *paradigmas* que as auxiliarão, seja pela letra que for, e em qualquer sílaba, a soletrar diferentemente o que for diverso, e sempre de uma mesma e invariável maneira, o que for idêntico. (Platão, 1972b: 277d-278d)

Agamben mostrará, seguindo Goldschmidt, que o exemplo das sílabas parece apontar para uma estrutura paradoxal, ao mesmo tempo mental e sensível, que este último chama de "forma-elemento". Isso quer dizer que o paradigma, como fenômeno singular, contém, de alguma maneira, o *eidos*, a forma mesma que se trata de definir, porque ele funciona como exemplo, incluído-excluído, do conjunto que exemplifica. Parece estar em questão aqui, na relação entre uma mesma sílaba e as diferentes palavras em que ela está contida, uma relação parecida com a que encontramos entre as ideias e os fenômenos, tal como exposto por Benjamin. Por exemplo, a relação entre a mesma sílaba *-ba* e o conjunto de diversas palavras (*ba*nana, *ba*nco, *ba*charel etc.) em que esta sílaba se encontra não consiste em uma relação conceitual, mas em uma relação paradigmática, em que um e outro tornam-se indiscerníveis: a mesma sílaba *-ba* se mostra e é exposta como a mesma nas outras palavras em que ela se encontra. Por isso, Agamben dirá que o paradigma consiste no ter lugar da relação e na exposição dessa relação.

Se, por um lado, Benjamin afirma que as ideias *determinam* as relações de afinidades mútuas entre os fenômenos, Agamben, por outro lado, parece estar de acordo: "no paradigma não se trata meramente de constatar uma certa semelhança sensível [como é o caso da operação conceitual], mas de suscitá-la por uma operação" (Agamben, 2009b: 25). Em que pode consistir uma operação que suscita semelhanças não sensíveis?[10] Em que consistiria a determinação das ideias em relação aos fenômenos? Para elaborar essas questões, remeto-me à concepção da ideia como palavra tal como pensada por Benjamin.

A investigação filosófica deve partir da diversidade do dado fenomenal, pela via da indução, ou do reino das ideias, pela via da dedução?[11] Benjamin procura um caminho entre essas duas vias. Para ele, as ideias não serão dadas nem no mundo dos fenômenos, na mera empiria, nem em uma intuição intelectual (*intellektuelle Anschauung*), no idealismo transcendental kantiano. Será a concepção da ideia como palavra, como a pura palavra com a qual Adão nomeia o mundo, que possibilitará a Benjamin pensar para além de perspectivas dicotômicas na sua crítica à teoria do conhecimento:

> a ideia é algo de linguístico, é o elemento simbólico presente na essência da palavra. Na percepção empírica [*Im empirischen Vernehmen*], em que as palavras se fragmentaram, elas possuem,

---

10 Em 1933, Benjamin redige dois pequenos textos com o intuito de reformular o que seria o *Medium* da linguagem, tal como concebido em seu ensaio de 1916. Em "A doutrina das semelhanças" e "Sobre a faculdade mimética", os quais, em carta a Scholem, Benjamin define como sua nova doutrina da linguagem, Benjamin afirma que a linguagem é o registro das semelhanças não sensíveis (cf. Scholem, 1991: 45). Agamben, por sua vez, trabalha com esses textos no segundo capítulo de *Signatura rerum*.

11 Para mais sobre o caráter das ideias no prefácio de Benjamin, cf. Tiedemann (1987).

ao lado de sua dimensão simbólica mais ou menos oculta, uma significação profana evidente. A tarefa do filósofo é restaurar [*einzusetzen*] em sua primazia, pela apresentação [*Darstellung*], o caráter simbólico da palavra, no qual a ideia chega ao autoentendimento, que é o contrário de toda comunicação dirigida ao exterior [...]. Na contemplação filosófica a ideia se libera, enquanto palavra, do âmago da realidade, como a palavra que tem, de novo, como pretensão o seu poder de nomeação. (Benjamin, 1984: 58-59)

Será esse poder de nomeação que, na continuação do texto de Benjamin, fará de Adão, e não de Platão, o pai da filosofia. Quando Benjamin diz que a tarefa do filósofo é restaurar o caráter simbólico da linguagem, isso não quer dizer que proponha o retorno a uma linguagem "originária". Ao contrário, Benjamin propõe que essa restauração coincide com uma apresentação ou exposição (*Darstellung*) da língua pura – o caráter simbólico da linguagem – na própria percepção empírica em que as palavras se fragmentaram – o âmbito da comunicação. Aqui, ele parece apontar para uma indiscernibilidade entre uma e outra; para uma relação, muito mais que para uma separação. É nesse sentido que Agamben o interpreta:

> A compreensão do estatuto dos nomes se torna, nesse ponto, tão essencial, mas também tão aporética, quanto a compreensão do estatuto das ideias no Parmênides, de Platão (as ideias que, diz Platão, nasceram precisamente de uma busca nos *logoi*, nos discursos): os nomes, tal como as ideias em relação aos fenômenos, existem como realidade em si, separados (*choris*) das pala-

vras existentes? Existe uma separação (*chorismos*) entre os nomes e as palavras? Ou, pelo contrário – tal como para a relação entre ideias e fenômenos –, a tarefa suprema do pensamento é justamente de pensar a relação (não o *chorismos*, a separação, mas a *chora*, a região) entre língua dos nomes e linguagem humana? [...] Na efetiva construção dessa relação, dessa região, consiste a tarefa do filósofo assim como a do tradutor, do historiador assim como a do crítico. (Agamben, 2015: 45)

Para Agamben, expor a união, a *chora*, e não a separação entre *Medium* e *Mittel*, língua pura dos nomes adâmicos e linguagem humana, ideias e fenômenos, implica a eliminação do indizível da linguagem. Se Agamben, com o paradigma, tem em vista a *chora* entre inteligível e sensível a tal ponto que ambos se tornem indiscerníveis, é possível dizer que Benjamin, com sua leitura da teoria das ideias concebidas como linguagem, também o tem. Expor na própria linguagem como comunicação a comunicabilidade e a "dizibilidade" da própria linguagem implica desativar aquele poder pre-su-ponente e objetivante ao qual Agamben se refere em "A coisa mesma". Na medida em que se expõe e se apresenta a comunicabilidade pura e simples da linguagem, ou sua dizibilidade, na própria linguagem comunicativa – que, com Platão e Aristóteles, é sempre *legein ti kata tinos*, dizer algo sobre algo, em que o que permanece não dito é a própria dizibilidade da linguagem – chega-se àquela "coisa mesma da linguagem" sobre a qual Agamben nos fala, à possibilidade de dizer a dizibilidade do dito.

É por meio da construção da *chora*, da relação, entre indizível e dizível, ideias e fenômenos, universal e singular – relação em cujo centro está a concepção da ideia como linguagem ou pura palavra – que uma comunidade humana livre de todo pressuposto pode ter lugar. É o que escreve Agamben ao concluir seu texto "A ideia da linguagem":

> a verdadeira comunidade é apenas uma comunidade não pressuposta. A pura exposição filosófica não pode ser, portanto, exposição de suas ideias sobre a linguagem ou sobre o mundo, mas exposição da *ideia da linguagem*. (Agamben, 2015: 32)

Se a história da filosofia ocidental legou como tradição a estrutura pressuponente da linguagem humana, surge, então, uma questão: estaria Agamben propondo a destruição de uma determinada construção histórica tendo em vista a instauração de outra? Parece que não é disso que se trata, mas sim de um novo modo, de um novo uso, da tradição. Proponho pensar como possibilidade desse "outro modo" o tagarelar feminino das personagens da "Metafísica da juventude", de Benjamin.

Língua e história

Em um artigo intitulado "Língua e história, categorias linguísticas e categorias históricas no pensamento de Benjamin", Agamben chama a atenção para uma das seguintes notas preparatórias das considerações "Sobre o conceito de história" (1940), de Walter Benjamin:

> o mundo messiânico é o mundo de uma total e integral atualidade. Somente nele há pela primeira vez uma história universal. [...] A ela não pode corresponder nada, até que a confusão, que provém da torre de Babel, seja eliminada. Ela pressupõe a língua, na qual todo texto de uma língua viva ou morta deve ser

integralmente traduzido. Ou melhor, ela própria é essa língua. Mas não como escrita, antes como festivamente celebrada. Essa festa é purificada de toda cerimônia e não conhece cantos de festa. A sua linguagem é a própria ideia da prosa, que é compreendida por todos os homens, como a língua dos pássaros é compreendida pelos nascidos aos domingos. (Benjamin apud Agamben, 2015: 33)

Nessa nota, à primeira vista bastante enigmática, Benjamin faz uma correlação entre língua e história, entre categorias linguísticas e categorias históricas. Gostaria de chamar a atenção para a correlação entre a possibilidade de uma história universal, como a história redimida, e a língua universal. Será principalmente essa relação que Agamben investigará em sua leitura do texto de Benjamin, no qual, segundo Agamben, Benjamin "deu forma, em uma síntese luminosa, a uma de suas intenções mais profundas" (Agamben, 2015: 34).

Primeiramente, a fim de amenizar o que poderia parecer uma inusitada aproximação entre categorias linguísticas e categorias históricas, Agamben faz menção ao pensamento medieval, para o qual tal aproximação era até mesmo familiar. A frase de Isidoro, segundo a qual "a história diz respeito à gramática", é exemplar. Será na esteira de Isidoro que Agostinho afirmará que a história é "serviço pesado dos gramáticos mais do que dos historiadores", referindo toda transmissão histórica à esfera da letra. Agamben cita Agostinho:

podia assim a gramática ser considerada completa, mas uma vez que seu próprio nome significa professar letras, de modo que em latim se chama literatura, acontece que tudo o que de memorável era confiado às letras [*litteris mandaretur*] dizia-lhe necessariamente respeito. Assim, a essa disciplina foi associada a história que é uma por nome mas infinita por matéria, múltipla e mais plena de cuidados do que de alegria e verdade, serviço pesado não tanto dos historiadores quanto dos gramáticos (*De ordine*, II, 12, 37). (Agamben, 2015: 34)

Se a letra, o *grámma*, é para Agostinho, antes de tudo, um elemento histórico, isso se dá porque, segundo Agamben, a concepção agostiniana de linguagem tinha como fundamento a concepção estoica da linguagem, a qual distinguia dois planos na linguagem: o dos nomes, ou da pura nomeação, e o do discurso, "que dele deriva como 'um rio da nascente'" (Agamben, 2015: 35).

Seguindo a leitura de Agamben, o acesso à esfera dos nomes como esfera fundamental da linguagem é mediado e condicionado pela história. Isso quer dizer que o falante não inventa os nomes, mas estes lhe chegam, *descendendo*, ou seja, por meio da transmissão histórica. Se os nomes só podem nos ser dados, o discurso, ao contrário, é suscetível de um saber técnico-racional. "Não importa se os nomes são concebidos como um dom divino ou uma invenção humana: o importante é que em todo caso sua origem escapa ao falante", escreve Agamben.

Essa decomposição da linguagem em dois níveis distintos hierarquicamente Agamben também encontra no *Tratactus* de Wittgenstein, em que os nomes são definidos como signos primitivos (*Urzeichein*), "cujo significado tem de ser previamente explicado para que possamos compreendê-lo", em oposição às proposições, a partir das quais "nós nos entendemos, sem necessidade de mais explicações" (Agamben, 2015: 35). Agamben recorre a diferentes concepções de linguagem a fim de ressaltar o fato de que no acesso humano à linguagem "todo ato de fala pressupõe sempre o plano dos nomes, penetrável apenas historicamente, em um 'diz-se assim' que é na verdade um 'assim se dizia'" (p. 35). Desse modo, "a linguagem antecipa sempre, quanto ao seu lugar original, o falante, dando um salto infinito, para além dele, em direção ao passado e, ao mesmo tempo, em direção ao futuro de uma descendência infinita, de modo que o pensamento não pode jamais terminar nele" (Agamben, 2015: 36).

Por isso, Agamben dirá que "a história é a cifra da sombra que esconde o acesso do homem ao plano dos nomes: *a história está em lugar dos nomes*" (Agamben, 2015: 36, grifo do autor). Que a história esteja em lugar dos nomes significa dizer que a ausência de fundamento de todo ato de fala funda, ao mesmo tempo, história e teologia. Mais que isso, que a história esteja em lugar dos nomes significa dizer que o falante, na medida em que fala ou silencia, está remetido a um fundamento vazio, negativo, indizível, que constitui sua fala enquanto tal. Por isso, para Agamben, "enquanto o homem não puder encontrar fundo na linguagem existirá transmissão dos nomes; e enquanto houver transmissão dos nomes haverá história e destino" (Agamben, 2015: 36). Uma das perguntas que move este livro é: *como* desativar o poder pressuponente da linguagem transmitido pela tradição da filosofia ocidental? A esta questão, outra vai se associar: o tagarelar feminino pode ser pensado como um modo de desativar o poder pressuponente da linguagem? É em busca de um pensamento não destinável, ou de uma fala que não mais queira dizer o indizível que Agamben se remete a Walter Benjamin e que remeto ao tagarelar feminino na "Metafísica da Juventude".

Se a esfera do nome constitui a origem que escapa ao falante e que o antecipa no momento de sua fala – ao remeter-lhe, ao mesmo tempo, a um passado antecipatório e a um futuro querer dizer que nada diz –, Agamben dedica-se à imagem do mundo messiânico, mundo de uma total e integral atualidade.[12] Relembrando a citação inicial desta seção, esse mundo corresponde a uma história universal, à própria língua. A fim de findar a tagarelice e a vacuidade em que consiste a linguagem humana no ensaio de 1916, Benjamin propõe um "dia do juízo"[13] num messianismo que constitui um limiar de seu pensamento. Agamben, por sua vez, dedica-se a desdobrar as proposições benjaminianas. De minha parte, gostaria de acrescentar a essas imagens redentoras a imagem de um outro tagarelar, feminino, tal como concebido pelo jovem Benjamin em seu ensaio "Metafísica da Juventude" (1913/1914).

Em suma, se a história do pensamento ocidental legou uma concepção de linguagem em que o falante permanece em débito com um elemento negativo constitutivo – o indizível, a esfera dos puros nomes, o *Medium* da linguagem no ensaio de 1916, a Voz –, e se é justamente a partir dessa negatividade constitutiva que se produzem transmissão histórica e fala humana, ao apontar para o fim messiânico de tal dialética, Benjamin aponta também para o fim de uma determinada concepção da língua e de uma determinada concepção da cultura. Esse fim não remete, entretanto, à noção teleológica de fim, mas apenas para um

---

12 Há uma extensa bibliografia sobre o messianismo na filosofia de Walter Benjamin. Ressalto alguns aspectos mais importantes sem me comprometer com um desenvolvimento aprofundado da temática.

13 Cf. Primeiro capítulo, seção I.V.

outro modo ou uso de uma determinada concepção histórica de linguagem. Não se trata de um fim como objetivo (*Ziel*) mas como termo (*Ende*) (Benjamin, 2012: 23; 2005). Por isso, Benjamin dirá que o mundo messiânico é o mundo de uma total e integral atualidade. Nesse tempo integralmente presente, o passado deve ser salvo não tanto do esquecimento, mas sobretudo de um determinado modo de sua tradição.

É nesse sentido que na redação de Benjamin da parábola sobre o reino messiânico, o mundo que vem não é concebido como integralmente outro, mas como o mesmo, só um pouco diferente. Nas palavras de Benjamin, citadas por Agamben, lê-se:

> lá, tudo será exatamente como é aqui. Como agora é o nosso quarto, assim será no mundo que vem; onde agora dorme o nosso filho, lá dormirá também no outro mundo. E aquilo que vestimos neste mundo, o vestiremos também lá. Tudo será como é agora, só um pouco diferente. (Benjamin apud Agamben, 2013: 52)

É à procura desse "outro modo", desse desvio, que me encaminho agora às personagens femininas da "Metafísica da Juventude", cujo tagarelar – em oposição ao tagarelar sobre o qual fala o ensaio de 1916 –, parece desativar o nexo entre indizível e fala, entre o que se quer dizer e o dito. Se a língua pura é a "língua que já não pré-supõe qualquer língua e que, tendo consumido em si todo pré-suposto e todo nome, não tem verdadeiramente mais nada a dizer, mas simplesmente, fala" (Agamben, 2015: 47), minha hipótese é a de que o tagarelar das personagens femininas do ensaio juvenil de Benjamin pode remeter à tal concepção de linguagem.

Sie werden geschwätig:[14] o tagarelar feminino na "Metafísica da Juventude"[15]

A "Metafísica da Juventude" é um ensaio dividido em três seções: "a conversa", "o diário" e "o baile". Em minha análise, privilegio a primeira seção, que me permite investigar a relação entre linguagem e feminino. Assim como o ensaio "Sobre a linguagem", de 1916, a "Metafísica da Juventude" (1913/14) também não foi destinado à publicação e, naquele momento, circulou apenas entre os amigos do chamado movimento de juventude. No verão de 1912, quando ingressa na universidade de Friburgo, Benjamin fica responsável pela organização de grupos estudantis que deveriam propagar as ideias de uma cultura juvenil, segundo os escritos de Gustav Wyneken, de quem havia sido aluno entre 1905 e 1906 no internato rural em Haubinda, na Turíngia. O movimento de juventude (*Jugendbewegung*) é um fenômeno cultural complexo, característico da sociedade guilhermina.[16] Esse movimento surge

---

14 "Elas se tornam tagarelas".

15 Diferentes versões desse trecho foram publicadas como artigos e capítulos de livro, dentre as quais, a mais recente é: "Entre silêncio e tagarelice: esboço para uma linguagem feminina a partir da 'Metafísica da Juventude'". Dossiê Figurações e interlocuções: a questão feminina em Walter Benjamin. Org. Patrícia Lavelle e Isabela Pinho. *Artefilosofia*, v. 15, n. 29, p. 4-25, 2020.

16 O período guilhermino (1890-1918) abrange o reinado de Guilherme II na Alemanha começando com a demissão do chanceler Otto von Bismark e se estendendo até 1918, com o fim da Primeira Guerra Mundial. O período entre 1890 e 1914 ficou conhecido como a *Belle Époque* alemã e coincidiu para Benjamin, "com a idade de ouro de sua juventude e de sua infância jamais ameaçadas por preocupações de ordem material" (Pulliero, 2013: 15). A influência de Wyneken e as referências históricas do movimento de juventude foram exploradas em minha dissertação de mestrado "O feminino como *Medium* da linguagem: sobre algumas figuras femininas na obra de Walter Benjamin" (UFF, 2014). Para saber mais sobre o período de juventude, conferir o extenso e detalhado livro de Marino Pulliero, *Walter Benjamin – le désir d'authenticité: l'héritage de la Bildung allemande*. Ver também Muricy (2009) e Steizinger (2013).

no início do século XX, com tom ao mesmo tempo crítico e conservador em relação à sociedade e às mudanças trazidas pela Modernidade. A crise de um sistema pedagógico autoritário pode ser compreendida como o elemento comum entre os diversos grupos que compõem o movimento de juventude (Pulliero, 2013).

Desse modo, o ensaio "Metafísica da Juventude" pode ser compreendido no contexto das críticas produzidas por Wyneken e pelos jovens estudantes ao sistema universitário e ao momento histórico-cultural da Alemanha daquele período. A vertente wynekiana do movimento, à qual pertencia Benjamin, propunha uma transformação social mediante uma revolução cultural, isto é, uma revisão radical dos valores, a partir da qual se daria o desenvolvimento da cultura. Inspirados por Wyneken, pedagogo neo-hegeliano, os jovens se opunham radicalmente à sociedade guilhermina, e defendiam o trabalho puro do espírito, este compreendido como obra imaterial da humanidade. Esse trabalho só poderia ser realizado pela juventude ainda não corrompida.

O movimento se colocava "contra a opressão na escola e na casa dos pais, contra [...] a experiência dos filisteus e a moral burguesa" (Witte, 2017: 23). Seguindo indicações de Muricy, em sua acepção primitiva, dada por Lutero, o termo filisteu representava o inimigo da verdadeira fé. Com Goethe, o termo passa a designar o indivíduo medíocre, o burguês utilitarista (Muricy, 2009: 45). Mas há uma transformação da compreensão desse termo, quando, no século XIX, época de formação do público burguês, ele passa a designar o próprio burguês, que, ávido pelo consumo dos produtos culturais, não tem sensibilidade artística nem valoriza efetivamente a cultura e o pensamento. Com Nietzsche, influência importante para Benjamin nesse período, o termo ganha mais complexidade quando passa a caracterizar um tipo de pessoa culta, o "filisteu culto" (*der Bildungsphilister*), em oposição à pessoa verdadeiramente culta (*der Kulturmensch*), como se vê em *A primeira intempestiva*:

> O termo filisteu usa-se vulgarmente entre os estudantes e designa, num sentido muito lato, mas muito usual, os que são o contrário do artista, do amigo das Musas, da pessoa verdadeiramente culta. Mas o filisteu culto, cujo tipo temos o triste dever de descrever [...] distingue-se do filisteu vulgar por uma ilusão. Julga que é amigo das Musas e do homem culto. (Nietzsche, 2003, § 6)

A crítica ao adulto filisteu, à cultura dos pais e à sociedade burguesa indicava a possibilidade de outra forma de relação que não passasse pelas identificações afetivas da sociedade (*Gesellschaft*), mas por uma comunidade (*Gemeinschaft*) de solitários, ou seja, de "amigos estranhos" (Pulliero, 2013). Para a construção desse espaço, Benjamin funda o "Espaço da Conversação" (*Spreschsaal*), lugar em que os amigos se reuniam para a discussão de problemas artísticos e morais. O apartamento em Alter Westen, em Berlim, chamado de *Heim* (lar), era um lugar ao qual todos os membros tinham acesso ilimitado e que possibilitava aos jovens uma forma de vida livre, distantes da esfera burguesa da família (Witte, 2017: 22). Na terceira seção da "Metafísica da Juventude", intitulada "O baile", parece ser esse espaço "fora do mundo", ao redor do qual flutuam as demais realidades com seus carros, policiais e poetas de sorrisos amargos, a que Benjamin se refere:

A música transporta os pensamentos, nossos olhos refletem os amigos ao redor, como todos eles se movimentam, banhados de noite. Estamos realmente em uma casa sem janela, em uma sala sem mundo. [...] Ao redor dessa casa sabemos que flutuam todas as realidades sem piedade, que foram expulsas. Os poetas com seus sorrisos amargos, os santos e os policiais e carros, que aguardam. Algumas vezes a música penetra no exterior e os soterra. (Benjamin, 1977: 105)

Os seres exemplares dessa comunidade (*Gemeinschaft*) são os excluídos da sociedade (*Gesellschaft*): os marginalizados, as existências vividas nos cafés, a mulher, a prostituta e o gênio (o jovem intelectualmente expressivo e culturalmente produtivo, o portador do espírito). Essas formas de vida, em evidência na grande metrópole, surgem no ensaio de Benjamin a partir de uma discussão da época que envolvia a questão da sexualidade, o combate à prostituição, a constituição do ensino misto e a inserção da mulher na vida acadêmica. Seguindo indicações de Pulliero, a sexualidade entra em debate na Alemanha no fim do século XIX com a criação de uma nova ciência, a *Sexualwissenschaft*. Nesse momento histórico de modernização da Alemanha, um movimento tímido de liberação sexual tem lugar, que só se efetiva após a Primeira Guerra.

Se, por um lado, essa nova atenção à questão sexual rompe os tabus no âmbito do debate público sobre a sexualidade, por outro lado, ela se faz sob uma ótica estritamente medical, sob uma forma de educação (*Sexualpädagogik*) "que não leva em conta um aprofundamento psicológico acerca da problemática sexual da juventude" (Pulliero, 2013: 514). O Estado passa a fazer um controle de ordem moral e medical sobre os corpos: "a questão sexual tende a se reduzir a um problema de higiene pública cujo alvo é a prostituição, as doenças venéreas e a fantasia de uma decadência nacional ou racial" (p. 514). Desse modo, "a aliança medicina--saúde-moral leva [...] a uma limitação estrita de Eros: as relações sexuais pré-matrimoniais são condenadas como patológicas (pelos médicos) e criminalizadas pelos teóricos da higiene da raça" (Pulliero, 2013: 515).

A maioria das vertentes do movimento de juventude acata o modelo da reforma sexual: luta-se, por um lado, contra a prostituição e, por outro, acredita-se "chegar a uma forma de neutralização 'positiva' de Eros e da sexualidade através do princípio da camaradagem (*Kameradschaftlichkeit*) na base do movimento da juventude e da escola mista" (Pulliero, 2013: 515). O modelo pedagógico da educação mista (*Koedukation*) vigora a partir de 1907 e constitui um dos pontos fundamentais da reforma liberal da educação. Se, por um lado, a "camaradagem" permite à mulher obter uma paridade efetiva em relação ao homem, por outro lado, a relação entre os "sexos" deve ser absolutamente neutra e sem trocas eróticas, o que muda com a entrada da mulher na universidade (Pulliero, 2013: 514-517).

Se o movimento de juventude tem uma postura ambivalente – ao mesmo tempo contra a moral burguesa e favorável às normas puritanas –, a vertente mais radical do movimento, da qual Benjamin fazia parte, se opunha radicalmente à tentativa de aniquilamento do erotismo na troca entre os "sexos". Os jovens do círculo wynekiano se reuniam para travar discussões sobre sexualidade, erotismo e cultura. Para esses jovens, a mulher e da prostituta passam a funcionar como emblema para o questionamento da sociedade burguesa, da família e da escola. Em uma carta ao amigo de juventude Hebert Berlmore, Benjamin afirma que "a prostituta representa o instinto acabado da cultura [...]: ela desloca a natureza de seu último santuário, a sexualidade" (Benjamin, 1979: 63).

É enquanto ser cultural, distanciado da vida natural, que Benjamin pensará a prostituta e a mulher lésbica, representada na figura histórica de Safo. O sexo, nesses casos, não tem em vista a procriação, mas é da ordem de um meio sem fins, de um puro meio. Tanto a figura da prostituta quanto a figura de Safo continuam a ser pensadas em termos parecidos nos ensaios que Benjamin escreve sobre Baudelaire em 1939. Ambas reaparecem nas *Passagens*, em que há um livro inteiro dedicado à figura da prostituta, e em outros momentos da obra de Benjamin como um todo.[17]

Essa figura permanece sendo importante para o contexto cultural e político da Alemanha pelo menos até a ascensão do nazismo. Como mostra Peter Gay, tanto a prostituta quanto o estrangeiro, o sofredor, o suicida, estavam no centro das críticas do movimento expressionista contra "as formas estáveis e o senso comum" (Gay, 1978: 121). Essas personagens funcionavam como figuras exemplares para a constituição de uma nova humanidade e "refletiam o desejo por uma renovação, o descontentamento com a realidade, e a incerteza acerca dos valores que marcavam a Alemanha em geral" (Gay, 1978: 121). Do mesmo modo, a revolta do filho contra o pai era um tema "exigido de todo jovem escritor" (p. 134), motivo pelo qual houve uma produção prolífica sobre essa problemática: "para muitos, o conflito era mais profundo do que o mero antagonismo pessoal; veio a simbolizar a situação política,

---

17   Cf. Benjamin (1991; 2009; 2011: 118, 119).

ou até o destino do mundo" (Gay, 1978: 135). O próprio Benjamin escreve uma novela intitulada "*Der Todd des Vaters*" (A morte do pai), em 1913, recém-publicada no Brasil.[18] O "pai" representava a velha ordem mundial que vinha sendo questionada desde o início do século XX: o império, a moral burguesa. O movimento de juventude, em sua abrangência, deve ser compreendido a partir desse conturbado contexto histórico.[19]

Quando Benjamin, de sua parte, afirma em carta a Belmore que a prostituta representa o instinto acabado da cultura, deve-se ter em vista a influência importante que tiveram os cursos de verão ministrados pelo neokantiano Heinrich Rickert em 1913 na Universidade de Friburgo, do qual não só o jovem Benjamin fez parte, mas também, curiosamente, Martin Heidegger. É a partir dessas

---

18 Gay destaca diversas obras cujo tema era ou o parricídio ou o abuso da autoridade paterna, como, por exemplo, a famosa peça de Hasenclaver "*Der Sohn*" [O filho] (1914), que narra a relação entre um pai tirânico e um filho que anseia por liberdade. Kurt Wolff, que a publicou, diz que "essa peça [...] foi, com seu tema do conflito pai-filho, material explosivo para a geração nascida nessa época" (Gay, 1978: 134). Houve diversas outras, como a peça *Vatermord* [Morte do pai], de Arnolt Bronnen, autor que futuramente se filiaria ao nazismo; a peça *Fruhlings Erwachen*, de Wedekind, que narrava as tensões da adolescência, o peso dos estudos e o despertar do sexo; a famosa "Carta ao pai" de F. Kafka (1919). A novela de Benjamin, "A morte do pai", se encontra no livro *A arte de contar histórias* (2018: 101-105). Peter Gay dedica um capítulo de seu livro, intitulado "A revolta do filho", a essa problemática.

19 O início do século XX foi marcado por uma efervescência cultural e política flagrante em que uma nova ordem social começava a se impor. Em uma Alemanha devastada com o fim da Primeira Guerra, a república de Weimar é proclamada a 9 de novembro de 1918, pelo social-democrata Philipp Scheidemann após a derrota sangrenta dos espartacistas, dentre os quais Rosa Luxemburgo e Karl Liebknecht, que tinham por objetivo proclamar uma república soviética. O imperador Guilherme II foge para a Holanda. Nesse ponto, Peter Gay afirma que "seria simplista interpretar a Revolução de novembro como uma coisa apenas, mas ela foi também, e significativamente, uma rebelião contra a autoridade paterna", algo que já se colocava desde o início do século (Gay, 1978: 133). Não por acaso, a ascensão do nazismo ao poder será interpretada por Gay como uma "vingança do pai", no capítulo "A vingança do pai: ascensão e queda da objetividade".

aulas que Benjamin constrói uma associação entre o feminino e a experiência de um presente plenamente acabado.[20]

Em tais cursos, Rickert lança mão de alguns exemplos da vida cotidiana para pensar algumas esferas de seu sistema axiológico, o "Sistema de Valores" (1913). Benjamin encontra aí uma possibilidade de pensar o feminino, já que Rickert o havia associado à esfera da particularidade acabada no presente, correspondente aos bens do presente (*Gegenwartsgüter*). O feminino representa a quebra no fluxo do tempo como contínuo em que se vive a plenitude do presente. Se no início de seu manuscrito Rickert parte da diferença sexual tal como ela se dá na cultura, será sem muita explicação que ele passará a falar em masculino e feminino como princípios axiológicos. A partir da associação entre o feminino e a paz e a harmonia da vida doméstica, provinda do senso comum de sua época, Rickert se propõe a pensar o feminino como valor cultural:

> trata-se precisamente da esfera da vida acabada das pessoas, tal como nós a definimos, a esfera dos bens presentes [...] que têm em si seu próprio valor, que não têm necessidade de serem justificados por suas consequências, mas são eles mesmos capazes

---

[20] No artigo "Figures pour une théorie de l'expérience", Patrícia Lavelle tematiza a questão do feminino em Rickert e Benjamin, fazendo relação com a temática das semelhanças não sensíveis e com algumas figuras femininas da *Infância em Berlim* (2013: 128-138). Para mais sobre Rickert e o feminino, cf. Lavelle (2020: 26-45); Rickert (2013: 375); Pinho (2014). No artigo "Vollendung: de Heinrich Rickert a Benjamin-Heidegger" (2013), Peter Fenves mostra algumas proximidades entre Benjamin e Heidegger, uma delas sendo o encontro no grande anfiteatro da Faculdade de Friburgo no verão de 1913. Segundo o autor, tanto Benjamin quanto Heidegger se interessaram pela oposição proposta por Rickert entre a vida pura e simples (*blosses Leben*) e a vida acabada (*vollendetes Leben*), ou seja, a vida que atingiu a sua significação.

de justificar a vida da cultura, que de outra maneira não chega jamais a seu acabamento; e de conferir a ela, assim, um sentido fundamentalmente diferente que o daquele onde há uma evolução permanente e uma busca sem fim do futuro. (Rickert, 2013: 376)

Sem adentrar propriamente na filosofia de Rickert, interessa aqui a caracterização do feminino como meio sem fins ou como puro meio. É a partir dessa caracterização que Benjamin procede a uma elucubração sobre linguagem, sexualidade, erotismo e cultura femininos. Assim, de início, como nos diz Muricy, feminino e juventude parecem fornecer a diferença necessária para a crítica da cultura desses anos juvenis de Walter Benjamin. E será justamente nesse sentido que Benjamin, em carta a Wyneken, a propósito dos cursos de Rickert em Friburgo, questionará: "o que é a mulher?, nós só poderíamos dizer se conhecêssemos uma cultura feminina – é por outro lado exatamente a mesma coisa no que se refere à juventude" (Benjamin, 2013: 372).

"A conversa", primeira seção da "Metafísica da Juventude", evoca a crise do historicismo, da concepção da história como herança, ou seja, como acúmulo de fatos históricos isolados, diante dos quais encontramo-nos passivamente como meros receptores. Essa crítica, tardiamente retomada mais ou menos nos mesmos moldes nas considerações "Sobre o conceito de História", é associada aqui à cotidianidade (*Alltäglichkeit*) do tempo mecânico e da linguagem discursiva, representada pela tradição paterna. Em oposição a ela, Benjamin cria um neologismo, "*Allnächtlichkeit*", algo como "noturnidade", para caracterizar as personagens femininas do ensaio. É da seguinte maneira que Benjamin inicia "*Das télos* do colóquio – mas que jamais o presente do discurso pode dizer (nem conter). (Pulliero, 2013: 620)

As personagens femininas da "Metafísica da Juventude" são porta-vozes desse passado inalcançável e intransmissível da linguagem que, no entanto, constitui a linguagem comunicativa e cotidiana. Não por acaso, o título da primeira seção do ensaio é "*Gespräch*", "Conversa", e não "*Dialog*". Em um diálogo, a língua é concebida como um instrumento para comunicar algo através de si mesma, como indica a etimologia da palavra "*dia*" (através de) *lógos* (língua). O vocábulo "conversar", por sua vez, do latim "*conversare*", é formado pelo prefixo "*con*" (junto com, na companhia de) e pelo verbo "versar", que significa "voltar", "virar", "girar em torno de um objeto". O vocábulo alemão "*Gespräch*" formado pelo prefixo "*ge*" (correspondente ao "*con*" latino) e pelo radical "*sprach*" (de *Sprache*, linguagem) tem o mesmo sentido: falar em conjunto, compartilhar uma companhia na linguagem; algo que fazia parte da rotina dos jovens no Espaço de conversação.

A conversa travada em um momento do ensaio entre duas importantes personagens – o gênio, que representaria a juventude intelectual, e a prostituta, que representaria o feminino – é exemplarmente diferente de um diálogo socrático em que, por meio da língua, Sócrates dá à luz o conhecimento em seu interlocutor. É ao não trazer à luz, ao não procriar, que a prostituta representa o elemento feminino, pois o que está em questão na relação sexual entre a prostituta e os demais é o prazer sexual e não a procriação. Por isso, seu ato sexual pode ser concebido como puro meio, e não meio para fins. Em uma analogia entre prazer sexual e linguagem, a linguagem feminina é concebida como "medialidade sem fins".

Gespräch" ("A conversa") fazendo alusão a um sonambulismo do qual devemos despertar:

> Diariamente usamos forças desmedidas como os que dormem. O que fazemos e pensamos é preenchido pelo ser dos pais [*Sein der Väter*] e ancestrais. Um simbolismo incompreendido [*unbegriffene Symbolik*] nos escraviza sem cerimônias. Às vezes, acordando, lembramo-nos de um sonho. Então, epifanias ocasionalmente iluminam a pilha de escombros de nossa força, nas quais o tempo passou. [...] O conteúdo de toda conversa é conhecimento do passado assim como de nossa juventude e horror diante da enormidade espiritual de campos de escombros. Nunca antes vimos o lugar da luta silenciosa travada pelo eu contra os pais. Agora chegamos a ver o que, sem saber, destruímos e findamos. A conversa lamenta a grandeza perdida. (Benjamin, 1977: 91)

Benjamin parece reivindicar aqui a rememoração de um passado histórico, não como um conjunto de fatos históricos isolados, representado pela tradição paterna, mas como algo da ordem desse "simbólico incompreendido", ou seja, disso que constitui o presente como esquecimento: "é por isso que não acreditamos em deduções e fontes; nunca nos lembramos do que nos sucedeu" (Benjamin, 1977: 91). À compreensão do passado histórico, como um "simbólico incompreendido", corresponde um "passado da linguagem", cuja conversa lamenta como "grandeza perdida". Por isso, Pulliero afirma que:

> O passado do simbólico incompreendido é um passado que não é transmissível como conteúdo de uma comunicação discursiva. Trata-se de um passado inalcançável, que forma certamente o

É a partir da inesperada dramatização de uma conversa travada entre essas personagens que temos acesso a uma concepção de linguagem diferente do que Benjamin caracterizou, no ensaio de 1916, como uma linguagem burguesa e comunicativa. A conversa não faz um uso da linguagem como *Mittel*, ou seja, a linguagem não funciona aqui como mero instrumento para a comunicação. Talvez se trate aqui, ao contrário, de uma paradoxal concepção de comunicação, uma comunicação que não pretende comunicar mais nada. Nesse ponto, é interessante notar que o próprio conteúdo da conversa entre o gênio (*Das Genie*) e a prostituta coincide com o caráter não dialógico, no sentido etimológico dessa palavra, da conversa: o gênio vai à prostituta não para dar à luz, não para engendrá-la. Tanto a relação sexual que a prostituta estabelece com os homens quanto a procedência do gênio, que só possui mãe e não tem pai, parecem servir como emblema para a linguagem da qual são porta-vozes: a linguagem concebida como meio sem fins, como puro meio. O gênio diz à prostituta: "Todas as mulheres haviam me trazido à vida, nenhum homem havia me engendrado". Sobre os homens que a visitam, a prostituta diz: "Ninguém os engendrou, e eles vêm a mim também para não engendrar" (Benjamin, 1977: 94).[21]

É no âmbito da troca entre silêncio e fala que se encontra a conversa: "a conversa aspira ao silêncio, e o ouvinte é, antes de tudo, o silente. O falante recebe o sentido dele, o silente é a fonte inapropriada de sentido" (Benjamin, 1977: 91). As personagens femininas são porta-vozes desse silêncio gerador de sentido. Apesar de não permanecerem nele, elas são porta-vozes desse "*unbegriffene Symbolik*", desse passado não atingível – no caso da lin-

---

21 O gênio (*Das Genie*) é de gênero neutro, mas observo que também os homens que visitam a prostituta não são engendrados, não são generificados.

guagem, o silêncio – mas que constitui o presente do discurso sem jamais poder ser dito. Benjamin escreve:

> O falante permanece sempre possuído pelo presente. Por isso, ele é condenado: a nunca dizer o passado, que ele, no entanto, quer dizer. [...] Ele deve confiar na ouvinte, para que ela pegue sua blasfêmia pela mão e a conduza ao abismo, no qual a alma do falante está, seu passado, o campo morto em direção ao qual ele vagueia. Mas faz tempo que a prostituta aí espera. Pois cada mulher possui o passado e, em todo caso, nenhum presente. Por isso, ela protege o sentido contra o entender, ela se previne contra o abuso das palavras e não se permite ser abusada. Ela protege o tesouro da cotidianidade, mas também o da noturnidade [*Allnächtlichkeit*], o bem mais alto. Por isso, a prostituta é a ouvinte. (Benjamin, 1977: 93)

O falante deve entregar-se ao silêncio da ouvinte. O falante recebe o sentido a partir do silêncio.[22] Somente assim ele pode chegar a esse abismo, seu passado, metaforizado pelo campo morto no qual ele vagueia sem poder acessá-lo. Ao passado vazio (*leere Vergangenheit*), representante da história como acumulação de fatos históricos e da tradição paterna, corresponde a palavra vazia (*Wortleerheit*) na ordem do discurso do falante, possuído pelo presente e "condenado ao tempo do calendário, do relógio e das bolsas de valores" (Benjamin, 1977: 97), que não consegue ter acesso ao "campo morto" do passado. Por isso, o falante blasfema a linguagem. A língua "verdadeira", dirá Pulliero,

---

22 Esse "receber" é em alemão "*empfängt*" de "*empfangen*", que também significa gravidez. Em outra passagem da "Metafísica da Juventude" "quem fala penetra naquele que escuta. O silêncio nasce, assim, da própria conversa".

que jorra na dimensão metafísica do silêncio, constitui o núcleo de origem de toda reflexão *"sprachphilosophisch"* de Benjamin, que se desvincula progressivamente da *"wortleerheit"* e da linguagem comunicativo-discursiva. A conversa tende ao limite (à margem) da linguagem (*"zum Rande des Sprache"*) em que toma forma a utopia de uma nova língua. (Pulliero, 2013: 621)

Essa nova língua, não comunicativa de conteúdo, encontra sua guardiã na mulher e na prostituta. Ambas protegem o sentido contra o entender [*darum behütet sie den Sinn vor dem Verstehen*] (Benjamin, 1977: 93).[23] Ambas concebem (*empfangen*) o silêncio, esse núcleo puro e simbólico da língua. É na procura por essa "nova" língua que Benjamin se pergunta:

> Como falavam Safo e suas amigas? Como as mulheres chegaram a falar? [...] A linguagem é velada como o que passou e futura como o silêncio. Nela, o falante traz consigo o passado, velado pela linguagem, ele recebe seu passado-feminino na conversa [*Weiblich--Gewesenes im Gespräch*]. – Mas as mulheres silenciam. Onde estão à escuta, as palavras são impronunciadas. Elas aninham seus corpos e se acariciam. Sua conversa liberou-se do objeto e da linguagem. [...] O amor de seus corpos não procria, mas seu amor é bonito de ver. E elas se aventuram em olhar umas para as outras. O olhar faz com que precisem recuperar o fôlego enquanto as palavras desaparecem no espaço. O silêncio e a voluptuosidade – eternamente separados na conversa – tornaram-se um. O silêncio das conversas foi volúpia futura, volúpia foi silêncio passado. (Benjamin, 1977: 93)

---

23 Uma possibilidade de pensar essa frase emblemática será aventada no terceiro capítulo quando passarei a investigar os anagramas com Jean-Claude Milner.

O amor que não procria corresponde a uma linguagem que não é comunicativa. A relação sexual entre as mulheres e o erotismo feminino funcionam como insígnia para outra possibilidade de linguagem. A esse prazer inacabado, que indica algo da ordem do mistério do gozo feminino, corresponde uma língua inacabada e incriada: "a linguagem das mulheres permaneceu incriada" (Benjamin, 1977: 95). Esse prazer é sem finalidade tanto porque não procria quanto porque indica as inumeráveis possibilidades de jogos eróticos entre mulheres. Nesse ponto, o texto de Benjamin é flagrante: "as palavras tocam as mulheres com os dedos em todas as suas partes [*die Worte fingern an ihnen herum*] e uma certa habilidade responde a elas rapidamente" (Benjamin, 1977: 95). O trecho em alemão é bastante explícito no que se refere à relação sexual entre mulheres, que, em volúpia infinita, precisam "recuperar o fôlego enquanto as palavras desaparecem no espaço". "Tocar" deve ser compreendido, então, em sua conotação sexual: assim como as mulheres se tocam, as palavras também as tocam, "com os dedos em todas as suas partes", como diz Benjamin.

"A linguagem não porta a alma das mulheres porque elas não confiam nada a ela". Por isso, "elas se tornam tagarelas [*sie werden geschwätig*]" (Benjamin, 1977: 95), falam sem compromisso em comunicar. Novamente, a metafórica sexual é presente: ao prazer de falar, de tagarelar sem compromisso, de não comunicar, corresponde o prazer como um meio em si mesmo e não procriador. Em língua portuguesa é possível jogar com a ambivalência do termo "língua" que significa tanto o órgão do corpo quanto a linguagem. É esse prazer da língua, em sua ambiguidade, que o tagarelar feminino indica. Encontramos aqui a mesma palavra com a qual Benjamin caracteriza, três anos depois, a linguagem humana, abstrata, a linguagem decaída dos juízos: *Geschwätz*, tagarelice.

Minha hipótese é de que se trata de um outro tagarelar. Mesmo que as mulheres sejam porta-vozes de um passado da linguagem que jamais pode ser dito, o que as remeteria à negatividade constitutiva da linguagem, elas, contudo, não pretendem comunicá-lo. Esse outro tagarelar, ou esse outro modo de estar na linguagem, pode ser assinalado pela seguinte caracterização da fala dessas mulheres: "mulheres falantes são possuídas por uma linguagem louca [*Sprechende Frauen sind von einer wahnwitzigen Sprache besessen*]" (Benjamin, 1977: 95). Em alemão, Benjamin utiliza a palavra "*wahnwitzigen*" para o adjetivo "louca". Nesse vocábulo, encontramos o substantivo "*Wahn*", que significa delírio, frenesi, ilusão, e o adjetivo, "*witzigen*", "espirituosas", no plural, mas cuja origem é o "*Witz*", o chiste, conceito caro aos primeiros românticos alemães, objeto da tese de doutorado de Benjamin, e fundamental para a psicanálise de Freud a Lacan (Freud, 1996 [1905]; Lacan, 1999).

Talvez essa palavra significativa, "*wahnwitzigen*", atribuída às mulheres falantes, me permita aludir ao que seria esse outro tagarelar representado aqui pelas personagens femininas e me permita marcar a diferença quanto ao tagarelar tal como ele aparece no ensaio de 1916, como a linguagem comunicativa. Com Benjamin, a conversa das mulheres liberou-se do objeto e da linguagem, mas essa liberação parece estar referida somente a um determinado modo de estar na linguagem e, nesse sentido, parece apontar para outros modos possíveis. À procura por um outro uso da linguagem, remeto-me aqui ao fragmento "Monólogo", de Novalis, em que este nos fornece uma boa caracterização do *Witz*: "quando alguém fala apenas por falar pronuncia as verdades mais esplêndidas, mais originais". Ele ainda acrescenta, em oposição a uma concepção de linguagem como instrumento para a troca intersubjetiva, que "o desprezível tagarelar é o lado infinitamente sério da linguagem" (Novalis, 1988: 195-196). Schlegel também ressalta a importância do *Witz* ao apontar para seu caráter de interrupção na linguagem como encadeamento lógico. Ele diz: "os melhores achados frequentemente provocam uma pausa desagradável na linguagem" (Schlegel, 1997: 126). No chiste, "é a razão da linguagem que está em jogo, mais que a razão subjetiva consciente" (Duarte, 2011: 142).

A *"wahnwitzigen Sprache"*, pela qual as mulheres falantes são tomadas, apresenta uma quebra na linguagem comunicativa. Nesse sentido, ela aponta para um outro tagarelar, bem diferente daquele com o qual Benjamin tinha descrito o pecador, o humano tagarela (*geschwätzige Mensch*), no ensaio de 1916. O tagarelar que aparece no ensaio de 1916, ao contrário, poderia ser aproximado do que Benjamin caracteriza, na "Metafísica da Juventude", como uma linguagem masculina, como uma "dialética incansável" (Benjamin, 1977: 95), que prevaleceu na história. Como escreve Benjamin:

> Dois homens juntos são sempre encrenqueiros, e acabam por resolver tudo a ferro e fogo. Eles aniquilam a mulher com suas obscenidades, o paradoxo viola a grandeza. Palavras do mesmo gênero os juntam e os fustigam com sua secreta simpatia, e surge um duplo sentido sem alma, apenas encoberto por uma cruel dialética. Sorrindo, a revelação [*Offenbarung*] ergue-se diante deles e os força ao silêncio. A obscenidade triunfa, o mundo

foi construído com palavras. Agora eles têm que se levantar, destruir seus livros e raptar uma mulher para si, senão eles irão sufocar secretamente suas almas. (Benjamin, 1977: 95)

Ao contrário, as mulheres, guardiãs de um passado e de uma linguagem não comunicáveis, as mulheres que tagarelam, são "falantes do que foi falado. Elas saem do círculo, somente elas veem a perfeição de sua circunferência [*Sie treten aus dem Kreise, sie allein sehen die Vollendung seiner Rundung*]" (Benjamin, 1977: 96). As mulheres tagarelas são falantes do que foi falado, indicam um passado da linguagem jamais acessível ao presente do falante. Em um lúdico tagarelar, suas falas seriam uma maneira de abrir mão desse passado inalcançável e de desativar a incansável dialética em que consiste a linguagem masculina. Essa interpretação apontaria para a "saída do círculo" como a possibilidade de um uso da linguagem que desative a relação entre indizível e dizível, esfera dos nomes e esfera dos significados, *Medium* e *Mittel*, ou seja, que desativa o poder pressuponente da linguagem.

Por ora, acredito poder afirmar que o tagarelar das personagens femininas desativa a linguagem mediada (*Mittel*), informativa, vazia, que se mantém sempre em relação com o indizível, concebida como uma linguagem masculina em 1913-14, ou como o tagarelar do pecador em 1916. Se, por um lado, o tagarelar feminino não indica somente a esfera do silêncio da linguagem, por outro lado, seu tagarelar não é um meio para um fim, não é mera comunicação. Nesse sentido, posso pensá-lo como a possibilidade de fazer o *experimentum linguae* ao qual Agamben se refere, ou como o fato de que há linguagem, de que a linguagem tem lugar.

Seria nesse sentido que Pulliero (2013: 642), em seu comentário ao texto de Benjamin, afirmaria que as personagens femininas aparecem como "pálidos sujeitos messiânicos, fatores de utopias culturais futuristas"? Se, para Pulliero, trata-se aqui de utopia, para Agamben, essa parece mesmo ser a tarefa do pensamento.

Interregno

Em uma carta ao amigo do movimento de juventude Herbert Belmore, datada de 23 de junho de 1913, Benjamin questiona:

> Quem sabe até onde se estende a natureza profunda da mulher? O que sabemos nós da mulher? Tão pouco quanto da juventude. Nós somos ainda sem experiência de uma cultura da mulher, assim como nós ignoramos uma cultura da juventude. (Benjamin, 1979: 61)

Nessa mesma carta, Benjamin diz preferir evitar toda linguagem concreta e falar em feminino e masculino, e não em homem e mulher. Ele diz:

> Eu, a bem dizer, evito aqui toda linguagem concreta e falo de bom grado em masculino e feminino: não estão eles extremamente misturados no ser humano?! E dessa forma você compreende que em uma reflexão sobre a cultura eu estimo um pouco primária a tipologia "homem", "mulher". Por que continuar tantas vezes com essa distinção (como princípio conceitual? Tudo bem!). A Europa é feita de indivíduos (comportando cada um o masculino e o feminino), e não de homens e mulheres. (Benjamin, 1979: 61)

Na esteira de Benjamin, poderia questionar o que seria uma cultura do feminino – pergunta análoga ao que seria uma cultura da juventude –, ou talvez, o que seria uma linguagem feminina. Muito importante aqui é que as personagens femininas apareçam como guardiãs de um passado simbólico da linguagem, em suas atitudes tipificadas de mulheres silenciosas, mas que elas não permaneçam em silêncio. Mais importante ainda é o fato de que, se são porta-vozes do silêncio gerador da linguagem, elas tagarelam, e nesse tagarelar não comunicam isso que acessam. Por isso, são tomadas por uma *wahnwitzigen Sprache*, por uma língua louca. As personagens femininas da "Metafísica da Juventude" não entram em disputas, não caem naquela dialética incansável com a qual Benjamin caracteriza a linguagem masculina, e que parece perpetuar o ciclo em torno do indizível e da fala, ao remeter o falante a uma perpétua relação de débito e culpa. Ao contrário, elas defendem o sentido contra o entendimento, elas levam a sério o prazer lúdico da conversa e apontam para um outro modo da linguagem e da tradição. É o que afirma Pulliero:

> Especulações sobre o tempo e sobre a linguagem andam juntas... É enquanto guardiã do passado – não comunicável e não transmissível ao presente da linguagem – que a mulher (e/ou a prostituta) defende o sentido "*vor dem Verstehen*" e nós poderíamos concluir que ela o defende não somente de uma compreensão-comunicação linguística, discursiva, mas também de uma compreensão de ordem histórica. (Pulliero, 2013: 639)

É a essa atitude diversa face à linguagem, esse "outro modo" do passado, da tradição e da história reivindicados por Benjamin na parábola da vinda do messias, que, possivelmente, Kátia Muricy se refere em sua leitura da "Metafísica da Juventude". Por isso, faço de suas palavras as minhas:

> a mulher aparece neste texto tanto como a personagem de uma derrota, pela vitória da cultura de palavras do mundo dos homens – disfarce dialético da violência masculina – como a promessa de uma cultura nova. Representa fundamentalmente uma atitude diversa face à linguagem. Benjamin não explicita o que seria esta cultura da mulher, tanto que não sabe o que poderia ser exatamente uma cultura da juventude. Mas estes personagens, a mulher, o jovem, fornecem-lhe a diferença necessária para construir a sua crítica da cultura e a esperança de uma outra cultura apenas adivinhada. (Muricy, 2009: 92-93)

O questionamento acerca da relação entre feminino e linguagem a partir de Benjamin encontra um limite, um interregno. Por isso, remeto-me a Lacan para elaborar o que seria essa "atitude diversa face a linguagem" para a qual a mulher aponta e que tanto intriga o jovem Benjamin.

3
Tagarelar feminino e *lalíngua* em um certo Lacan

A fim de chegar à articulação entre linguagem e feminino que me interessa na obra de Lacan, recorro a um breve percurso de seu ensino para elucidar alguns conceitos que considero fundamentais para a posterior apresentação de meu objeto. Esses conceitos, especialmente os registros imaginário, simbólico e real, que constituem a subjetividade para Lacan, são o instrumental a partir do qual encaminharei minha questão. Minha entrada no ensino de Lacan será a partir dos anos 1970, em especial quando o psicanalista trabalha a questão do gozo feminino. Até esse momento, Lacan utiliza o vocabulário que havia construído pelo menos desde 1953, data de seu primeiro seminário.[1] Esse vocabulário funcionou como uma espécie de ferramenta para a reformulação de seu

---
1   Faço uma pequena observação bibliográfica sobre os seminários de Lacan. Esses seminários são transcrições do registro oral cujos direitos autorais pertencem a Jacques-Allain Miller, seu genro. No entanto, algumas escolas têm suas próprias versões de circulação interna, versões que por vezes utilizo, pois estão em domínio público. Todos os seminários em língua francesa estão disponíveis no site http://staferla.free.fr/. Algumas gravações originais podem ser acessadas no site http://www.valas.fr/.

ensino a partir da década de 1970. Faço aqui uma breve apresentação de um instrumental teórico que considerei premissas necessárias para o leitor não familiarizado com a terminologia lacaniana. Resumir o pensamento de Lacan é ainda mais problemático do que já seria qualquer tentativa de sintetizar, em poucas páginas, uma trajetória complexa. No caso de Lacan, em especial, seu percurso é repleto de percalços, problemas e questões. Sem pretender reduzir ou eliminar esses problemas, espero que esta introdução sirva mais como um convite a algumas proposições de Lacan das quais pretendo me servir do que como uma exposição definitiva, o que não seria possível.

Nesse processo de delinear algumas noções importantes no ensino de Lacan, faço uso do livro *Percurso de Lacan* (1984) de Jacques-Allain Miller,[2] para quem o ensino pode ser dividido em três grandes momentos, os quais primeiro enuncio para em seguida buscar uma melhor apresentação. Com "Função e campo da fala e da linguagem em psicanálise", datado de 1953, Lacan dá início ao seu ensino distanciando-se de uma certa releitura inglesa de Freud e propondo um "retorno a Freud". Nesse primeiro momento (1953/1963), Lacan introduz a proposição "o inconsciente é estruturado como uma linguagem" e produz a distinção entre imaginário, simbólico e real, que segue sendo a pedra de toque de seu ensino. Podemos dizer que imaginário, simbólico e real são os três registros que compõem a subjetivação em Lacan. O registro imaginário corresponde ao corpo próprio, às imagens e ao sentido;

---

[2] Entendo que a escolha de comentadores não é neutra. A decisão de seguir Miller está restrita, aqui, ao modo como ele pôde sistematizar o percurso de Lacan naquele momento (1984), sabendo que esta é apenas uma das inúmeras possibilidades de escolha.

o registro simbólico corresponde à linguagem, à palavra e ao significante; e o real corresponde ao gozo. Tanto a linguística e a antropologia estruturalistas quanto a filosofia têm um papel importante para a retomada de Freud proposta por Lacan nesse momento.

No segundo momento (1964/1974), são os próprios termos de Lacan que dão ritmo ao seu ensino, tais como sujeito barrado, o objeto chamado pequeno *a* e o grande Outro (*Autre*), com O (A) maiúsculo, aos quais recorrerei adiante. O terceiro momento se inicia a partir de 1974, quando Lacan toma por objeto o próprio fundamento de seu ensino, sobretudo, a tripartição imaginário, simbólico e real. Também nesse momento, o real se converteria em uma categoria central de seu ensino.

O *registro do imaginário* começa a ser esboçado em 1936 em uma conferência sobre o "estádio do espelho" no Congresso Internacional de Marienbad. De uma maneira geral, podemos dizer que o estádio do espelho consiste no interesse peculiar, por parte da criança, em relação à sua própria imagem, o que ocorre entre os seus 6 e 18 meses de vida. Como explica Marie-Helène Brousse, as referências de Lacan, nesse momento, não pertencem ao mundo psicanalítico, mas sim à etologia, à psicologia e à filosofia.

O interesse de Lacan pela etologia, por exemplo, consiste na relação entre a imagem e seu efeito como um efeito real. Em "O estádio do espelho como formador da função do eu", Lacan retoma um experimento biológico que atesta os efeitos formadores do mimetismo animal sobre um determinado organismo. É o caso, nas palavras de Lacan (1998: 99), da "maturação da gônada na pomba determinada pela visão de um congênere": alguns estudos de etólogos haviam demonstrado que a reprodução sexual de uma pomba dependia da percepção da imagem de outra pomba em um dado momento de seu desenvolvimento. Ou seja, os órgãos sexuais da pomba só se desenvolviam caso ela estivesse exposta à imagem de sua espécie (Brousse, 2014; Lacan, 1998: 99). A imagem de uma criança refletida no espelho teria o mesmo efeito de real, ou seja, "a relação de uma criança com sua imagem no espelho tem as mesmas consequências reais que as demonstradas, pela etologia, pelo reino animal", como diz Brousse (2014). Em todo caso, tratando-se do humano, é a partir de uma imagem colocada por outro (a linguagem, a sociedade, a família) que a imagem, a identificação, se faz.

O estádio do espelho indica a função particular da *imago* na construção da relação entre o organismo e sua realidade, "do *Innenwelt* com o *Umwelt*" (Lacan, 1998: 100), do individual e do social. Para Lacan, a relação entre o mundo interno (*Innenwelt*), o organismo, e o mundo externo (*Umwelt*), em se tratando do humano, é marcada por uma fratura. Lacan concebe essa "fratura" a partir da perspectiva fisiológica da fetalização, ou seja, da concepção de que há uma prematuração específica do nascimento no humano, sinalizado por um mal-estar e pela falta de coordenação motora nos meses neonatais.[3] O bebê encontra-se em uma situação constitutiva de desemparo e experimenta uma discordância intraorgânica. No momento em que jubila com o reconhecimento de sua própria imagem, a experiência dessa discondância intraorgânica – que Lacan chama de corpo despedaçado – já se perdeu (Lacan, 1998: 100). A completude da imagem do bebê se antecipa

---

[3] Louis Bolk (1866-1930), anatomista holandês, criou a teoria da fetalização, segundo a qual o ser humano, quando nasce, ainda é um feto; o que pode ser constatado pelo tamanho desproporcional de sua cabeça, pela falta de coordenação motora e por seu absoluto desamparo.

com relação ao que ele logrou atingir ao olhar-se no espelho: a si mesmo. Quando constata sua forma especular, o bebê já deixou de ser o que era: um corpo despedaçado, um conjunto caótico de sensações orgânicas. Como escreve Miller: "a imagem é sem dúvida a sua, mas, ao mesmo tempo, é a de um outro, pois está em déficit com relação a ela mesma. Devido a esse intervalo, a imagem de fato captura a criança – e esta se identifica com ela" (Miller, 1987: 17).

Lacan chama essa identificação com a imagem de um outro de alienação imaginária e diz que ela é constitutiva do eu (*moi*). "Alienação", "dialética", "*Aufhebung*" e "intersubjetividade" são termos que se repetem nesses anos, e não por acaso. De 1933 a 1939, Lacan é levado por Georges Bataille para assistir aos cursos de *Introdução à leitura de Hegel*, de Alexandre Kojève, de quem tomou emprestada a famosa fórmula "o desejo é o desejo de um outro". A criança vai aprendendo a se reconhecer como si mesma a partir do outro, assim como acontece na descrição do movimento da consciência-de-si, em que o ser-para-si só se descobre como "si mesmo" a partir do encontro com o outro.[4] O desejo passa a ser, então, a cifra de uma alienação primordial. A consciência de si, tal como o corpo despedaçado do bebê, não é uma entidade, um "Eu" idêntico a si mesmo, mas sim a história de um movimento que implica uma perda: "é nesse momento que se isola, no ser humano, a consciência enquanto consciência-de-si e o desejo aparece como pura negatividade" (Arantes, 1995). Nas palavras de Lacan: "esse momento em que se conclui o estádio do espelho inaugura, pela identificação com a *imago* do semelhante [...] a dialética que

---

4 "A consciência-de-si é em si e para si quando e por que é em si e para si para uma outra; quer dizer, só é como algo reconhecido" (Hegel, 2012: 142).

desde então liga o [eu] a situações socialmente elaboradas". Esse momento "faz todo o saber humano bascular para a mediatização pelo desejo do outro, constituir seus objetos numa equivalência abstrata pela concorrência de outrem" (Lacan, 1998: 101).

Para Miller, o ensino de Lacan começa propriamente quando ele distingue de forma radical o que pertence ao domínio do imaginário e o que pertence ao *domínio do simbólico*, e quando distingue o "eu" em sua dimensão imaginária do sujeito como termo simbólico (Miller, 1987: 19). Gostaria de chamar a atenção para a etimologia da palavra grega "*sýmbolon*". Essa palavra é formada pelo prefixo "*syn*", que significa "junto", "com", e pelo verbo "*ballein*", que significa "lançar, arremessar, atirar": "*sýmbolon*" significa, literalmente, "lançar junto", "atirar junto". É nesse sentido que Lacan concebe a linguagem como da ordem do simbólico, ou seja, como aquilo em que os sujeitos estão desde sempre já lançados. Nos termos de Lacan: "símbolo quer dizer pacto" (Lacan, 1998: 273), uma moeda que se passa de mão em mão. É também nesse sentido que ele afirma que "o sujeito vai muito além do que o indivíduo experimenta 'subjetivamente' [...] o inconsciente do sujeito é o discurso do outro" (Lacan, 1998: 266).

Em "A instância da letra no inconsciente ou a razão desde Freud" (1957 [1998]), Lacan parte da linguística estruturalista para elaborar seu conceito de inconsciente. A estrutura da linguagem preexiste à entrada do sujeito nessa estrutura e o sujeito aparece como servo da linguagem e do discurso a partir dos quais seu lugar é inscrito no mundo. O inconsciente é concebido, nesse momento, como o sistema de regras, normas e leis que determinam a forma geral do pensável, ou seja, enquanto a ordem que organiza previamente o campo de toda experiência possível. A proposição lacaniana segundo a qual "o inconsciente é estruturado como uma linguagem" (Lacan, 1998: 882) significa que o inconsciente é a linguagem. Ao falar, o sujeito não tem consciência da estrutura fonemática nem das leis sintáticas e morfológicas que determinam seu uso da língua.[5]

Está em jogo a linguagem concebida como um sistema de signos. Se Saussure, como vimos no primeiro capítulo, concebe o signo linguístico como uma unidade bifacial que une um conceito e uma imagem acústica, um significado e um significante, Lacan propõe uma retificação e uma inversão, escritas com a seguinte fórmula: S/s, que se lê "significante sobre significado", em que a barra (/) corresponde ao "sobre" (Lacan, 1998: 503). Essa barra indica que entre significante e significado há uma incongruência radical, isto é, o significante não necessariamente atende à função de representar o significado. Lacan ilustra o que considera um uso incorreto da fórmula "Significante sobre significado" com um exemplo: a palavra "árvore" (significante) colocada sobre o desenho de uma árvore (significado) (figura 1). A este esquema ele propõe exagerar a dimensão incongruente que a barra entre significante e significado indica, ao colocar as palavras "homens" e "mulheres" sobre o desenho de duas portas iguais (figura 2).

---

[5] Nas palavras de Lévi-Strauss: "quase todas as condutas linguísticas se situam no nível do pensamento inconsciente. Falando, não temos consciência das leis sintáticas e morfológicas da língua. Além disso, não temos um conhecimento consciente dos fonemas que utilizamos para diferenciar o sentido de nossas palavras; somos ainda menos conscientes – supondo-se que pudéssemos sê-lo às vezes – das oposições morfológicas que permitem analisar cada fonema em elementos diferenciais" (Lévi--Strauss, 2003: 72).

Figura 1

Figura 2

Nesse caso, as palavras significantes "homens" e "mulheres" postas sobre duas portas iguais não representam um significado, mas, nos termos de Lacan, mostram "como o significante de fato entra no significado" (Lacan, 1998: 503). A tendência é ver o significante dentro do significado, nas palavras inscritas nas placas das portas. Lacan conclui que esses significantes justapostos indicam uma relação de oposição, para além de qualquer significado. O sentido de um significante é definido negativamente por aquilo que ele não é, por sua relação de oposição e diferença quanto a outro significante. É o que está em questão no conceito de cadeia significante, pois "somente as correlações do significante com o significante fornecem o padrão de qualquer busca de significação" (Lacan, 1998: 505). É da substituição do primeiro significante (S1) por outro significante (S2) que advém o significado. Do ponto de vista do sentido, esse primeiro significante é inacessível, por isso seu efeito de "pouco sentido" (*peu de sens*):

> este 1 [S1] como tal, enquanto marca da diferença pura, é a ele que vamos nos referir para colocar à prova [...] as relações do sujeito com o significante. Teremos [...] que mostrar em que sentido o passo que é franqueado é aquele da coisa apagada; os diversos *apagamentos [effaçons]* [...] pelos quais o significante vem à luz, nos darão precisamente os modos capitais da manifestação do sujeito. (Lacan, 2003: 64)

Para Lacan, esse significante primeiro, esse "S1" que marca o "assujeitamento" do sujeito à linguagem,[6] é o nome do pai, releitura lacaniana do falo freudiano.

Freud publica *Totem e tabu* em 1913, mesmo ano em que Benjamin escreve "Metafísica da Juventude". No capítulo anterior, vimos que havia um questionamento intenso da figura paterna na Alemanha do início do século XX. Se, por um lado, Benjamin aposta em figuras femininas para questionar a cultura, Freud, de sua parte, recorre à antropologia e ao darwinismo para pensar a figura paterna como origem da lei. É nesse sentido que Freud põe o mito do pai da horda primitiva (*Urhorde*) na fundação da civilização e na constituição da organização social:

> Um pai violento e ciumento que reserva todas as fêmeas para si próprio e expulsa os filhos quando crescem, eis o que ali se acha. Esse estado primevo da sociedade não foi observado em nenhu-

---

[6] Lacan chama esse sujeito de sujeito barrado ($). Sobre o termo "assujeitamento": "a que significante – *nonsense*, irredutível, traumático – ele está, como sujeito, assujeitado" (Lacan, 1988: 226).

ma parte. O que vemos como organização primitiva, que ainda hoje vigora em determinadas tribos, são bandos de machos, compostos de membros com direitos iguais [...] É possível que uma tenha se desenvolvido da outra? E de que forma, então? [...] Certo dia, os irmãos expulsos se juntaram, abateram e devoraram o pai, assim terminando com a horda primeva. Unidos, ousaram fazer o que não seria possível individualmente. [...] O fato de haverem também devorado o morto não surpreende, tratando-se de canibais. Sem dúvida, o violento pai primevo era o modelo temido e invejado de cada um dos irmãos. No ato de devorá-lo eles realizavam a identificação com ele, e cada um apropriava-se de parte de sua força. [...]. [Esse] ato memorável e criminoso [...] [foi] o começo de tanta coisa: as organizações sociais, as restrições morais, a religião. (Freud, 2012: 216-217)

Em um passado pré-histórico, esse pai hipotético teria um acesso irrestrito ao gozo do corpo de todas as mulheres e, para tanto, teria expulsado todos os seus filhos da horda. Seus filhos, em uma relação de ambivalência quanto ao pai (em uma relação de amor, via identificação, e de ódio, porque o pai barra o gozo do corpo das mulheres), cometem parricídio e devoram o corpo despedaçado do pai. Como nenhum dos filhos teria sido capaz de ocupar o lugar do pai primevo, e para que não houvesse uma guerra de todos contra todos, eles compactuam com a proibição do incesto, lei que inaugura a civilização.[7]

---

[7] Esse mito explicaria o que em psicanálise se chama castração (a interdição ao gozo dos objetos primários do desejo) e o complexo de Édipo. Em linhas gerais, o mito psicanalítico do Édipo significa que a criança deve se separar da mãe (primeiro objeto de desejo) e essa separação se faz pela interdição do pai. Em Freud, a falta fálica é o princípio dinâmico da libido: a identidade sexual do sujeito é forjada a partir

Em sua releitura estruturalista do falo freudiano, Lacan diz que "é o *nome do pai* que deve reconhecer o suporte da função simbólica que, desde o limiar dos tempos históricos, identifica sua pessoa com a imagem da lei" (Lacan, 1998: 279, grifo meu). Ou, como escreve em "A significação do falo" (1958): "o falo é um significante [...] destinado a designar, em seu conjunto, os efeitos de significado, na medida em que o significante os condiciona por sua presença significante" (Lacan, 1998: 697). Nesse texto, Lacan põe o falo até mesmo como o significante que inaugura a *Aufhebung*: "o falo é o significante dessa própria *Aufhebung* que ele inaugura (inicia) por seu desaparecimento" (p. 699). Haveria um elemento histórico na associação entre o falo e a lei: "a função do significante fálico desemboca, aqui, em sua relação mais profunda: aquela pela qual os antigos nele encarnavam o *Nous* e o *Logos*" (Lacan, 1998: 703).

Com a escritura do *Outro*, com maiúscula,[8] Lacan faz funcionar o simbólico em sua abrangência: como linguagem, língua e fala. O *outro*, com minúscula,[9] por sua vez, se refere ao "eu" imaginário e empírico. O chamado objeto pequeno *a* é aquilo que resta do encontro entre o sujeito e a linguagem e se constitui no registro do real, ou seja, no gozo do corpo. Para pensar em que consiste o *registro do real* gostaria de recuperar, ainda que muito brevemente, a "história" do objeto pequeno *a*, na medida em que

---

do medo de perder o pênis naquele que o tem (o homem) e da vontade de tê-lo, naquela que é privada dele (no caso da mulher). Temos aqui a famosa "*Penisneid*", a inveja do pênis freudiana. Como a mulher não o tem, ela busca compensar essa falta através do marido ou do filho: tal a saída freudiana para a mulher (Freud, 2016: 104). O processo civilizatório é um processo de abdicação dos primeiros objetos incestuosos de desejo em direção à exogamia, à saída da casa. Essa saída se dá por meio da interdição paterna, a castração, a esses primeiros objetos de desejo.

8   *A* em língua francesa, de *Autre*, Outro.
9   *a*, em língua francesa, de *autre*, outro.

estão relacionados. Nos anos 1950 e 1960, o objeto pequeno *a* corresponde aos pontos de encontro entre a experiência orgânica e a imagem do corpo. No escrito "Observações sobre o relatório de Daniel Lagache", Lacan retoma a ilusão ótica da experiência do professor H. Bouasse para pensar como se dá o laço entre os dois e conclui que é pela linguagem que esse laço se produz.

Lacan retoma a noção freudiana das zonas erógenas do corpo (localizadas nos pontos de abertura do organismo, ou seja, nos lugares que permitem uma comunicação entre o corpo como organismo e o mundo externo, tais como a boca, o ânus, o falo, os ouvidos e os olhos) como aquilo que permite a existência de um laço entre a imagem do corpo e o corpo fragmentado. O objeto *a* funcionaria então como um "grampo" entre as zonas erógenas (zonas de gozo) do corpo (o organismo) e a imagem. O objeto *a* se remete às experiências de gozo relacionadas ao corpo não como imagem constituída, mas sim como organismo, como é o caso, por exemplo, do corpo fragmentado do bebê antes do reconhecimento de sua própria imagem ao espelho. Será no *Seminário X, A angústia* (1962/63), que Lacan dará um caráter de *ready-made* ao objeto pequeno a^{10} que aparece como aquilo que, retirado do seu uso habitual, se apresenta como inútil, em sua estranheza e falta de sentido. A partir daqui, a concepção de desejo em Lacan deixa um resto inassimilável e jamais suprassumível em qualquer dialética: o objeto *pequeno a* (Lacan, 2005: 58).

---

10 O *ready-made*, principal estratégia do fazer artístico de Marcel Duchamp (1887-1968), consiste em deslocar um determinado objeto de seu uso habitual para o espaço do museu, expondo-o, assim, em sua inutilidade e estranheza. É o caso exemplar da obra *La Fontaine* [*A Fonte*] (1917) em que um mictório, retirado de seu uso instrumental, é exposto de maneira invertida no museu, como um objeto sem uso.

Brousse nos dá exemplos cotidianos da estranheza e da repulsa que os objetos *a* podem causar. Ela cita, por exemplo, a repulsa que sentimos ao recolher os fios de cabelo de um ralo do chuveiro. Objeto de beleza e cuidado, os cabelos, quando retirados da unificação imaginária do corpo próprio, causam asco e certa ojeriza. É o mesmo caso de uma radiografia de um determinado membro do corpo, ou da estranheza que sentimos ao ouvir nossa própria voz gravada. Em todos esses casos há uma experiência de corpo despedaçado em que o próprio corpo, fora da imagem e do império unificatório da identidade imaginária, aparece em sua estranheza e falta de sentido. A angústia aparece, então, como uma espécie de detector de objetos *a*. Por isso, Lacan define a angústia como o momento em que "a falta vem faltar" (Lacan, 2010: 52): no momento em que a falta, instaurada pelo simbólico e pelo imaginário, falha, surgem a angústia e o real do corpo em sua negatividade.

Um passo atrás: a mulher é não toda e o gozo feminino

Para compreender a articulação entre linguagem e feminino que me interessa no *Seminário XXIII*, vou dar um passo atrás em direção ao *Seminário XX*, quando Lacan expõe e trabalha tanto suas fórmulas da sexuação quanto sua concepção de feminino, como se verá a seguir. O feminino surge da diferença sexual, motivo pelo qual dou esse passo atrás. No *Seminário XXIII*, Lacan elabora a noção de um tagarelar feminino, correlato de *lalíngua*, que aproximarei do tagarelar feminino tal como aparece no ensaio juvenil de Benjamin. Para tanto, dedico-me a pensar em que consiste uma certa noção de feminino no *Seminário XX*, motivo pelo qual faço esse recuo. Ressalto que o uso extensivo do livro *La loi de la mère, essai sur le sinthome sexuel*, de Geneviève Morel, se dá por considerar sua crítica ao ensino de Lacan fundamental. Entendo crítica no sentido benjaminiano, como desdobramento, em oposição ao simples comentário.

Em "Sobre as afinidades eletivas de Goethe", Benjamin compara o que chama de teor factual das obras (seu elemento histórico-material passível de envelhecimento, do qual o comentador se ocupa) às cinzas e troncos de uma fogueira, enquanto que o teor de verdade (aquilo que está para além da intenção do autor e da historicidade da obra, do qual o crítico se ocupa) compara às chamas vívidas da fogueira. O comentador encontra-se diante dessa fogueira, a obra, como o químico, e o crítico, como o alquimista: "onde para aquele apenas a madeira e cinzas restam como objetos de sua análise, para este tão somente a própria chama preserva um enigma: o enigma daquilo que está vivo" (Benjamin, 2009: 13-14). É esse elemento vivo do ensino de Lacan que permite a Morel pensar questões da contemporaneidade tais como declínio da figura paterna, nomeação materna, feminino, singularidade. Morel é uma autora e psicanalista que não somente desdobra aspectos fundamentais da relação entre linguagem e feminino no chamado último Lacan, como também ressalta o fato de que a linguagem feminina implica não uma identidade, mas sim uma singularidade. É nesse sentido que sua crítica me interessa.

No *Seminário XX, Encore* (Lacan, 2010: 18), *Mais, ainda* (1972-1973), dedicado a pensar o gozo feminino, Lacan concebe "homem" e "mulher" como duas formas distintas de habitar a linguagem. A psicanálise lacaniana parte de uma questão à qual o canône filosófico resiste (não todo), qual seja, a maneira como os corpos se inscrevem na linguagem, as diferenças sexuais.[11] Em Lacan, esse processo se chama sexuação e consiste no modo pelo qual alguém se torna (ou não) homem ou mulher. Lacan ressalta a presença de uma metafórica sexual intrínseca ao vocabulário filosófico e àquilo que chamamos de pensamento:

> é claro que o próprio esboço do que chamamos de pensamento, tudo o que faz sentido, comporta, desde que mostre sua cara, uma referência, uma gravitação ao ato sexual, por menos evidente que seja esse ato. A própria palavra ato implica a polaridade ativo-passivo, o que já é engajar-se em um falso sentido. É o que chamamos de conhecimento, com essa ambiguidade – o passivo é o que conhecemos, mas imaginamos que, esforçando-nos para conhecer somos ativos. O conhecimento, portanto, desde o início, mostra o que ele é – enganoso. É justamente por isso que digo que tudo deve ser retomado desde o início a partir da opacidade sexual. Digo opacidade considerando que, primeiramente, não percebemos que o sexual não funda em nada qualquer relação [*rapport*]. (Lacan, 2007: 62)

Os termos ativo e passivo, por exemplo, que dominam, pode-se dizer, tudo o que foi cogitado das relações da forma e da matéria, essa relação tão fundamental à qual se refere a cada passo de Platão e, depois, de Aristóteles, com respeito, digamos, ao que é da natureza das coisas, é visível, é palpável a cada passo desses

---

11 Podemos dar destaque para a filosofia de Jacques Derrida, por exemplo, que não cessa de ressaltar o falologocentrismo da tradição filosófica. Para mais sobre abordagens da diferença sexual na filosofia, conferir Rodrigues (2011: 371-388; 2010: 209-233).

enunciados, que o que os sustenta é um fantasma [*fantasie*], por onde se tenta suprir o que de modo algum pode ser dito – é isso que eu lhes proponho como dizer – ou seja, a relação [*rapport*] sexual. (Lacan, 2010: 172)

A tentativa de apreender o objeto, diante do qual o sujeito do conhecimento se encontra, não somente é enganosa como também contém em si uma metafórica sexual: à dualidade sujeito/objeto, ativo/passivo, forma/matéria correspondem também as posições homem/mulher.[12] Lacan parte de um pressuposto histórico, da história do pensamento, para constatar tal metafórica. O que considero mais importante, no entanto, é o fato de que, para

---

12 É o que se verifica na filosofia de Aristóteles. Em *Geração dos animais*, Aristóteles parte da diferença entre macho e fêmea para caracterizar os princípios da geração a partir da seguinte dicotomia: por um lado, o macho aporta o princípio motor e gerador; por outro lado, a fêmea aporta o princípio material. Ao princípio motor corresponde a atividade do macho que informa a passividade do princípio material feminino (Aristóteles apud Schalcher, 1998: 333). Já no livro I da *Metafísica*, ao comentar a filosofia de Pitágoras, Aristóteles diz que os "pitagóricos afirmaram que os princípios são dez, distintos em séries de 'contrários': (1) limite-ilimite, (2) ímpar-par, (3) um-múltiplo, (4) direito-esquerdo, (5) macho-fêmea, (6) repouso-movimento, (7) reto-curvo, (8) luz-trevas, (9) bom-mau, (10) quadrado-retângulo" (Aristóteles, 2002). À diferença de princípio entre homem e mulher, ativo e passivo, correspondem também diferenças de caráter. É o que se pode verificar no livro VIII de *História dos animais*, em que Aristóteles afirma que "em todas as espécies em que a fêmea e o macho sejam distintos, a natureza estabeleceu uma diferenciação entre o caráter de um e de outro. Esta diferença é sobretudo perceptível no ser humano [...] o caráter das fêmeas é mais dócil, mais facilmente domesticável, mais suscetível a carícias e mais fácil de ensinar [...]. As fêmeas são sempre menos valentes do que os machos [...]. Os machos, em contrapartida, mais valentes, mais ariscos, mais diretos [...]. A mulher é mais sensível do que o homem, mais dada às lágrimas; mas também mais ciumenta e mais queixosa; é mais dada às injúrias e às agressões. É também mais suscetível de se entregar à depressão e ao desespero do que o homem, mais descarada e mais mentirosa, mais pronta para enganar, mas menos capaz de esquecer; não necessita tanto de dormir e tem menos atividade; de um modo geral, tem menos iniciativa do que o homem e come menos. Por seu lado, o macho, como acima afirmamos, é mais pronto a socorrer e mais valente do que a fêmea" (Aristóteles, 2008: livro I, 608b).

Lacan, uma tentativa de correlação direta entre sujeito e objeto é uma ilusão, um engano. Em primeiro lugar, porque o sujeito da psicanálise não é o sujeito do conhecimento, mas sim o sujeito do inconsciente. Em segundo lugar, porque também o objeto da psicanálise não é algo a ser apreendido pela razão, mas, muito ao contrário, é o que escapa a ela.

Essa é uma das possibilidades de compreensão da frase "não há relação sexual": "não há relação sexual" quer dizer, por um lado, que não há união entre sujeito e objeto, e por outro, que nenhuma harmonia natural preestabelecida deve ser esperada entre os sexos, como seria no caso do instinto animal (Morel, 2008: 272). "Não há relação sexual" quer dizer que o falante é constitutivamente marcado por uma fratura, uma falta constitutiva, uma negatividade. Pois, como vimos nos capítulos anteriores, se desde Aristóteles, o humano é definido como o *zôon échon lógon*, "o vivente que possui linguagem", aquilo de que ele não pode fazer a experiência na medida em que fala (ou silencia), na medida em que faz um uso instrumental da língua, é aquilo que constitui sua própria definição como humano e o diferencia do animal. Agamben e Benjamin, ainda que de maneiras diversas, ressaltam esse caráter negativo que acomete o que Lacan chama de *parlêtre* (ser falante), na medida em que ele fala (*parle*) e é falado por seus pais, sua família, suas tradições.

Pode-se dizer que há relações (*relations*) sexuais, mas não relação (*rapport*) entre os sexos. É interessante notar que o campo semântico do termo "*rapport*" inclui uma conotação matemática que o termo "*relation*" não inclui. "*Rapport*" em matemática significa razão, fração, quociente de duas grandezas da mesma espécie. É nesse sentido que, "embora haja relações sexuais, não há *rapport* entre os dois sexos" (Lacan, 2010: 18). E o que aparece como resto dessa não relação é o real do corpo para o qual o gozo feminino aponta. Mas o que é o gozo? "É precisamente o que, por enquanto, se reduz para nós a uma instância negativa. O gozo é o que não serve para nada" (Lacan, 2010: 14). Gostaria de destacar o "por enquanto" nessa frase, pois Lacan está à procura de uma positividade do gozo feminino, para além do falo. Observo ainda que o *Seminário XX* parte de uma homofonia em língua francesa entre "*encore*" (ainda) e "*en corps*" (no corpo). O gozo feminino aponta para esse excesso, esse *encore*, no corpo, *en corps*.

Correlata à asserção "não há relação sexual" é a definição lacaniana para a mulher segundo a qual "A [com letra maiúscula] mulher é não toda", ou seja, ela é não toda inscrita na função fálica, pois há algo que escapa, como veremos em seguida: "A mulher é não toda, o sexo da mulher não lhe diz nada, a não ser por intermédio do gozo do corpo" (Lacan, 2010: 18). Há uma correlação entre o registro do real, o gozo feminino, e a não relação sexual.

A frase "A mulher é não toda", com sua correlata "A mulher não existe", gerou muitos questionamentos, inclusive por parte do *Mouvement de Libération de Femmes* (M.L.F.) ao qual Lacan por vezes se refere e a que indagou com frequência.[13] De fato, Lacan afirma que "não existe A mulher, com o artigo definido, para

---

13 O *Mouvement de Libération de Femmes* (Movimento de Libertação das Mulheres) é um movimento feminista francês autônomo e não misto fundado em 1970 na esteira dos eventos de maio de 1968. Lacan se refere a ele algumas vezes, como por exemplo, no *Seminário XX*: "Há um gozo – já que nos limitamos ao gozo, gozo do corpo – que é... se posso me exprimir assim, porque afinal, por que não fazer disso um título de livro?...seria para o próximo da coleção Galilée: 'Para além do falo' (*Au-delà du phallus*), seria bonito, hem! E depois, isso daria outra consistência ao M.L.F.! Um gozo para além do falo, hem?" (Lacan, 2010: 151). Para mais sobre a relação entre Lacan e as feministas francesas dos anos 1970, ver Cossi (2017).

designar o universal. Não existe A mulher já que [...], por sua essência, ela é não toda" (Lacan, 2010: 150). Primeiramente, que a "A mulher não exista" não quer dizer que mulheres empíricas não existam e que suas demandas por representação, necessariamente simbólicas e imaginárias, não possam ou não devam ter lugar. Sem desmerecer de modo algum a necessária e importante luta pelos direitos das mulheres, na qual me incluo, pretendo apontar para uma outra possibilidade de laço social e de comunidade a partir de uma relação entre a fórmula lacaniana para "A mulher como não-toda" e o que Agamben chama de "singularidade qualquer". Em segundo lugar, nada impede que um ser falante qualquer, não importando "a forma enigmática de seu caractere sexual" (Lacan, 2010: 18), se coloque sob a insígnia do não todo. Nas palavras do próprio Lacan: "há homens que estão nesse lugar tanto quanto as mulheres" (Lacan, 2010: 154).

"Homem" e "mulher" seriam duas maneiras distintas de habitar a linguagem, sem que com isso os seres falantes precisem, necessariamente, fixar uma identidade. O gozo, como vimos em nosso breve percurso, aponta para aquele objeto a:

> o que aparece nos corpos, sob essas formas enigmáticas que são os caracteres sexuais, que não passam de secundários, sem dúvida faz o ser sexuado. Mas o ser é o gozo do corpo como tal, isto é, como a – coloquem-no como vocês quiserem – como a sexuado. (Lacan, 2010: 18)

É nesse sentido que Lacan afirma que o "não todo" indica o ser na fratura, na secção do predicado (Lacan, 2010: 24). Assim, o objeto a, como aquilo que resta do encontro entre o falante e a linguagem, indica a dimensão do gozo como o real do corpo. No entanto, Lacan procurará pensar o gozo feminino não mais como resto produzido a partir da lei do simbólico, mas como o que, não estando totalmente submetido a ele, tem, ainda assim, uma positividade. Em uma lição do *Seminário XX*, datada de 13 de março de 1973, Lacan expõe suas fórmulas da sexuação (Lacan, 2010: 167):

HOMEM	MULHER
$\exists x \, \overline{\phi x}$	$\overline{\exists x} \, \overline{\phi x}$
$\forall x \, \phi x$	$\overline{\forall x} \, \phi x$

A estrutura dessas fórmulas opõe dois lados, o lado "homem" à esquerda, e o lado "mulher", à direita, localizados pelo seu modo de inscrição na função fálica (ϕx). A diferença fundamental entre a inscrição dos seres falantes à esquerda ou à direita é aquela do "todo" e do "não todo". As fórmulas usam prosdiorismos de Aristóteles, chamados quantificadores em lógica moderna.[14] A diferen-

---

14 "Pas" (todo) e "tis" (algum) são alguns prosdiorismos encontrados na lógica aristotélica. Assim, o termo "todo" não expressa o universal, mas apenas que o sujeito universal é tomado universalmente. E também o termo "algum" não expressa o particular, mas uma proposição universal tomada particularmente. Por exemplo, em *Da interpretação*, Aristóteles expõe as relações de contradição, contrariedade e subcontrariedade a partir de tais prosdiorismos. A relação de contradição aponta para a oposição entre proposições afirmativas universais (ex.: "todo homem é branco") e negativas particulares (ex.: "algum homem não é branco"); a de contrariedade para a oposição entre afirmativas universais (ex.: "todo homem é branco") e negativas universais (ex.: "nenhum homem é branco"); e a de subcontrariedade para a oposição das particulares, que podem, às vezes, ser verdadeiras ao mesmo tempo, como por exemplo em "o homem é branco" e "o homem não é branco". Cf. Aristóteles (2005, *Órganon*: 17b1-18a1). Segundo indicações de Cláudia Murta no artigo "Elementos para a construção das fórmulas da sexuação", Lacan prefere utilizar os quantificadores da lógica moderna, construída por meio de escrituras e funções proposicionais, em oposição aos enunciados e prosdiorismos da lógica aristotélica, que abririam espaço para ambiguidade de sentido. Se em lógica aristotélica as proposições são construídas a partir de um sujeito / cópula (verbo ser) /

ça fundamental entre a inscrição dos seres falantes à esquerda ou à direita é aquela do "todo" e do "não todo". Os símbolos devem ser lidos da seguinte maneira: $\exists x$ (existe um x); $\overline{\exists} x$ (não existe um x); $\forall x$ (para todo x); $\overline{\forall} x$ (para não todo x). Na parte superior do lado "homem", lê-se "existe ($\exists$) ao menos um homem (x) para quem a função fálica ($\overline{\phi}x$) não incide"; já na parte inferior, lê-se "para todo ($\forall$) homem (x) é verdadeiro que a função fálica (ϕx) incide". Na parte superior do lado "mulher" lê-se "não existe ($\overline{\exists}$) ao menos uma mulher ($\overline{x}$) para quem a função fálica não incide ($\overline{\phi}x$)"; já no lado inferior, lê-se "para não toda ($\overline{\forall}$) mulher ($\overline{x}$) é verdadeiro que a função fálica (ϕx) incide".

---

atributo (ex.: "todo homem é branco"), o filósofo e matemático Gottlob Frege produz uma substituição de sujeito e predicado pelas noções de argumento e função. A função é o elemento constante da frase que representa a relação (F) e o argumento é o elemento substituível (A), donde obtém-se a notação F(A). Para construir suas fórmulas da sexuação, Lacan toma emprestada de Frege essa formulação e escreve a função fálica, o F(x), ligada ao argumento (x), que representa o sujeito como ser sexuado. Segundo Murta (2010), "esta função é essencial na composição das fórmulas da sexuação, pois ela é a escritura de base que assegura toda sua formulação. De fato, a base de seu raciocínio sobre a diferença sexual está fundada sobre uma única função, no lugar de duas". Ela cita Lacan: "(...) f(x) afirma que é verdadeiro – é o sentido que possui o termo de função – que é verdadeiro aquilo que se relaciona ao exercício, ao registro do ato sexual, que releva da função fálica. É muito precisamente enquanto trata-se da função fálica, de qualquer lado que olhamos, eu quero dizer, de um lado ou de outro, que alguma coisa nos solicita de demarcar então em que dois parceiros diferem e é muito precisamente isso que inscrevem as fórmulas que eu coloquei no quadro" (Lacan, 2000). Murta ainda nos explica que em lógica moderna, ao invés de escrever uma frase, escreve-se f(x), onde x satisfaz a função f, podendo-se acrescentar a isso os quantificadores $\forall$ e $\exists$. Os quantificadores são definidos por ligar variáveis, mas em si não têm nenhum significado. $\forall x$ não quer dizer nada, de fato, o que é bem diferente do prosdiorismo "todo" em "todo homem", por exemplo. Por isso, Lacan prefere valer-se dos quantificadores. É preciso ressaltar, no entanto, que Lacan faz um uso muito próprio da lógica moderna: "é claro que não é porque eu usei uma formulação feita a partir da irrupção das matemáticas na lógica, que eu me sirvo do mesmo modo. E minhas primeiras observações vão consistir em mostrar que, de fato, o modo como eu as uso não é traduzível em termos de lógica das proposições" (Lacan, 2009).

O lado "todo homem" repousa sobre a exceção, marcada pela barra (¯) colocada acima da função fálica (ϕx): "o todo repousa então aqui sobre a exceção, colocada como termo sobre o que, esse ϕx, o nega integralmente" (Lacan, 2010: 168). Isso quer dizer que o lado "todo homem" encontra seu limite na função do pai como marca do limite da lei. Trata-se de uma transcrição lógica do mito do pai da horda primitiva de *Totem e tabu* ao qual referimos no início deste capítulo. Já o lado "mulher", nas palavras de Lacan, implica o modo pelo qual o ser falante "não permite nenhuma universalidade" (Lacan, 2010: 169). Ou, cito novamente: "Não existe A mulher, com o artigo definido, para designar o universal" (p. 150). Nesse sentido, a fórmula "não toda" é não segregativa por ser impossível fixar a existência de qualquer exceção que seja.

A fórmula superior do lado mulher – "não existe ($\overline{\exists}$) ao menos uma mulher ($\overline{x}$) para quem a função fálica não incide ($\overline{\phi}x$)" – escreve a ausência de uma exceção que faria borda desse lado, como o pai do lado dos homens. Ao contrário, a fórmula A̶ mulher, nas palavras de Lacan, tem relação a esse "Outro, na medida em que, como Outro, ele só pode permanecer sempre Outro" (Lacan, 2010: 170). Como Outro do Outro simbólico, a fórmula "não toda" aponta para um Real, ou seja, para algo impossível de demonstrar no registro da articulação simbólica, ou para o que resta do encontro entre o falante e a linguagem, essa dimensão do puro ser para além de sua predicação. Nas palavras de Lacan:

> tudo o que se articulou sobre o ser, tudo o que o faz se recusar ao predicado e dizer, por exemplo, "o homem é", sem dizer o quê, por aí nos é dada a indicação de que tudo o que é do ser está estreitamente ligado, precisamente, a essa secção do predicado e

indica que nada em suma pode ser dito senão por esses desvios em impasse [...] por onde nenhum predicado basta. E o que se refere a um ser, a um ser que se colocaria como absoluto, nunca é senão a fratura, a quebra, a interrupção da fórmula ser sexuado, na medida em que o ser sexuado está implicado no gozo. (Lacan, 2010: 24)

A "não toda mulher", como instância lógica, indica o puro ser na medida em que não pode ser representado por nenhuma categoria. Lacan opera com a relação de homofonia entre *on la dit femme* (nós a dizemos mulher) e *on la diffame* (nós a difamamos), porque a mulher é indizível. Ela é indizível no registro da articulação simbólica, o que quer dizer que ela não pode ser dita se, e somente se, o dito for uma tentativa de fixar uma identidade construída a partir da lógica da exceção (lado homem). Assim, Lacan definirá o real como aquilo que não cessa de não se escrever, ou seja, como aquilo que incessantemente não se escreve porque não pode ser aprisionado em um dito que o fixe. Aquilo que não cessa de não se escrever não pode ser dito porque não pode ser fixado em uma identidade (Lacan, 2003).

A fórmula "não toda" chega a Lacan por meio de Aristóteles:

Às mulheres se impõe a negação que Aristóteles se recusa a aplicar ao universal, ou seja, serem não todas (*me panthés*). Como se, ao afastar do universal sua negação, Aristóteles não o tornasse simplesmente insignificante. (Lacan, 2003: 537)

Essa referência pode ser encontrada no capítulo X de *Da Interpretação*, quando Aristóteles adverte para o fato de que na oposição entre duas proposições universais afirmativas e negativas, como, por exemplo, "todo não homem tem saúde" e "todo não homem não tem saúde", respectivamente, não se deve dizer "não todo homem":

> Nestes casos devemos ter cautela para não dizer *não todo homem*, devendo o *não* ser adicionado a *homem*; o sujeito não é um universal por ter um todo, mas este indica que o sujeito enquanto tal é assumido em toda a sua extensão. (Aristóteles, 2005: 96, grifo meu)

Ou seja, seria um erro pensar o particular "não todo" como a negação do universal "todo". Para retomar nosso exemplo, a oposição correta entre a proposição universal afirmativa "todo não homem tem saúde" é a proposição universal negativa "todo não homem não tem saúde". Incorreto seria dizer "não todo homem não tem saúde". Ainda assim, Lacan toma como referência a formulação aristotélica do não todo mesmo sabendo que Aristóteles o formula para rejeitá-lo, fazendo com que a não toda não seja uma simples negação do universal.

Ao pensar essas duas formas da negação, a da função fálica da castração do lado "homem" e da "não toda" do lado "mulher", Murta chama a atenção para a particularidade da língua francesa no que se refere à expressão da negação. Em língua francesa, há duas partículas para tanto: "*ne*" e "*pas*". Se em português a forma da negação se dá por meio somente de uma palavra, para a palavra "não", em francês, há duas partículas. Por exemplo, em francês, a frase negativa "eu não estou feliz" se diz "*je ne suis pas heureuse*". Para pensar as formas de expressão da negação em francês, pelo menos desde o *Seminário IX, A identificação*, Lacan faz referência à gramática de Damourette e Pichon, intitulada *Des mots à la pensée* (Das palavras ao pensamento), da qual toma emprestados os termos discordancial e forclusivo. Quando o locutor introduz uma discórdia ou uma vacilação tem-se a negação em sentido discordancial, como, por exemplo, em *"je crains qu'il ne vienne"* ("tenho medo que ele *não* venha"). Aqui, a partícula "*ne*" como forma da negação indica uma vacilação. Já a negação em sentido forclusivo, indicada pelas partículas "*pas*", "*point*" e "*jamais*", implica uma exclusão efetiva, como, por exemplo, em "*il ne viens pas*" ("ele *não* vem").

Em mais uma inversão, Lacan concebe o "*pas*" como discordancial,[15] e o articula à "*pas-toute*", a "não toda," representada no lado "mulher" das fórmulas da sexuação. Já a negação de tipo forclusivo, ancorada na exceção, aponta para a função fálica do lado "homem" das fórmulas. Nas palavras de Murta, "o não todo não é menos qualquer coisa, ele é um dizer que não" (Murta, 2010; Lacan, 2003: 452). Assim, no *Seminário XX*, em que se dedica a investigar o "*Was will das Weib?*" ("O que quer a mulher?"), Lacan o localiza no não todo fálico do gozo feminino. A mulher, como paradigma, indica o Outro como barrado, na medida em que algo nela implica uma alteridade radical que não pode ser subsumida à lógica fálica da castração.

Nas palavras de Lacan, a fórmula $\overline{\nabla}x \, \phi x$, encontrada na linha inferior do lado "mulher" das fórmulas da sexuação, se lê: "não todo x se inscreve em ϕx" (Lacan, 2010: 220); mas a maneira dessa não toda inscrição (inclusão) se dá a partir da exclusão de algo

---

15 "O '*pas un homme qui ne mente*' [não um homem que não minta] é do mesmo nível que motiva, que define todas as formas as mais discordanciais, para empregarmos o termo de Pichon, que possamos atribuir ao '*ne*' desde o '*je crains qu'il ne vienne*' [receio que ele não venha] até o '*avant qu'ill ne vienne*' [antes que ele venha]" (Lacan, 2003: 122).

não totalmente suprassumível: o real do gozo feminino.[16] O gozo feminino, não fálico, é investigado por Lacan na figura histórica de Santa Teresa D'Ávila (1515-1582). Para sustentar e apoiar seu desenvolvimento sobre o gozo, Lacan propõe que se vá ver em Roma a estátua de Santa Teresa, feita por Bernini (1598-1680). Em *O livro da vida* e em *O castelo interior,* a pedido de confessores e teólogos, Teresa D'Ávila dá testemunho dos êxtases que experenciou. Seu objetivo era mostrar que as experiências de êxtase e arrebatamento pelas quais passava não eram uma obra maligna, mas um encontro místico com Deus. Em uma passagem de *O livro da vida*, Teresa descreve uma dessas experiências que nos remetem à noção lacaniana do real do gozo feminino como o que "ex-siste" ("é fora")[17] tanto do simbólico quanto do imaginário, ou seja, como uma experiência de corpo não todo submetido à linguagem e à identidade:

> Voltemos agora aos arrebatamentos, quando eles acontecem em condições ordinárias. Muitas vezes meu corpo parecia ter ficado leve ao ponto de não ter mais peso; por vezes eu não conseguia mais sentir, de certa forma, meus pés tocarem o chão. No momento mesmo do arrebatamento, o corpo muitas vezes fica como morto e numa total impotência; ele permanece na posição em que foi surpreendido, de pé ou sentado, com as mãos abertas

---

16 Essa inscrição a partir de uma exclusão é extremamente similar ao modo como Agamben define a lógica exemplar, a saber, como uma inclusão a partir de uma exclusão, como vimos em nosso segundo capítulo. Aprofundarei tais questões no Limiar deste livro.

17 "esse 'não toda' [...] parece implicar a 'ex-sistência' do Um, que faz exceção. [...] o próprio do dito é o ser [...], mas o próprio do dizer é ex-sistir com relação a qualquer dito que seja" (Lacan, 2010: 220). Explicarei essas questões no prosseguimento deste capítulo.

ou fechadas. É raro perder consciência. No entanto, aconteceu-me algumas vezes de perdê-la completamente; mas eu repito: só aconteceu raramente e por pouco tempo. Habitualmente, a consciência que se tem não é bem nítida. [...] Não quer dizer que se perceba e se ouça quando o arrebatamento está em seu ponto culminante – chamo ponto culminante o ponto em que as forças são suspensas, devido a sua íntima união com Deus – pois, então, a meu ver, não se vê, não se ouve, não se sente mais. [...] Essa transformação total da alma em Deus dura pouco, mas enquanto ela dura, nenhuma força tem o sentimento de si mesma nem sabe o que se passa ali. Não convém, sem dúvida, que tenhamos conhecimento disso nesta vida terrestre; pelo menos, não apraz a Deus no-la dar: talvez não sejamos capazes de recebê-la. Falo pelo que experimentei. (D'Ávila, 1995: 147)

Se, no trecho supracitado, Teresa descreve o momento do arrebatamento como a experiência do corpo morto em sua total impotência, no trecho a seguir é latente a ambiguidade entre a experiência da morte e a experiência do gozo. Segundo o testemunho de Teresa:

graças tão elevadas fazem nascer na alma um desejo tão intenso de possuir plenamente aquele que a gratifica, que a vida para ela não é mais do que um martírio, mas um martírio delicioso. Sua sede da morte é inexprimível; por isso, é com lágrimas que ela pede continuamente a Deus para tirá-la desse exílio. [...] O amor tornou essa alma de uma sensibilidade tal que com a mínima coisa que venha inflamar seu fogo, ela alça voo. Assim, os arrebatamentos são contínuos nessa Morada, sem que se possa evitá-los mesmo em público, e as perseguições, as críticas logo chovem. (D'Ávila, 1995: 147)

O desejo de possuir plenamente aquele que a gratifica é tão intenso que surge em Teresa uma sede inexprimível de morte. Ao mesmo tempo, no momento do êxtase, sua experiência é a de um corpo morto. Como se diz em francês, o orgasmo é *"une petite mort"*, uma pequena morte. O exemplo histórico a partir do qual Lacan faz suas elucubrações sobre o gozo feminino como para além do falo pode indicar a ambiguidade do falo como significante da lei e como órgão. Assim também o gozo de Teresa D'Ávila é não fálico, quer dizer, sem o órgão e não todo submetido ao falo como significante da lei.

Nesse ponto, lembro que Lacan concebe o gozo feminino como aquilo que não serve para nada (Lacan, 2010: 14), com o que me aproximo da noção benjaminiana de meio sem fins, que também será retomada por Agamben.[18] Ainda que com outros termos, Lacan se refere ao gozo feminino como aquilo que não está submetido a uma finalidade, a um fim. Por um lado, gozo feminino em Lacan, por outro, erotismo feminino em Benjamin – como na relação sexual entre Safo e suas alunas na "Metafísica da Juventude" – me servem como paradigmas para uma experiência com a linguagem que não seja nem da ordem de um meio para um fim, nem a ratificação do indizível como elemento negativo constitutivo da linguagem humana. Tanto em Benjamin quanto em Lacan, cada um a seu modo, erotismo feminino e gozo feminino indicam uma experiência com a linguagem da ordem de um meio sem fins, de um puro meio, ou de um puro *Medium*, para citar um termo benjaminiano. Para sustentar minha hipótese, remeto agora à *la-*

---

18 "Meios sem fim" nomeia um dos livros de Agamben. Cf. Agamben (2015).

língua dita materna, correlata do gozo feminino, em que chistes, equívocos, lapsos e homófonos se dão, como veremos em seguida.

Lalíngua materna e homofonia

A primeira vez que o termo "*lalangue*" surge no ensino de Lacan é em *O saber do psicanalista* (1971-1972). Em uma conferência de 4 de novembro, Lacan comete um lapso: queria dizer "Vocabulário de psicanálise", cujo autor é Laplanche, mas acaba dizendo "Vocabulário de filosofia", cujo autor é Lalande, chegando assim à "*lalangue*":

> Há dez anos tínhamos feito um outro achado que também não era ruim, a respeito do que devo chamar meu discurso. Eu o tinha iniciado dizendo que o *inconsciente era estruturado como uma linguagem*. Tínhamos encontrado um troço formidável: os dois melhores caras que puderam trabalhar nessa trilha, tecer esse fio, tínhamos dado a ele um trabalho muito bonito: *Vocabulário da filosofia*. Que foi que eu disse? *Vocabulário da psicanálise*. Vocês veem o lapso? Enfim isso vale o Lalande... *Lalangue*, como escrevo agora, não tenho o quadro-negro, bem, escrevam alíngua [*lalíngua*] numa só palavra; é assim que escreverei doravante. (Lacan, 2010: 15)

Desse modo, "*lalangue*" surge como um lapso homofônico que pode ser repetido em língua portuguesa: *la langue* (a língua) e *lalangue* (*alíngua*). O que se poderia perder na tradução de *lalangue* por "*alíngua*", apesar da manutenção da homofonia, é a lalação, o lalala, o elemento onomatopaico da palavra, que Lacan faz coincidir com o balbuciar da criança diante da qual a mãe se encontra:

> Eu faço *lalangue* porque isso quer dizer lalala, a lalação, ou seja, é um feito muito precoce do ser humano fazer lalações, assim, basta apenas ver um bebê, escutá-lo, e verificar pouco a pouco que há uma pessoa, a mãe, que é exatamente a mesma coisa que *lalangue*, exceto que se trata de alguém encarnado que lhe transmite *lalangue*. (Lacan, 1978: s.p, tradução minha)

Em "O afreudisíaco Lacan na galáxia de *lalíngua*", Haroldo de Campos problematiza a tradução de *lalangue* por "*alíngua*" e propõe o termo *lalíngua*. Campos mostra que em língua portuguesa o artigo "a" como prefixo pode marcar uma negação ou uma privação, como, por exemplo, em afasia (perda do poder de expressão da fala), ou em aglossia (mutismo, falta de língua). Nesse sentido, Campos sustenta que "*alíngua*" poderia significar carência de língua ou de linguagem. Pelo contrário, *lalangue* não significa nem não língua nem privação de língua.[19] Ainda que o termo "*alíngua*" seja interessante por manter uma relação homofônica com "*a língua*", como ocorre também em francês (*la langue* e *lalangue*), opto pelo termo *lalíngua*, na medida em que privilegio tanto a lalação ou o tagarelar do bebê quanto o fato de que, para Lacan, *lalíngua* é a mãe encarnada. *Lalíngua* não é nem indizibilidade, aglossia, nem mero instrumento para comunicação: é glossolalia, e enquanto tal, indica o fato de que há linguagem. Segundo Campos:

> *lalia, lalação* derivados do grego *laléo*, têm as acepções de "fala", "loquacidade", e também, por via do lat. *Lallare*, verbo onoma-

---

[19] A possibilidade de tradução do termo "*lalangue*" não é consenso entre os tradutores brasileiros de Lacan. Para outra possibilidade, cf. a tradução de Cláudio Oliveira (Agamben, 2018: 15).

topaico, "cantar para fazer dormir as crianças" [...]; glossolalia quer dizer: "dom sobrenatural de falar línguas desconhecidas" [...]. Toda área semântica que essa aglutinação convoca (e que está no francês *lalangue*, mas se perde em *alíngua*) corresponde aos propósitos da cunhagem lacaniana. (Campos, 2005: 14)

A mãe aparece como a *lalíngua* encarnada que, como tal, a transmite ao bebê. Do ponto de vista da linguagem como registro histórico ou como tradição, há uma relação não arbitrária no sintagma "língua materna" como marca do lugar de nascimento ou de pertencimento de alguém, sua *Muttersprache*, sua *langue maternelle*, ou, segundo o neologismo construído por Campos, seu "idomaterno" (Campos, 2005: 14). Como diz Lacan em uma conferência na Itália: "para vocês *lalíngua* é a língua italiana, para mim, acontece de ser a francesa, pois foi ela que me ensinou minha mãe" (Lacan, 1978: 127). *Lalíngua* herda o caráter "não todo" do gozo feminino, na medida em que se manifesta na língua por meio do que, nela, faz furo: os chistes, atos falhos e equívocos. É essa correlação entre *lalíngua* materna, o real e o gozo feminino que passo a investigar.

Em *O saber do psicanalista*, Lacan diz que "a única questão, a questão muito interessante, é saber como algo que podemos, momentaneamente, dizer correlativo desta disjunção do gozo sexual, algo que chamo *lalíngua*, evidentemente, tem uma relação com algo do real" (Lacan, 2000: 40). *Lalíngua* é correlativa da disjunção entre significante e significado; é correlativa da barra que os separa, ou seja, da impossibilidade, para o humano, da relação (*rapport*) sexual. O real da não relação sexual transita na língua, objeto de saber do campo da linguística, em forma de *lalíngua*, ou seja, como aquilo que escapa à língua e se mostra como impossível de ser dito, constituindo, ao mesmo tempo, a esfera do dizer.

Lalíngua comporta efeitos no nível do não dito e implica um dizer que não é do campo da linguística. Para discutir essa proposição faço referência ao escrito *O aturdito*, em que Lacan escreve a enigmática formulação *"qu'on dise est justement ce qui reste oublié, derrière ce qui est dit, dans ce qu'on entend"*: "que se diga é justamente o que permanece esquecido, atrás do que é dito, no que se ouve" (Lacan, 2003: 5).[20] Essa frase performa o título do escrito de Lacan, junção de "aturdido" e "dito", na medida em que consiste em um dito que atordoa, confunde, zonzeia: a frase é, ela mesma, "aturditante". "Que se diga", "que haja linguagem" é o que permanece esquecido "atrás" do que é dito, naquilo que se ouve. Ou seja, há uma dimensão do dizer que fica esquecida atrás da esfera do dito, da significação.

Ao fazer referência às fórmulas da sexuação, Lacan afirma que o dizer (esquecido por trás do dito) deve ser pensado ao lado de "não toda mulher", e o dito, por sua vez, deve ser posto ao lado de "todo homem", que, como vimos, produz a identidade e a coletividade a partir da exceção. Mas esse dizer, por *"ex-sistir"* ao dito, ou seja, por ser aquilo que escapa ao dito, é um dizer ilimitado, na medida em que não se constitui a partir de nenhuma exceção, na medida em que é não todo dito. Esse "dizer que fica esquecido atrás do dito no que se ouve" é uma *lalíngua* ilimitada justamente no sentido de não haver nada que trace a borda consistindo em

---

20   No *Seminário XX*, a frase é formulada sem o subjuntivo (*qu'on dise*, que se diga): "o dizer é justamente o que fica esquecido por trás do que é dito no que se ouve" (*"le dire est justement ce qui reste oublié, derrière ce qui est dit, dans ce qu'on entend"*) (Lacan, 2010: 69).

uma exceção a uma regra comum que a definiria. Isso quer dizer que se trata de um dizer que não pode ser "fechado", "acabado", "determinado" em/por um dito. Para Lacan, assim como *A* mulher é não toda inscrita na função fálica, o fato de "que se diga" é o não todo dito que constitui todo e qualquer dito.

É um dizer, portanto, que subjaz no dito e que não abre para uma significação, nem para uma relação, mas consiste em equívocos, homógrafos e homófonos, cujas próprias homofonia e homografia de *La langue* (a língua) e *lalangue* (*alíngua*) indicam. Esse não todo dizer não é, portanto, indizível, mas será retomado, em uma formulação agambeniana, como um dizer que diz a própria dizibilidade da língua. Os homófonos e homógrafos indicariam, precisamente, uma experiência autoevidente de dizibilidade e materialidade da língua, subjacente ao dito e ao querer dizer. É o que escreve Jean-Claude Milner:

> é sempre possível [...] fazer valer em toda locução [em todo dito] uma dimensão do não idêntico. Trata-se do equívoco e de tudo o que lhe diz respeito: homofonia, homossemia, homografia – enfim, de tudo aquilo que sustenta o duplo sentido e o dizer em meias-palavras, incessante tecido de nossas interlocuções. Uma locução, quando trabalhada pelo equívoco, é ao mesmo tempo ela mesma e uma outra. Sua unicidade se refrata seguindo séries indiscriminadas, visto que todas elas, assim que nomeadas – significação, sonoridade, sintaxe, trocadilho... –, refratam-se indefinidamente uma após a outra. (Milner, 2012: 87)

Para exemplificar essa dimensão do não idêntico podemos nos referir aos anagramas, ou seja, à permuta de letras idênticas em palavras diferentes, como é o caso da permuta entre as letras[21] "p", "e", "d", "r", "o", que formam tanto o nome próprio "Pedro" quanto o substantivo masculino "poder". Segundo Milner, os anagramas tangenciam um real: o real da homofonia (Milner, 2012: 87). É o caso da palavra "manga", um anagrama ao mesmo tempo homofônico e homográfico, que pode significar tanto a "manga" de uma camisa quanto a "manga" como fruto.

Estamos aqui já distantes do signo linguístico. Vimos que o signo, em Saussure, é bifacial: ele consiste na conjunção de um significado (uma ideia, um sentido, um conceito) e um significante (o som como segmento, o fonema). Vimos também que o signo saussuriano não representa uma coisa no mundo, mas representa um signo *para* outros signos, dentro do sistema da língua, formando uma cadeia linear. Por isso, interessa a Saussure a língua (*langue*) como estrutura específica da linguagem humana, e não a linguagem (*language*) em sua abrangência.[22] O signo é arbitrário: por exemplo, não há uma relação de necessidade entre o significado, a ideia de "mar", e a sequência de sons "m-a-r" que lhe serve de significante. Ele também é negativo, e isso quer dizer, opositivo e relativo. Ou seja, cada signo, nesse sistema, só tem identidade devido à relação que mantém com os demais, em conjunto e se-

---

21 Saussure dedica-se ao estudo dos anagramas quando investiga a poesia (Saussure apud Starobinski, 1974: 13). Foi Starobinski, aluno de Saussure, quem reuniu as pesquisas do linguista acerca da poesia saturnina.

22 Milner comenta o "estilo" kantiano de Saussure. Para que a linguística seja possível enquanto ciência é preciso distinguir os fenômenos das coisas em si. "Temos aí alguns célebres pares: coisas em si (a linguagem; o som como fluxo sonoro; a ideia ou o sentido; a ligação entre um som e uma coisa no mundo) x fenômenos (a língua; o som como segmento ou o fenômeno ou o significante; o significado; o arbitrário do signo). Para Saussure, caso a linguística pretenda se voltar para as coisas em si, ela cairá nas antinomias" (Milner, 2012: 51).

paradamente. Se a identidade de um signo fosse buscada em si mesma, para além do sistema, ela teria de ser atribuída à ordem das coisas. Como não é disso que se trata, na medida em que não se pode ter acesso às coisas em si, decorre um tipo de relação: a relação de oposição (*a* não é *b*; *b* não é *a*).

Em contrapartida, Milner diz que a permuta entre as letras em um anagrama não é diferencial, na medida em que cada letra, presente nas diferentes palavras, permanece idêntica a si mesma, heteróclita (podemos pensar, novamente, na permuta de letras entre "Pedro" e "poder", "ator" e "rota" etc.). Nas palavras de Milner:

> cada um dos anagramas repousa sobre um determinado nome cujos fonemas ele redistribui. Mas está claro que esse nome (próprio ou comum) [...] não é tratado a partir daquilo que ele tem de diferencial: ele tem uma identidade própria, um Si, que não é extraído da rede de oposições na qual a linguística iria apreendê-lo. (Milner, 2012: 51)

Ainda segundo Milner, o anagrama também não é arbitrário; "sua função consiste em impor uma necessidade aos fonemas do verso ou das palavras" (Milner, 2012: 87). É o que podemos verificar na relação de homofonia entre "manga" (o fruto) e "manga" (da camisa). Por isso, para o linguista, "o nome em anagrama funciona como um 'sentido', e não como um significado", e "transgride o dualismo" (Milner, 2012: 87) entre significante e significado: na mera permuta entre as letras não se trata nem de um significante, que abre para uma significação, nem de um significado. Aqui, me arrisco a relacionar o nome em anagrama à diferença entre *Sinn* (sentido) e *Verstehen* (entendimento) para a qual as mulheres na

"Metafísica da Juventude" apontam, quando Benjamin propõe que elas protegem o sentido contra o entender (*behütet sie den Sinn vor dem Verstehen*) (Benjamin, 1977: 93).

Se, por um lado, o significante é relacional e pressupõe uma cadeia linear, por outro lado, a letra expõe algo da ordem da imediatidade e da simultaneidade das palavras.[23] Em termos benjaminianos, se poderia dizer que o significante é mediato, é relacional, e a letra é imediata, irrelata. Já para Lacan, a letra é mais primária que o significante (Lacan, 2003: 19), na medida em que um significante (uma palavra) é formado por letras. Por exemplo, ao abrir um dicionário, tem-se a experiência do significante como abertura para a significação. À palavra (significante) procurada, da qual não se sabe o significado, correspondem diversos significantes. Mas o conjunto formado pelas letras é a reunião, a coleção (*assemblage*) de coisas "absolutamente heteróclitas" (Lacan, 2010: 118). É o que Lacan chama de um conjunto de "Uns", que não se parecem em nada entre si. Esse conjunto de "Uns" deve ser compreendido a partir da não toda inscrição d'A mulher na função fálica, ou seja, do "não há quem não" pertença ao conjunto, ou da formulação de que não "há Outro do Outro", na medida em que não há *Um* (a função fálica do lado homem) a partir do qual o outro se constitui: "a letra é a única coisa que faz coleção. A letra, as letras, 'são', e não 'designam', essas coleções" (Lacan, 2010: 118-119).[24]

---

23 Para mais sobre o caráter linear do significante, conferir Saussure, *Curso de linguística geral*: "o significante, sendo de natureza auditiva, desenvolve-se no tempo: a) representa uma extensão, e b) essa extensão é mensurável numa só dimensão: é uma linha. [...] seus elementos se apresentam um após o outro; formam uma cadeia" (Saussure, 2012: 110).

24 Lacan cita a teoria dos conjuntos do grupo de matemáticos conhecido como Nicolas Bourbaki. No *Seminário XXIII*, na lição "De uma falácia que testemunha do real", Lacan opõe a noção de "todo" (*tout*) à de "conjunto" (*ensemble*). Se, por um

Para pensar alguns exemplos do caráter imediato da letra remeto ao *Witz,* ao chiste, tal como pensado por Freud, e constitutivo da *wahnwitzigen Sprache* (língua louca) pela qual as mulheres são possuídas, na "Metafísica da juventude". Em *Os chistes e a sua relação com o inconsciente* (1905), Freud nos dá diversos exemplos de chistes. Destaco um, atribuído ao romântico Schleiemacher, cujo único caráter distintivo consiste em dar às mesmas palavras – *Eifersucht* (ciúme) e *Leidenschaft* (paixão) – sentidos múltiplos: "EIFERSUCHT ist eine LEIDENSCHAFT, die mit EIFER SUCHT, was LEIDEN SCHAFT". Pode-se traduzir por: "o ciúme (die EIFER) é uma paixão (LEIDENS-CHAFT) que com avidez (EIFER) busca (SUCHT) o que causa (SCHAFT, do verbo SACHFFEN) a dor (das LEIDEN)" (Freud, 1996: 42). Numa tradução "transcriadora", como a chama Haroldo de Campos, em que o chiste é preservado em sua "matéria de linguagem" e em sua semantização fônica, temos: "o CIÚME CAUSA uma DOR, que aSSUME com gUME o seu CAUSADOR" (Campos, 2005: 12).

É desse *Sprachmaterial,* dessa matéria de linguagem, que os chistes são feitos: "as palavras são um material plástico, que se presta a todo tipo de coisas" (Freud, 1996: 42). Um caso bastante interessante é o dos *Klangwitze,* os chistes fônicos. Retomo de Freud mais um exemplo que teria sido narrado a ele por um professor dos anos de juventude:

---

lado, o todo é formado a partir da exceção, o conjunto é formado, por outro lado, a partir da não toda inscrição d'A mulher na função fálica, ou seja, a partir da impossibilidade de estabelecer uma exceção que constitua o limite entre o dentro e o fora, entre o igual e o desigual. Seria a *comunidade que vem* agambeniana um conjunto de "uns"? É o que veremos no Limiar deste livro. Cf. Lacan (2007: 106).

Acabei de ouvir um excelente chiste, disse ele. Um jovem, parente do grande Jean-Jacques Rousseau, de quem ele trazia o nome, foi apresentado em um *salon* de Paris. Tinha, além do mais, os cabelos vermelhos. Comportou-se, entretanto, de maneira tão desajeitada que a anfitriã comentou criticamente para o cavalheiro que o apresentou: '*vous m'avez fait connâitre un jeune homme roux et sot, mais non pas un Rousseau* [você me apresentou um jovem que é *roux* (ruivo) e *sot* (tolo), mas não um Rousseau]. (Freud, 1996: 38)

O chiste consiste na homofonia entre o nome Rousseau e as palavras *Roux* (ruivo) e *sot* (tolo). Assim, os trocadilhos (*kalauer* em alemão e *calembourgs* em francês) e os chistes constituem as diferentes *lalínguas*, nesse caso, a portuguesa, a alemã e a francesa, respectivamente. Segundo Lacan, *lalíngua* é "o depósito, a aluvião, a petrificação do inconsciente, e da maneira como um grupo lida com sua própria experiência" (Lacan, 1974: 9). Sobre esse aspecto líquido da *lalíngua* feminina, uma aluvião ou inundação de águas e correntes, destaco o *Klangwitz* (chiste fônico) entre *la mer* e *la mère*. Ou seja, do ponto de vista da materialidade das palavras há uma relação não arbitrária, e isso quer dizer, histórica, entre a mãe e o mar, *la mère* e *la mer*, tal como ela se constitui na *lalíngua* francesa. Também para Freud, a relação entre a similaridade das palavras e seu sentido não é arbitrária, como no exemplo das palavras "*traduttore*" (tradutor) e "*traditore*" (traidor): "as duas ideias discrepantes, aqui ligadas por uma associação externa, são também unidas em uma relação significante que indica um parentesco essencial entre elas" (Freud, 1996: 42).

Se, por um lado, para Lacan, a experiência do bebê de sua *lalíngua* materna não é da ordem nem do significante nem do significado, Freud, por outro lado, também indica a experiência infantil da língua materna como uma experiência de prazer com o ritmo e a rima das palavras, para além do imperativo da significação:

> o período em que uma criança adquire o vocabulário da língua materna proporciona-lhe um óbvio prazer de experimentá-lo brincando com ele [...]. Reúne as palavras, sem respeitar a condição de que elas façam sentido, a fim de obter delas um gratificante efeito de ritmo ou de rima. Pouco a pouco esse prazer vai lhe sendo proibido até que só restam permitidas as combinações significativas de palavras. Quanto mais velho, tenta ainda emergir ao desrespeito das restrições que aprendera sobre o uso de palavras. Estas são desfiguradas por pequenos acréscimos particulares que lhes faz, suas formas sendo alteradas por certas manipulações (por ex., por reduplicações ou "*Zittersprache*")[25]; é possível mesmo a construção de uma linguagem secreta, para o uso entre companheiros de brincadeira. (Freud, 1996: 128-129)

Desse modo, a experiência infantil com a língua é dessa esfera do que Lacan chama de *lalíngua*, a experiência da lalação que faz o bebê, ou a criança, com a *lalíngua* na qual está inserido(a). No entanto, se desde Freud os chistes[26] constituem uma expe-

---

[25] *Zittersprache* é uma forma particular de linguagem secreta em que o som "*zitter*" desempenha um papel. Cf. Freud, *A interpretação dos sonhos*.

[26] Freud comenta longamente sobre o caráter de unificação (*Unifizierung*) dos chistes: "a unificação, que afinal não é outra coisa que uma repetição na esfera das conexões materiais, foi reconhecida [...] como fonte do prazer [*Wollust*] nos chistes" (Freud, 1996: 127). Essa fonte de prazer, que com Lacan, podemos chamar de fonte de gozo, se dá por um relaxamento das tensões impostas pelo super-eu (instância da

riência de aspectos materiais da própria língua, em Lacan essa materialidade passa a ser pensada a partir da esfera da letra. E, como vimos, a letra, diferentemente do significante, não abre para nenhuma significação. Na permuta entre as letras, Lacan brinca com o parentesco supra-histórico entre as línguas históricas, como, por exemplo, na relação quase homofônica entre *"Unbewusst"* (em alemão, inconsciente) e *"une bévue"* (em francês, uma mancada! Que mancada!). Para Milner, é dessa ultrapassagem que se trata na homofonia (*crossover*).[27] Do ponto de vista da materialidade das palavras, para a qual Lacan cria a neologismo *"moterialisme"* – junção de *mot* (palavra) e *matérialisme* (materialismo) –, há uma relação não arbitrária entre "o inconsciente" (*Unbewusst*) e o chiste (*bévue*). No *Seminário 24, L'insu que sait de l'une bévue s'aile à moure* (1976-1977), Lacan caracteriza o inconsciente como o lugar dos equívocos (*bévues*): um equívoco, *l'une bévue*, jogando com o *Unbewusst*, com o inconsciente freudiano.[28]

É também o que se pode verificar, por exemplo, no trocadilho anagramático de um texto de Lacan: *Lituraterre* (Lituraterra). Lacan imprime na palavra literatura (*literature*) o vocábulo latino

---

segunda tópica freudiana) que representa os valores morais e civilizatórios: "espero ter agora demonstrado que as técnicas do chiste, que utilizam o absurdo, são uma fonte de prazer. Necessito apenas repetir que tal prazer procede de uma economia na despesa psíquica ou de um aliviamento da compulsão da crítica", da faculdade crítica ou da racionalidade (Freud, 1996: 130).

27 Jean-Claude Milner usou a palavra *"crossover"* para pensar a relação de homofonia entre diversas línguas históricas na palestra "Back and forth form letter to homophony", no encontro *Language and the intersection of Politics, Law and Desire*, que ocorreu na Birbeck College, University of London em 25/4/2017, e do qual participei como ouvinte.

28 Lacan, *Seminaire 24, L'insu que sait de l'une bévue s'aile à moure* (1976-1977). Disponível em: www.valas.fr/Jacques-Lacan-l-insu-que-sait-de-l-une-bevue-s-aile-a--mourre-1976-1977,262. Acesso em: 15 maio 2021.

litura, que significa borradura, riscadura, letras riscadas; donde *liturarius*, que tem rasuras, livro de rascunhos. A literatura de James Joyce constitui o ponto de partida de Lacan para esse jogo de subversão das "belas letras" (*belles lettres*), pois Joyce sabia deslizar com habilidade entre o equívoco que vai de uma *letter* (letra) a uma *litter* (lixo, sujeira) (Lacan, 2003: 15), palavra que, por sua vez, deriva do termo latino *lectus* (cama) (Campos, 2005: 8). Joyce faz da letra liteiralixo (*Littière*), ou, nas palavras de Haroldo de Campos, "literordura" (Campos, 2005: 8): neologismo formado a partir da palavra inglesa *litter* (lixo) e da palavra francesa "*ordure*" (lixo). Assim como o gozo, também a letra não serve para nada: é *déchet*, lixo. Nesse sentido, a letra aponta para aquela barra entre significante e significado para a qual Lacan usa a imagem do litoral, do limite (Lacan, 2003: 23).[29]

Joyce, para quem Lacan dedica um Seminário inteiro, o *Seminário XXIII* (1975-1976), e o escrito, "Joyce, o sinthoma" (1979), faz de sua literatura o lugar dos equívocos, homófonos e homógrafos, ou seja, daquilo que constitui as formações do inconsciente; o que possibilita a Campos dizer que o escritor é como se fosse o "Freud da prática textual" (Campos, 2005: 9). Em seu jogo com as palavras, o que o torna um escritor quase ilegível – segundo seu próprio desejo de que professores (*scholars*) se debruçassem para sempre sobre seus trabalhos[30] – Joyce expõe o que de mais material

---

29 Lacan se pergunta: "será possível, do litoral, constituir um discurso tal que se caracterize por não ser emitido pelo semblante?" Um discurso não emitido pelo semblante, ou seja, um discurso não constituído pelo sentido. Cf. Lacan (2010: 168).

30 Em suas palavras, um tanto humoradas: "se eu desistisse de tudo imediatamente perderia minha imortalidade. Pus tantos enigmas e quebra-cabeças [em sua obra] os quais deixarão os professores por séculos ocupados, discutindo sobre o que eu quis dizer, e essa é a única maneira de se assegurar a imortalidade" (Joyce apud Ellmann, 1966: 535, tradução minha). Um exemplo desse jogo com as palavras na esfera da le-

há na linguagem, e o que, como tal, resiste à comunicação. Na literatura de Joyce, nas palavras de Lacan, "o significante se reduz ao que ele é, ao equívoco, a uma torção de voz" (Lacan, 2007: 95). Lacan brinca aqui com a palavra francesa *équivoque* (equívoco) e com a palavra latina *equivoce* (mesma voz). Essa torção de voz, esses equívocos constituem *lalíngua* materna na qual os chistes e homófonos se dão.

O tagarelar de Eva e as palavras da *lalíngua* materna

É a propósito de Joyce que Lacan constrói sua noção de um tagarelar feminino como da ordem da *lalíngua* materna. Esse tagarelar feminino aparece em uma paródia da criação divina logo nas primeiras páginas do *Seminário XXIII*. Logo de início, Lacan atenta para o caráter nomeador da criação divina. O nome de Deus aparece como aquele que possibilita a criação *ex-nihilo*, mas a criação só se dá por completo após a nomeação de Adão. Em termos lacanianos, poderíamos dizer que haveria um círculo perfeito que iria, de início, do simbólico ao real — o nome Deus (a língua divina) fabrica, *ex-nihilo*, a matéria, o real — e depois se completaria por um retorno do real ao simbólico, na medida em que as coisas, a matéria, o real se apresentam a Adão, que as nomeia e ordena no mundo. É o que, em "Sobre a linguagem", Benjamin chama de tradução da língua imperfeita das coisas em seu aspecto material para uma língua mais perfeita, divina. Adão aparece nesse texto como

---

tra é a brincadeira entre som e significante em *Finnegans Wake* (1939) com os nomes Caim e Abel e as palavras inglesas *can* e *able*: *I cain but are you able?* 287.11. Logo nas páginas iniciais do *Seminário XXIII*, Lacan afirma que Joyce escreveu em inglês de uma tal maneira que a língua inglesa não existe mais e que seria necessário escrever *l'élangues*, palavra criada por Philippe Sollers, junção de *langues*, línguas, e *élan*, o elã; o movimento súbito e espontâneo, o impulso, a expansividade (Lacan, 2007: 12).

um tradutor. Já a criação divina, *ex-nihilo*, pode ser pensada a partir da fórmula: "haja". Deus diz: "haja luz", "haja mundo", e, a partir de então, cria a matéria que Adão nomeia (Benjamin, 2011d: 61). Nesse momento paradisíaco, pré-queda, Deus opera um acolchoamento perfeito do real e do simbólico, em termos lacanianos. Ou, nos termos de Benjamin, a língua divina comunica imediatamente (*Unmittelbar*), sem mediações, e integralmente, as coisas.

Se em "Sobre a linguagem" somente após a prova do fruto proibido da árvore do conhecimento do bem e do mal a língua humana transforma-se em uma "tagarelice" (*Geschwätz*) (Benjamin, 2011d: 67), no *Seminário XXIII* Lacan concebe seu tagarelar como a língua na qual se dá a própria nomeação. Nessa versão lacaniana do Gênesis – que ele chama de bufoneada, cômica – Lacan dirá que, se Adão nomeou o mundo, foi Eva quem primeiro se utilizou dessa linguagem ao falar com a serpente. Para Lacan, Adão só pode nomear o mundo em sua língua materna, e isso quer dizer, na língua de Eva, cujo nome em hebreu significa "a mãe dos viventes". De certa maneira, Lacan reinterpreta a filiação de Adão, o qual se torna o filho de sua mulher. Por esse motivo, Adão só podia falar em sua língua materna, que é a língua do pecado original, língua com a qual Eva fala com a serpente. Nas palavras de Lacan:

> Adão, como seu nome pronunciado em inglês bem indica [...] era uma madame, de acordo com a piada que faz Joyce.[31] É bem preciso supor que Adão nomeou os animais na língua daquela

---

[31] A piada consiste na proximidade dos sons das palavras "*Adam*" e "*madam*" em língua inglesa: *Madam, I am Adam. And Able was ere I saw Elba* (*Ulysses*). O trocadilho *Abell able* (ser capaz de) será retomado em *Finnegans Wake*: *I cain but are you able?*, em que, de maneira mais sutil, significante e voz estão intrincados. Tais referências se encontram nos anexos do *Seminário XXIII*. Cf. "Anexos", *Seminário XXIII*, p. 190.

que chamaria de Évida.[32] Tenho o direito de chamá-la assim posto que em hebreu [...] seu nome quer dizer *a mãe dos viventes*. E a Évida soltou bem essa língua [*l'Évie l'avait tout de suite et bien pendue, cette langue*], pois após a suposta nomeação de Adão, a primeira pessoa que se serviu dela, foi ela, para falar com a serpente. A chamada criação divina se reduplica no tagarelar do *ser falante* [*parlote du parlêtre*]. (Lacan, 2009: 13)

Nessa releitura, Lacan reinterpreta a secundariedade atribuída à mulher, em detrimento da primariedade do homem, presente na narrativa judaico-cristã da criação do mundo. Em uma das narrativas da criação do humano, Eva é concebida a partir da costela de Adão, este feito à forma e semelhança de Deus.[33] Ao fazer o tagarelar de Eva "coincidir" com a nomeação, Lacan o concebe como mais primário que a suposta nomeação adâmica, pois foi Eva quem primeiro usou e tagarelou nessa língua. Nas palavras de Morel, "não existe nenhuma língua divina para a nomeação, mas somente a língua do homem que é sua língua materna, uma língua particular que é sempre a língua do desejo dela, a mãe, e do seu gozo" (Morel, 2008: 89). Mais primário que a nomeação adâmica, o simbólico se torna agora o equívoco, o tagarelar de Eva que é antecipado de saída, como indica a releitura lacaniana do mito bíblico. Nas palavras de Morel: "o símbolo de que se trata agora é o equívoco" (Morel, 2008: 99). Que o simbólico se torne o equívoco significa dizer que a *lalíngua* materna marca a relação entre corpo e linguagem, como veremos em seguida. O simbólico transfomado em equívoco é a própria *lalíngua* materna. Nas palavras de Lacan:

---

32 Lacan brinca com a homofonia entre "Èvie" e "*est vie*", que significa "é vida".
33 Cf. Gênesis, cap. 1, v. 26, e cap. 2, vv. 21-25.

o homem é o portador da ideia de significante. Essa ideia, em *lalíngua* tem seu suporte essencialmente na sintaxe. De qualquer maneira, o que caracteriza *lalíngua* entre todas são os equívocos [*equivoce*] que lhe são possíveis, tal como ilustrei com equívoco de dois [*deux*] com deles [*d'eux*]. Se alguma coisa na história pode ser suposta, é que foi o conjunto de mulheres que engendrou o que chamei de *lalíngua*. (Lacan, 2007: 117)

A ideia de significante, cujo homem é portador, tem seu suporte na sintaxe, em *lalíngua*. Se, por um lado, o significante é relativo, abre para demais significações, a letra, por outro lado, é imediata, irrelata, não quer dizer nada. *Lalíngua* consiste no conjunto de equívocos da língua materna, da ordem da letra e da homofonia, em que cada um(a) está, singularmente, inserido(a). É com esse registro homofônico da letra que Lacan brinca aqui: a palavra francesa "*equivoque*" soa como a palavra latina "*equivoce*" (mesma voz); "equivozidade" ilustrada com o homófono que faz de *deux* (dois) *d'eux* (deles). Segundo a releitura lacaniana do Gênesis, *lalíngua* em que Eva fala com a serpente é a língua da queda do paraíso, a língua do pecado, pois em vez de gozar da felicidade paradisíaca com Adão, Eva tagarela e se engaja na via da desobediência. Ao escutar nessa *lalíngua* feminina da queda ("causa de gozo mais do que meio de comunicação") (Morel, 2008: 98) a palavra inglesa para pecado, o *sin*, Lacan elabora e introduz sua teoria do *sinthoma* (Lacan, 2007: 13).[34]

Seguindo a interpretação de Morel, o interesse de Eva está para além do falo (de Adão), na medida em que se remete a um

---

34 A palavra francesa *sinthome* é uma palavra antiga para *symptôme*. Cf. nota do tradutor (Lacan, 2007: 11). Discutir as implicações clínicas da teoria do *sinthoma* em Lacan foge ao escopo deste livro.

saber interditado: o saber da árvore do conhecimento do bem e do mal. Esse saber que não se pode saber é correlato d'A não toda mulher e do real do gozo feminino, na medida em que é um saber que é não todo dito. Neste ponto, é possível dizer, seguindo Morel muito de perto, que a origem feminina daria ao *sinthoma* seu caráter de não todo (Morel, 2008: 92). Nas palavras da autora: "de Deus, o pai, eis-nos reconduzidos à mãe, portanto a uma mulher e a sua tagarelice com fins de gozo" (Morel, 2008: 89). Para Lacan, não é arbitrário que *lalíngua* seja materna, e isso quer dizer que *lalíngua* seja feminina. É nesse sentido que Lacan pensa que a mãe – diante da qual se encontra o bebê em sua "lalação", seu balbuciar –, é *lalíngua encarnada* e que, como tal, a transmite ao bebê.

Como mãe, a mulher funciona como a própria fonte do simbólico, agora concebido como o lugar da *lalíngua* e do inconsciente dos filhos. É importante ressaltar que não se trata, para Lacan, do caráter alentador ou cuidador das mães, mas sim de seu poder com relação à linguagem. Entretanto, se a releitura lacaniana do Gênese poderia colocar a nomeação materna[35] em um lugar mítico, Morel ressalta que, pelo processo de análise, "o sujeito aprende que só há uma mãe particular cujo desejo marcou, pela sua singularidade, a língua materna: é esta singularidade que nos é realmente transmitida, e não um universal feminino mítico, que

---

35 Segundo Morel, "Lacan antecipou a tese da nomeação materna em *Os não-bobos erram* (1973-1974), *Seminário XXI*, que precede *RSI*. Ele notava que nós estávamos em um momento da história em que 'nomear' da criança pela mãe se substituía o Nome-do-pai. Era, segundo ele, o social que assumia aí uma prevalência do nó [nó borromeano, do qual falarei em seguida] formando a trama de numerosas existências. Nesse momento, ele considerava isso como 'signo de uma degenerescência catastrófica' [!]. Parece que ele estava menos comovido por essa ideia do 'declínio do Nome-do-pai' que ele denunciou desde sua leitura de Durkheim, ou, ao menos, que ele se habituou a ela em *O Sinthoma*. Cf. S*XXIII*, sessão de 19 de março de 1974" (Morel, 2008: 99).

é uma invenção ideal secundária" (Morel, 2008: 91). No entanto, é importante observar que o lugar da mãe não se reduz necessariamente às mães empíricas, mas pode ser ocupado por qualquer ser falante: "a criança que aprende a falar permanece marcada por toda a sua vida pelas palavras e pelo gozo de sua mãe (*ou de seu substituto*)" (Morel, 2008: 327, grifo meu).

Morel chama esse conjunto de palavras enodadas ao prazer e ao sofrimento que é transmitido às crianças em sua mais tenra idade e que se imprimem para sempre em seu inconsciente de "lei da mãe". Nas palavras de Lacan: "a lei da mãe, é claro, é o fato de que a mãe é um ser falante, e isso basta para legitimar que eu diga a *lei da mãe*. Não obstante, essa lei é, por assim dizer, uma lei não controlada" (Lacan, 1999: 195). Como escreve Morel:

> Ainda *infans*, nós somos confrontados ao gozo da nossa mãe. Para não nos perdermos aí, devemos nos separar do que se impõe a nós com a força de uma lei, de uma lei singular e louca que faz de nós assujeitos. Dessa primeira sujeição, nosso inconsciente guardará traços durante toda a vida. Ora, se separar da lei da mãe é custoso: nós fabricamos sintomas separadores que são de fato o invólucro da única lei universal que a psicanálise reconhece, a interdição do incesto. (Morel, 2008: 12)

Essa separação do âmbito familiar pode ser feita a partir de uma interpretação singular das palavras impostas da *lalíngua* materna. Por isso, o *sinthoma* é um saber-fazer, uma habilidade, uma criação de cada um em relação a essas palavras que marcam o inconsciente e que produzem a separação em relação à mãe. Para Lacan, esse saber-fazer encontra seu caso exemplar na literatura, o que me permite pensar o caráter linguageiro do *sinthoma*. É no jogo com as letras de James Joyce, constituído por homofonias e homografias, que Lacan encontra esse outro modo de lidar com a linguagem como tradição.

Se, como propõe Morel, o sujeito da psicanálise é o sujeito do gozo, não há necessidade de uma identidade fechada. Isso porque o gozo indica uma alteridade radical e irrepresentável calcada na não toda inscrição d'A mulher na função fálica. Ele também indica, como vimos, a dimensão do puro ser na secção do predicado, isto é, algo que não pode ser subsumido em nenhuma categoria identitária. Se o equívoco como real do símbolo é o que agora mais importa, caberá uma lida singular de cada um(a) em relação a essas palavras impostas da *lalíngua* materna. Esse ponto é importante, pois terei em vista uma forma de vida que não se reduz a nenhuma categoria identitária. É à procura dessa forma de vida que aproximarei a "singularidade qualquer" em Agamben da formulação "não toda mulher" de Lacan como possibilidade de desdobramentos futuros.

No *Seminário XIX,...Ou pior*, mais precisamente na sessão de 9 de fevereiro de 1972, Lacan introduz a figura do nó borromeano, com a frase "eu te peço para recusar-me o que te ofereço, porque não é isso", a fim de pensar uma imediatidade entre os três registros: real, simbólico e imaginário (Lacan, 2003: 70). A partir da sessão de 13 de novembro de 1973, Lacan passa a se servir do nó para definir R (real), S (simbólico) e I (imaginário). Agamben se refere a esse nó em uma conferência em que procura pensar a relação entre linguagem e psicanálise à qual me encaminharei (Agamben, 2008).

O nó borromeano provém originalmente do brasão de uma família do Norte da Itália, a família Borromeu. Esse nó é caracterizado pelo enodamento de três anéis cuja ruptura de um dos anéis libera todos os demais. O nó ajuda Lacan a pensar o enodamento da frase supracitada, "eu te peço para recusar-me o que te ofereço", na medida em que se um dos três verbos – "pedir", "recusar", "oferecer" – for retirado da frase, ela perde completamente o sentido: a frase não pode ser desmembrada, pois só faz sentido como um todo. É o mesmo que ocorre com a constituição subjetiva, agora concebida como um nó entre Real (o gozo), Simbólico (linguagem, língua e fala) e Imaginário (Imagens, identidade, sentido). O *sinthoma*, como mecanismo de lida com o fato de que "há linguagem", essa criação singular a partir das palavras da *lalíngua* materna, enoda e sustenta juntos os três registros.

Nesses anos, Lacan faz experiências com o nó, e, por vezes, comete erros. Esse gestual é importante, pois com a manipulação do nó tem-se em vista uma tentativa de acesso "direto" ao real, isto é, de um acesso positivo ao real. Essa tentativa de um acesso positivo ao real pode ser compreendida a partir do próprio gesto de manipulação do nó para além da palavra ou do dicurso: "o nó dá lugar a uma *mostração* que é preciso diferenciar de uma *demonstração*, que se faz sempre a partir do simbólico" (Morel, 2008: 70). Não se consegue imaginar o nó sem manipulá-lo. O nó, assim como a letra, implica uma "*mostração*" e certa imediatidade, já que ele não é mediado pelo imaginário nem demonstrado por intermédio do simbólico. É também nesse sentido que se dá o interesse de Lacan pela escrita e pela letra matemática:

> a escrita me interessa posto que penso que é por meio desses pedacinhos de escrita que, historicamente, entramos no real, a saber, que paramos de imaginar. A escrita de letrinhas matemá-

ticas é o que suporta o real. [...] A escrita, isso pode sempre ter alguma coisa a ver com a maneira pela qual nós escrevemos o nó. (Lacan, 2007: 68)

A escrita de letras matemáticas assim como o nó indicam o real, compreendido como "a expulsão do sentido" (Lacan: 1975). Assim como o não todo e o gozo feminino, também o real *ex-siste*, ou seja, existe fora, ao lado, do simbólico e do imaginário. Como escreve Morel:

> A partir do nó, o real se liga à ex-sistência, ou seja, a um valor positivo, para o qual existe mesmo um símbolo matemático ($\exists$), mas esse valor guarda na sua formulação seu lado "negativo" anterior, na maneira pela qual Lacan escreve: ex-sistência (*ex*, ou seja, fora). Encontra-se, além disso, esse "ex" no "expulso" do sentido: o real existe ao lado do sentido sempre imaginário, e ao lado do simbólico. "Ao lado" significa a não relação que caracteriza o real e a teoria borromeana: cada anel está ao lado em relação aos outros, sem relação com nenhum dos outros. Só o nó estabelece uma relação a três do real, do simbólico e do imaginário. (Morel, 2008: 70)

O real será concebido como a *ex-sistência*, o imaginário, como a consistência (do corpo próprio), e o simbólico, como furo. Sobre a mudança da concepção do simbólico como falta para a concepção do simbólico como furo, acompanho Morel quando escreve que:

> sem que seja rejeitada a ideia da falta, constata-se que esse termo não está mais presente em RSI. Desde que se possa enodá-lo a outros, o furo é o que caracteriza um anel de barbante, pois se pode passar aí uma corda. O furo torna-se, por esse fato, essen-

cial à própria possibilidade de enodar. Nesse sentido, como a consistência e a ex-sistência, reencontramos o furo como propriedade comum aos três anéis. (Morel, 2008: 70-71)

Assim como numa trança de cabelo três madeixas são presas por um prendedor também o *sinthoma* prende e enoda os três registros: espécie de presilha ou grampo, o *sinthoma* sustenta juntos o real, o simbólico e o imaginário, como se pode ver na figura:

Figura 3

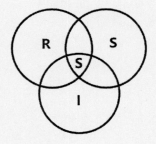

O *sinthoma* é um saber-fazer com os sintomas (*symptômes*) produzidos a partir da invasão e do efeito real sobre os corpos que os equívocos das palavras impostas da *lalíngua* materna têm sobre a criança. Na medida em que o *sinthoma* funciona como uma reparação ou como um outro uso dos sintomas (*symptômes*), estes signos de um sofrimento provocado pela separação da lei da mãe, o *sinthoma* é o sintoma. Nas palavras de Morel:

> o sintoma é o signo de um sofrimento e o *sinthoma*, o signo da reparação do mal-estar. Mas essa dualidade é enganosa, pois os dois são como as duas faces de um mesmo objeto. Com efeito, o que repara pode se encontrar no lugar mesmo do erro a corrigir,

como um remendo tão bem colado sobre um pneu de bicicleta furado, que não se verão mais os limites. (Morel, 2008: 105)

Se o *sinthoma* é um saber-fazer com o sintoma, se ele é somente um outro modo ou outro uso do sintoma, será que pode ser aproximado da parábola messiânica tal como a vimos no segundo capítulo? Vimos com Benjamin e Agamben que o reino messiânico coincide com o fim de uma determinada concepção de língua e de história. Esse fim não implica uma teleologia, mas sim outro uso ou modo da tradição. No reino messiânico, se lembrarmos com Benjamin, "tudo será como agora, só um pouco diferente".[36] Ou seja, trata-se de um pequeno deslocamento ou de um outro uso, como diz Morel, de um remendo, da fratura entre ser e linguagem que remete o falante à negatividade. Por isso, esse saber-fazer com os sintomas em que consiste o *sinthoma* pode ser aproximado desse outro uso da língua e da tradição.[37]

Se Agamben constrói um forte diagnóstico acerca da relação entre negatividade e linguagem, e se Benjamin, em "Sobre a linguagem", caracteriza o tagarelar como o momento em que a linguagem humana se torna culpada, Lacan, no *Seminário XXIII*, também acentua esse caráter negativo da linguagem humana, de modo que chega a caracterizar a fala como um parasita, como uma excrescência, como uma espécie de "câncer que aflige o ser humano" (Lacan, 2007: 95). Em certo sentido, as falas impostas da *lalíngua* materna nos são impostas tanto no âmbito privado como no âmbito público, uma vez que a tradição e a história do mundo

---

36 Cf. segundo capítulo.
37 A aproximação entre *sinthoma* e messianismo fica como desdobramento para um trabalho futuro.

se dão a cada vez, para cada um, e que, primeiramente, nos é transmitida por nossos pais.

Lacan encontra no *sinthoma* tanto uma possibilidade de separação de uma tradição familiar quanto um outro modo ou uso da língua, concebida como tradição e como história. Para o psicanalista, esse outro modo pode ser observado na literatura de James Joyce. É nesse sentido que ele ressalta o que chama de grande desprezo de Joyce pela história, cujo caráter é de despejar sobre nós as palavras grandiosas que nos fazem tanto mal (Lacan, 2007: 125). Esse "desprezo" também se dá pelo que Lacan chama de *lalanglaise*, a *lalinglesa* de Joyce, escritor irlandês que escreve na língua do opressor, a língua inglesa, mesmo que pouco conhecesse o gaélico: "Joyce disse que, na Irlanda, havia um senhor e uma senhora, sendo o senhor o Império Britânico e a senhora a Santa Igreja Católica apostólica romana, ambos sendo do mesmo gênero de flagelo" (Lacan, 2007: 166). Joyce escreve em uma língua estrangeira.

Seu "desprezo" *pela lalinglesa* pode ser percebido a partir dos jogos com as letras e dos equívocos homofônicos presentes em sua obra a ponto de torná-la, por vezes, ininteligível. Esse jogo com as letras, ou essa brincadeira, indica uma postura de Joyce diante da *lalíngua*, que lhe foi imposta. Joyce goza com sua *lalíngua*. Isso quer dizer que ele brinca com ela e que não a concebe como instrumento de comunicação. Ao contrário, seu jogo com as letras é da ordem daquela *literordura*, como diz Campos, ou seja, de algo que não serve para nada, do dejeto.

É nesse sentido que Lacan faz ecoar no nome próprio de Joyce sua relação com o gozo feminino: em "Joyce" podemos ouvir a palavra inglesa "*joy*", que significa "alegria", "gozo", "*jouissance*". O mesmo ocorre com o nome próprio de Freud, que ecoa "*Freude*":

"alegria", "felicidade". A escrita de Joyce é uma escrita de *jouissance* ou de *j'ouïs-sens*,[38] de acordo com a homofonia construída por Lacan. Miller nos dá um exemplo dessa escrita joyciana, da ordem do gozo e da *literordura*, ou seja, da letra concebida como dejeto. Ele afirma que, se a língua inglesa não tivesse um tipo de ortografia especial, grande parte do efeito de *Finnegans Wake* (último livro de Joyce, escrito durante 17 anos) se perderia. O exemplo mais radical dessa obra, segundo Miller, é:

> *who ails tongue coddeau, aspace of dumbillsilly*? Se eu tivesse encontrado esse escrito, será que teria ou não percebido *Où est ton cadeau, espèce d'imbécile*? [Onde está seu presente, espécie de imbecil?]. O inaudito é que essa homofonia, no caso translinguística, tem seu suporte apenas em uma letra que segue a ortografia da língua inglesa. Vocês não saberiam que *who* pode ser transformado em *où* [onde] se não soubessem que *who*, em uma interrogação, é pronunciado assim. Há não sei quê de ambíguo nesse uso fonético que eu escreveria igualmente como f.a.u.n.o. O faunesco da coisa repousa por inteiro na letra, a saber, em alguma coisa que não é essencial à língua, que é alguma coisa trançada pelos acidentes da história. Que alguém faça disso um uso prodigioso interroga por si o que diz respeito à linguagem. (Lacan, 2007: 162)

Lacan se arrisca nesse elemento "faunesco" da letra, isso que é trançado pelos acidentes da história, como nos diz Miller. Em seu escrito mais joyciano – intitulado, justamente, "Joyce, o sintoma" (1979) – ele faz diversos usos dessa "faunética", dessa *faunétique*:

---

38 Literalmente: ouço sentido (Lacan, 2007: 71).

neologismo criado a partir de fauno (o sátiro dos bosques, espécie de corpo da libido) e fonética. Lacan escreve LOM para dizer *l'homme*; traduzido por UOM, para dizer "o homem". Ele brinca com a "faunética" do termo *escabeau* (escabelo), que significa tanto banquinho, banqueta, tamborete, como escadinha e genuflexório. Lacan brinca com o jogo de letras fonemático entre "*escabeau*" (escabelo), "*s qui a beau*" (s que tem beleza), "*es qu'a beau*" (isso [*es* em alemão] que tem beleza), "*L'S.K.beau*" (o S.K.belo) e "*hissecroibeau*" (ele se acha belo). Nesse jogo de letras, o inconsciente é escrito "ICS":

> o S.K.belo é aquilo que é condicionado no homem pelo fato de que ele vive do ser (=esvazia o ser) [*le fait qu'il vit de l'être* (=*qu'il vide l'être*)] enquanto tem... seu corpo: só o tem, aliás, a partir disso. Daí minha expressão *falasser* [*parlêtre*] que virá substituir o ICS de Freud (inconsciente, é assim que se lê): saia daí então, que eu quero ficar aí. Para dizer que o inconsciente, em Freud, quando ele o descobre (o que se descobre é de uma vez só, mas depois da invenção é preciso fazer um inventário), o inconsciente é um saber enquanto falado, como constitutivo do UOM. (Lacan, 2003: 561, 565)

Do "inconsciente estruturado como uma linguagem" à *lalíngua* materna, o ICS é agora o lugar dos equívocos, homófonos e homógrafos, cuja dimensão paradigmática é a letra — esse é o inventário lacaniano do inconsciente freudiano. E o escrito de Lacan, como um todo, é marcado pelo jogo homofônico com as letras, pela dimensão de "que se diga": "*LOM, LOM de base, LOM cahun corps et na-na Kun. Faut le dire comme ça: il ahun...*

et non: il estun... (cor/niché)", cuja tradução é "UOM, UOM de base, UOM kitemum corpo e só-só Teium. Há que se dizer assim: ele teihum..., e não: ele éum... (corp/aninhado)" (Lacan, 2003: 561). Ou: "*laissons le symptôme à ce qu'il est: um événement de corps, lié à ce que: l'on l'a, l'on l'a de l'air, l'on l'aire, de l'on l'a*", cuja tradução é: "deixemos o sintoma no que ele é: um evento corporal, ligado a que: a gente o tem, a gente tem ares de, a gente areja a partir do que a gente tem" (Lacan, 2003: 565). O que se perde na tradução é lalação, o lalala, que se encontra nos sons *l'on l'a, l'on l'a de l'air, l'on l'aire de l'on l'a*.

Podemos dizer que a escrita – que é o próprio *sinthoma* de Joyce, sua lida com a língua e com a tradição – não tem nada a dizer, mas, simplesmente, diz. De fato, Lacan afirma que a literatura de Joyce se subtrai a todo querer dizer. Esse jogo homofônico da ordem da letra no qual se constituem os equívocos da *lalíngua* materna – e que a escrita de Joyce, para Lacan, exemplifica – pode indicar a possibilidade de pensar um experimento com a língua que não seja da ordem do indizível, ou de uma Voz significante que nada significa, ou do *Medium* da linguagem tal como concebido por Benjamin no ensaio de 1916. Esse jogo homofônico, translinguístico, pode nos remeter à reformulação da língua pura feita por Benjamin no ensaio "A tarefa do tradutor".

Se, em "Sobre a linguagem", a língua pura, ou o *Medium* da linguagem, aparece como uma espécie de "origem" paradisíaca diante da qual o falante se encontra em uma relação de culpa ou débito, em "A tarefa do tradutor", ela aparece como aquilo que é visado (*das Gemeinte*) pelas múltiplas línguas históricas. Assim, as múltiplas línguas históricas teriam um parentesco supra-histórico justamente naquilo a que visam e querem dizer: a pura língua.

Mas, como vimos, todas as línguas históricas querem dizer a língua que já não quer dizer mais nada. A língua pura em Benjamin é caracterizada como uma palavra sem expressão (*Ausdruckloses Wort*), como uma palavra em que toda a comunicação, toda a intenção e todo sentido chegam a sua extinção: seria *lalíngua* lacaniana? Poderíamos conceber a homofonia translinguística sobre a qual Miller nos fala como da ordem do parentesco supra-histórico da língua pura benjaminiana; parentesco com o qual também Lacan brinca com seu *une bévue* e *Unbewusst*? É o que investigarei no próximo capítulo. A partir de algumas reformulações de Benjamin de seu *Medium* da linguagem poderei retomar o tagarelar feminino das personagens da "Metafísica da Juventude" e aproximá-lo do tagarelar feminino em Lacan, da *lalíngua* feminina.

4

Reformulações da língua pura: tradução, semelhança, infância

Por volta de 1915, Walter Benjamin começa a traduzir para o alemão os poemas de Charles Baudelaire. Em 1923, ele publica *Tableaux Parisiens* em edição bilíngue, pela editora Richard Weissbach. Segundo indicações de uma carta ao seu amigo Gerschom Scholem, Benjamin redige o ensaio "A tarefa do tradutor" em 1921 como prefácio para sua tradução (Benjamin, 2011a: 164). É de supor, portanto, que o próprio trabalho de tradução tenha instigado a necessidade de uma reflexão filosófica. Em que consiste a "tarefa do tradutor"? Seria a mera transcrição de uma língua para outra? É preciso adiantar que Benjamin não considera a tradução como mera cópia do original. Ao contrário, o tradutor faz outra experiência não somente de sua língua como também da língua estrangeira de tal modo que ambas se tornam indiscerníveis em uma outra língua: a língua pura.

Posso tentar esclarecer com um exemplo. Acredito ser uma experiência comum entre aqueles que traduzem, deparar-se, por vezes, com o esquecimento dos termos da própria língua: comumente a palavra estrangeira nos faz esquecer da própria palavra na língua materna, produzindo uma espécie de estranhamento da própria língua. "Como se diz mesmo...?" De súbito, a palavra cai em nossos lábios: "ah, é isso, é assim que se diz". O que ocorre no átimo de segundo em que não se está nem no registro da língua materna nem no registro da língua estrangeira? No limiar entre duas línguas, o tradutor faz a experiência de que há linguagem. Traduzir é uma maneira de performar o próprio objeto deste livro: como as concepções de tagarelar feminino, *lalíngua* e *experimentum linguae* se articulam com o elemento feminino e indicam o próprio ter lugar da linguagem, motivo pelo qual a tradução da "Metafísica da Juventude" é incluída como parte integrante desta pesquisa.

A tarefa do tradutor (*Die Aufgabe des Übersetzers*) – dizer a língua pura que todas as línguas particulares querem dizer – deve ser compreendida, então, a partir do próprio termo alemão para "tarefa": *Aufgabe*. Esse substantivo provém do verbo *aufgeben*, que significa entregar, em um duplo sentido do termo: dar (*geben*) algo a alguém para que cuide disso, mas também dar algo a alguém abrindo mão da posse do objeto, como no caso da renúncia de uma cidade entregue ao inimigo. No uso intransitivo do verbo "*Ich gebe auf*", "eu desisto", "eu renuncio", a segunda acepção do termo é mais forte. Desse modo, a "*Aufgabe*" do tradutor deve ser compreendida em sua ambivalência: ao mesmo tempo em que é "proposta", "tarefa", "problema a ser resolvido", é também "renúncia" e "desistência".[1]

---

1 Cf. nota de Jeanne-Marie Gagnebin, editora da tradução brasileira (Benjamin, 2011a: 101). Uma versão dessa temática foi publicada no artigo "Traduzir é um ato político? Algumas considerações a partir de Walter Benjamin". *Sapere Aude: Revista de Filosofia*, v. 10, p. 467-483, 2019.

O presente capítulo inicia-se com essa tarefa e chega à reformulação da língua pura como uma língua que nada mais expressa nem comunica. Ressalto, ainda, uma metafórica feminina neste ensaio de Benjamin, e, a partir da concepção da tradução como uma ultrapassagem das barreiras entre as línguas, aproximo *lalíngua* lacaniana e língua pura benjaminiana. Em seguida, me atenho às reformulações do *Medium* da linguagem como da ordem das semelhanças extrassensíveis. A partir destas, investigo a figura da mãe e sua relação com a linguagem no conjunto de fragmentos *Infância em Berlim por volta de 1900*, de Benjamin.

Tradução: encontro amoroso entre línguas

Benjamin inicia seu ensaio ao afirmar que assim como nenhuma obra de arte deve levar em consideração o receptor, também a tradução não deve fazê-lo. A má tradução é aquela que se compromete a servir ao leitor tendo em vista "uma transmissão inexata de um conteúdo inessencial" (Benjamin, 2011a: 102). Em termos parecidos com os de "Sobre a linguagem", a má tradução é aquela que tem em vista a comunicação de conteúdos inessenciais à própria obra. Por "conteúdos inessenciais", deve-se entender a transmissão de elementos externos à própria língua: a informação como objeto a ser transmitido através da língua. Para Benjamin, o que o tradutor pode restituir do original não é um conteúdo informativo, mas sim aquilo que, na obra, não é comunicável: o inapreensível (*Unfassbare*), o misterioso (*Geheimnsvolle*), e o "poético" (*Dichterische*). E ele só pode fazê-lo tornando-se também poeta: "aquilo que está numa obra literária, para além do que é comunicado [...] não será isto aquilo que se reconhece em geral como o inapreensível, o misterioso, o 'poético'? Aquilo que o tradutor só pode restituir ao tornar-se, ele mesmo, um poeta?" (Benjamin, 2011a: 102).

Desse modo, a tradução é concebida como um desdobramento do original. E é graças ao que Benjamin chama de traduzibilidade (*Übersetzbarkeit*) do original – o fato de que uma obra admite tradução ou até mesmo a exige – que, ambos, tradução e original, se encontram em íntima conexão (*nächsten Zusammenhang*). A íntima conexão entre original e obra é chamada por Benjamin de conexão de vida (*Zusammenhang des Lebens*). Ele dirá que da mesma forma como as manifestações da vida estão ligadas ao ser vivo, sem nada significarem para ele, o mesmo ocorre na relação entre a tradução e o original. Na verdade, para Benjamin, a tradução deriva não tanto da vida do original como de sua "sobrevida" (*Überleben*) e de sua "pervivência" (*Fortleben*), sua sobrevivência e seu continuar (*Fort*) a viver (*leben*) na história da cultura. A vida, sobrevida ou "pervivência" das obras, deve ser entendida em sentido literal, pois, para Benjamin, vida é tudo aquilo que possui história, e não, meramente, uma corporeidade orgânica e animal.[2]

A tradução deve sua existência à "pervivência" da obra e, nela, o original alcança "seu mais tardio e mais abrangente desdobramento" (Benjamin, 2011a: 105). Esse desdobramento é determinado por uma finalidade (*Zweckmässigkeit*). Mas essa finalidade, ou esse processo de adequação a um fim, a um propósito (*Zweck*), consiste em "expressar o mais íntimo relacionamento das línguas entre si" (Benjamin, 2011a: 106). É a partir desse ponto que a

---

2   É também importante ressaltar que a concepção de uma continuação da vida das obras para além da vida de seu autor e de sua produção remete à teoria da crítica e da tradução do primeiro romantismo alemão, objeto da tese de doutorado de Benjamin (1993). A obra de arte será considerada um médium-de-reflexão, ou seja, obra de arte é tudo aquilo que pode ser desdobrado e a crítica é desdobramento.

leitura de "A tarefa do tradutor" me interessa, pois me possibilita pensar a articulação entre esse "íntimo relacionamento das línguas entre si" e a semelhança translinguística na *lalíngua* lacaniana. De fato, Benjamin diz que a tradução pode apresentar (*darstellen*) a "relação oculta" (*verbogene Verhältnis*) entre as diversas línguas. Essa apresentação (*Darstellung*) de um objeto (a relação oculta entre as línguas) "pelo germe de sua produção (*den keim seiner Herstellung*)" (pela própria linguagem) é um modo peculiar de apresentação, que pode ser encontrado na vida linguageira (*spralichen Lebens*). Isso quer dizer que raramente em outro âmbito da vida que não seja a linguagem um objeto e sua forma de apresentação coincidem: a relação oculta entre as diversas línguas (o objeto) se apresenta na própria linguagem (na própria forma de apresentação desse objeto, que é a linguagem). Para Benjamin, a íntima relação entre as diversas línguas é de uma convergência bastante particular: "consiste no fato de que as línguas não são estranhas umas às outras, sendo *a priori* – e abstraindo de todas as ligações históricas – afins naquilo que querem dizer" (Benjamin, 2011a: 106-107).

A afinidade (*Verwandtschaft*)[3] entre as línguas, que se pode verificar na tradução, não é, no entanto, do âmbito da reprodução do sentido do original. A relação entre original e tradução não é da ordem de uma relação entre original e cópia, isto é, da reprodução do original: "se a afinidade [*Verwandtschaft*] entre as línguas se anuncia na tradução, isso ocorre de modo distinto da vaga semelhança [*Änlichkeit*] entre reprodução e original" (Benjamin, 2011a: 108). Isso porque o original se modifica, se renova e se

---

[3] Observo que a palavra *Verwandtschaft* pode ser traduzida tanto por afinidade quanto por parentesco, incluindo as relações de consanguinidade. Benjamin também trabalha essa questão em "As afinidades eletivas [*die Wahlverwandtschaften*] de Goethe".

transforma em sua "pervivência", em seu continuar a viver, nas traduções: "na sua pervivência (que não mereceria tal nome, se não fosse transformação e renovação de tudo aquilo que vive), o original se modifica" (p. 107). Portanto, a relação entre original e tradução não é de uma identidade de proveniência, na medida em que tanto a linguagem do original quanto a linguagem da tradução se modificam ao longo do tempo: "assim como o tom e significação das grandes obras poéticas se transformam completamente ao longo dos séculos, assim também a língua materna do tradutor [*die Muttersprache des Übersetzers*] se transforma" (Benjamin, 2011a: 108).

Essas modificações da obra original, como, por exemplo, palavras de uso corrente que se tornam arcaicas ou palavras de cunho poético que se tornam prosaicas, devem ser procuradas na própria vida da linguagem, em seu processo histórico, e não na subjetividade dos pósteros:

> procurar o essencial de tais mudanças (bem como das igualmente constantes modificações do sentido) na subjetividade dos pósteros, em vez de buscá-lo na vida mais íntima da linguagem e de suas obras, seria, mesmo se admitirmos o mais tosco psicologismo, confundir causa e essência de um objeto; expresso de modo mais rigoroso: seria negar um dos processos históricos mais poderosos e produtivos por impotência de pensamento. (Benjamin, 2011a: 108)

Com efeito, Benjamin afirma que compete sobretudo à tradução atentar para a "maturação póstuma da palavra estrangeira" (Benjamin, 2011a: 108), pois, se a palavra do poeta perdura em sua língua materna, em sua *Muttersprache*, é na tradução que as transformações da língua do original são atualizadas e renovadas. Poderia ser uma alusão à associação histórica entre língua e maternidade aquilo a que Benjamin se refere ao falar das dores do parto da própria tradução? Ele diz:

> tão longe a tradução está de ser a equação estéril [*die taube Gleichung*] entre duas línguas mortas que, precisamente a ela, dentre todas as formas, a ela mais propriamente compete atentar para aquela maturação póstuma da palavra estrangeira, e para as dores do parto de sua própria palavra [*auf die Wehen des eigenen zu merken*]. (Benjamin, 2011a: 108)

Nesse trecho, há uma associação entre linguagem e feminino: a tradução não é uma equação *estéril* entre duas línguas mortas; a ela compete atentar para o "continuar a amadurecer" (*Nachreife*) da palavra estrangeira e para as *dores do parto* de sua própria palavra. Essa metafórica feminina possivelmente remete à própria concepção da língua como algo vivo, pois na associação histórica entre a mulher, a mãe e o feminino, a mulher aparece como aquela que porta e produz a vida ao dar à luz. Talvez daí provenham a potência do feminino, sua fertilidade, sua associação à capacidade de renovação. É curioso observar que, na tradição judaica, a abolição da Torá, ou seja, da lei, da tradição e dos ritos, se dá através das "dores do parto" do messias, como bem ressalta Pedro Oliveira (2020: 227). Nas palavras do cabalista do século XVI, Rabi Judá Loew:

> parece que o velho modo de ser será arruinado no mundo, produzindo diferentes coisas; e, assim como haverá uma mudança por causa da ruína do antigo mundo, haverá uma diferença no

mundo por causa do novo que surgiu; assim como cada ruína opera uma mudança, cada ser opera uma mudança no mundo – e a isto chamam-se as dores de parto do messias. [...] Neste sentido, as dores messiânicas aparecerão, tal qual uma mulher em trabalho de parto, por causa da entrada no mundo do novo ser e da criança. (Loew apud Scholem, 1995: 65)

Mais adiante, Benjamin se referirá ao fim messiânico de todas as línguas. Ou seja, a possibilidade de renovação e mudança no mundo tem uma potência feminina, em sua ambiguidade de mulher e mãe.

Se a afinidade entre as línguas da tradução e do original não é da ordem da vaga – e estéril – semelhança entre reprodução e original, Benjamin dirá que essa afinidade é de uma outra ordem: as línguas são afins naquilo que querem dizer – a pura língua. Em suas palavras:

> toda afinidade supra-histórica entre as línguas históricas [*alle überhistorische Verwandtschaft der Sprachen darin*] repousa sobre o fato de que, em cada uma delas, tomada como um todo, uma só e a mesma coisa é visada [*gemeint ist*]; algo que, no entanto, não pode ser alcançado por nenhuma delas, isoladamente, mas somente na totalidade de suas intenções reciprocamente complementares: a pura língua [*die reine Sprache*]. (Benjamin, 2011a: 109)

Se, por um lado, as línguas estrangeiras se diferenciam em seus elementos isolados, como no caso das diferentes palavras, nexos sintáticos e frases, por outro lado, elas se complementam naquilo que querem dizer: a língua pura. À diferença e semelhança entre as línguas correspondem o modo de visar (*die Art des Meinens*) e o visado (*das Gemeinte*), respectivamente. Benjamin diz ser importante distinguir, na intenção, o visado (aquilo que se quer dizer) do modo de visar (a maneira de dizer). Dessa forma, as palavras "*Brot*", "*pain*" e "pão" são maneiras diferentes de dizer o mesmo objeto visado nas línguas alemã, francesa e portuguesa, respectivamente. Mas a língua pura consiste na harmonia de todos os modos de visar, ou seja, no "modo de visar convergindo para o que é visado" (Benjamin, 2011a: 109). Se, nas línguas isoladas, particulares, o visado nunca se encontra de maneira autônoma, pois é dito de maneiras diferentes, é da harmonia de todos os modos de visar que o visado consegue emergir como língua pura. "Nas línguas tomadas isoladamente, aquilo que é visado nunca se encontra de maneira relativamente autônoma, como nas palavras e frases tomadas isoladamente; encontra-se em constante transformação, até que da harmonia de todos aqueles modos de visar, ele [o visado] consiga emergir como língua pura" (Benjamin, 2011a: 109).

Não é por acaso que Benjamin evoca, nesse momento do ensaio, o fim messiânico da história das línguas e diz que, chegado esse fim, caberá à tradução pôr à prova "aquele sagrado crescimento das línguas" (Benjamin, 2011a: 110). Pois, também para a tradução vale o preceito bíblico "*en arché en hó lógos*", no princípio era o Verbo (Benjamin, 2011a: 115), sobre o qual Benjamin se debruça no ensaio "Sobre a linguagem". Isso quer dizer que na tradução o elemento sagrado, oculto e não comunicativo (o *Medium* da linguagem) de todas as línguas pode, ainda que de modo provisório, tornar-se presente: "toda tradução é apenas um modo algo provisório de lidar com a estranheza [*Fremdheit*] das línguas".

Para Benjamin, a tradução é superior ao original, pois se dirige a "um estágio último, definitivo e decisivo de toda construção de linguagem". Isso porque na tradução, "o original cresce e se alça a uma atmosfera por assim dizer mais elevada e mais pura da língua" (Benjamin, 2011a: 110). Essa esfera mais pura da língua, ou esse núcleo essencial que não pode ser traduzido, é o que resta em termos de informação do texto original (p. 111).

Benjamin nos diz que a tradução transplanta o original para um domínio mais definitivo da língua, mais atualizado, mais desdobrado. Esse domínio mais definitivo pode ser pensado de acordo com uma analogia: se, no original, teor (*Gehalt*) e língua são como a unidade entre casca e fruto, na tradução "a língua recobre seu teor em amplas pregas, como um manto real" (p.111). No caso da obra original, a língua recobre adequadamente seu teor formando uma unidade. No caso da tradução, há uma inadequação entre a língua e o teor comparada às amplas pregas de um manto real, este podendo indicar as várias camadas de linguagem que recobrem o teor da obra. No caso da tradução, há uma "poderosa e estranha" inadequação entre língua e teor (Benjamin, 2011a: 111).

É nessa fratura entre as línguas, nessa fronteira, que a tradução se coloca. Assim, o que está em questão na tarefa do tradutor "é a integração das várias línguas em uma única, verdadeira" (Benjamin, 2011a: 112). Essa língua é aquela na qual "as línguas coincidem entre si, completas e reconciliadas no seu modo de visar" (p. 113). Para Benjamin, essa língua, que se encontra oculta nas traduções, e cujo "pressentimento e descrição constituem a única perfeição que o filósofo [e também o tradutor] pode esperar" (p. 113), é a verdadeira língua. Mas essa língua verdadeira, em que os modos de visar (as diferentes maneiras de dizer das diferentes línguas históricas) coincidem e se reconciliam, tem uma materialidade, que pode ser pensada a partir da citação que Benjamin faz de um trecho de *Crise do verso*, de Mallarmé:

> as línguas imperfeitas nisso que muitas, falta a suprema: pensar sendo escrever sem acessórios nem sussurro, mas tácita ainda a imortal palavra, a diversidade, sobre a terra, dos idiomas impede alguém de proferir as palavras que, senão se encontrariam, por uma só punção, ela mesma materialmente a verdade. (Benjamin, 2011a: 113, tradução de Gagnebin, levemente modificada)

De acordo com o trecho, a língua suprema, de difícil acesso devido à diversidade dos idiomas, é uma língua em que pensamento é escrita: escrita sem acessórios, nem sussurros nem silêncios; escrita de palavras que se encontrariam, materialmente, por uma só punção (*une frappe unique*). É interessante observar que o verbo polissêmico "*frapper*", em língua francesa, também significa a ação de compor ou escrever um texto em um teclado, podendo remeter à materialidade da letra, elemento comum entre as diferentes palavras das diferentes línguas. Na letra, substrato material, as palavras se encontrariam por uma só punção, por um choque de contato, um toque fugaz.

Nesse ponto, Benjamin atenta para a obscuridade que pode ter uma tradução em que a reprodução do sentido cessa de ser determinante, mas, ainda assim, se posiciona contra os tradicionais preceitos que norteiam as discussões acerca da tradução: contra a liberdade do tradutor na reprodução do sentido e a fidelidade à palavra no âmbito semântico, Benjamin propõe justamente a literalidade com relação à sintaxe. Desse modo, acho possível pensar a tradução de

Haroldo de Campos de *lalangue* por *lalíngua* como uma tradução que não se reduz ao âmbito semântico, mas que é da ordem da literalidade. O termo *lalíngua* remete à própria materialidade sonora das letras "lalala" e à "lalação". Já a tradução por "alíngua" mantém seu aspecto semântico: ao ler ou ouvir a palavra "alíngua", os sentidos "a língua", "não língua", "privação de língua" podem advir. *Lalíngua*, por outro lado, dificulta uma compreensão imediata e indica a estranheza das línguas em questão na tarefa de traduzir.

Para Benjamin, a fidelidade na tradução de cada palavra isolada não é capaz de reproduzir o sentido que ela possui no original, pois o sentido não se esgota no visado, mas "adquire essa significação precisamente pela maneira como o visado se liga, em cada palavra específica, ao modo de visar" (Benjamin, 2011a: 114). Isso quer dizer que "as palavras carregam uma tonalidade afetiva [*die Worte einen Gefühlston mit sich führen*]". Ou seja, do ponto de vista literário, há uma relação não de arbitrariedade mas de afecção entre aquilo que se quer dizer (o visado) e a maneira como se diz (o modo de visar). Contra a "indisciplinada liberdade dos maus tradutores", Benjamin advoga por uma tradução que não seja da ordem da palavra significante como abertura para diversas significações, em que o tradutor escolhe qual sentido funciona melhor, qual sentido ele prefere, mas que seja da ordem da materialidade da letra. Como nos diz Benjamin: "a exigência de literalidade não pode ser derivada do interesse na manutenção do sentido" (Benjamin, 2011a: 114).

Ao contrário, Benjamin, com uma bela analogia, diz que assim como os cacos de um vaso, para serem recompostos, devem encaixar-se nos mínimos detalhes, mas sem serem iguais, a tradução deve, em vez de procurar assemelhar-se ao sentido do original, conformar-se amorosamente e nos mínimos detalhes, em sua própria língua, ao modo de visar do original, fazendo com que ambos sejam reconhecidos como fragmentos de uma língua maior, como cacos são fragmentos de um vaso. (Benjamin, 2011a: 115)

Tanto original quanto tradução aparecem como cacos ou fragmentos de uma língua maior. Nesse ponto, gostaria de chamar a atenção para o advérbio "amorosamente" (*liebend*) com o qual Benjamin qualifica a conformação da língua da tradução ao modo de visar da língua do original: as línguas da tradução e do original devem conformar-se "amorosamente". De que modo? Em um fragmento intitulado "*Nähe und Ferne*", "Proximidade e afastamento", datado possivelmente entre os anos 1922-1925, Benjamin caracteriza o amor, Eros, como da ordem de uma proximidade, e ao mesmo tempo, de uma distância:

> A vida de Eros se acende graças ao longínquo. Mas de outro lado existe um parentesco entre proximidade e sexualidade. (…) Proximidade e distância são, aliás, não menos determinantes para o sonho[4] quanto para a erótica. [*Das Leben des Eros entzündet sich an der Ferne. Andererseits findet eine Verwandtschaft zwischen Nähe und Sexualität statt (…) Nähe (und Ferne) sind übrigens für den Traum nicht weniger bestimmend als* für *Erotik*]. (Benjamin: 1991: 83; tradução de Gagnebin, 2008: 39)

---

[4] Não tratarei, aqui, da questão do sonho, mas segundo indicação de Gagnebin, Benjamin teria escrito esse fragmento influenciado pela leitura dos ensaios *Vom Traumbewussttsein* (Da consciência do sonho, 1914) e *Von Kosmogonischen Eros* (Do Eros cosmogônico, 1922), de Ludwig Klages. O que interessa a Benjamin na obra de Klages, segundo Gagnebin, é "a relação que este estabelece entre uma teoria do sonho, da imagem onírica e da imagem em geral com a dialética da distância e da proximidade" (Gagnebin, 2008: 39).

Gostaria de remeter a uma observação filológica feita por Jeanne-Marie Gagnebin no instigante artigo "A questão de 'Eros' na obra de Benjamin" (Gagnebin, 2008). Gagnebin atenta para o fato de que, em língua alemã, parece haver poucas palavras para dizer "proximidade" e "próximo", ao passo que para "distância" há muitas. Por exemplo, "temos *Distanz*, do francês *distance*, *Abstand*, recuo, *Ferne*, o longínquo, afastado, *Entfernung*, afastamento" (Gagnebin, 2008: 40). Como argumenta Gagnebin, a raiz *fern* indica distância, mas não uma distância que seja objetiva e mensurável. O longínquo (*fern*) não indica uma distância de um objeto que pode ser apropriado, mas, ao contrário, indica a possibilidade de aproximação a um objeto determinado que se quer possuir sem poder fazê-lo. No longínquo, "trata-se de uma distância que a ação instrumental do sujeito não consegue abolir" (Gagnebin, 2008: 40). Posso me aproximar do objeto distante, sem, no entanto, poder possuí-lo. De certa maneira, essa relação entre o longínquo e o erótico já está posta em questão através da fala de Diotima, em *O Banquete*, de Platão, diálogo citado por Benjamin diversas vezes nesse fragmento e também, posteriormente, no prefácio à *Origem do drama barroco alemão*.[5] Desprovido de qualquer qualidade, nem pobre nem feio, nem belo nem rico, nem sábio nem ignorante, Eros deseja o que não tem, pois, se o tivesse, não poderia desejá-lo. É a essa relação entre longínquo e desejo erótico que Benjamin se refere aqui.

---

5 É Diotima de Mantineia quem instrui Sócrates nas questões de Amor (Eros). No *Banquete*, Amor, concebido como um *Daimon* (um gênio), só pode desejar aquilo que não tem, ou seja, aquilo de que é carente: "é uma necessidade que seja assim, o que deseja, deseja aquilo de que é carente, sem o que não deseja, se não for carente" (Platão, 1972: 200b). Sobre *A origem do drama barroco alemão*, conferir a seção "Belo filosófico", "Prefácio epistemológico-crítico", p. 52.

O distante que constitui o erótico remete, então, à impossibilidade de apropriação do objeto desejado e "reforça a ideia de que o desejo, Eros, se nutre da liberdade do outro em oposição às possibilidades de tomada de posse do eu" (Gagnebin, 2008: 41). Entretanto, como Benjamin ressalta no início desse fragmento, não há sexualidade nem sexo sem uma extrema proximidade. Desse modo, há em Eros uma tensão entre proximidade e distância e essa tensão é remetida à mulher, comumente representada na cultura como objeto de desejo:

> na mulher amada, as forças do longínquo aparecem próximas ao homem. Desta maneira, proximidade e distância são os polos na vida de Eros; por isso presença e separação são decisivas no amor [*in der Geliebten erscheinen dem Manne die Kräfte der Ferne nah. Dergestalt sind Nähe und Ferne die Pole im Leben des Eros: daher ist Gegenwart und Trennung in der Liebe entscheidend*]. (Benjamin, 1991: 86; tradução de Gagnebin, 2008: 41)

As forças do longínquo (*die Kräfte der Ferne*) brilham (*erscheinen*) na mulher amada sem que ela possa jamais ser possuída. Proximidade e distância se confundem em Eros fazendo com que o próximo não constitua mais uma vizinhança costumeira nem o longínquo constitua uma distância inacessível, mas, como diz Gagnebin, "eles se transformam reciprocamente e se intensificam quando a proximidade se torna o lugar privilegiado da manifestação do longínquo" (Gagnebin, 2008: 41). Assim, quando Benjamin diz que as línguas da tradução e do original devem conformar-se *amorosamente*, devemos ter em vista essa proximidade distante ou essa distância próxima, constitutiva de Eros. É o que Benjamin apresenta numa comparação:

Da mesma forma como a tangente toca a circunferência de maneira fugidia e em um ponto apenas, sendo esse contato, e não o ponto, que determina a lei segundo a qual ela continua sua via reta para o infinito, a tradução toca fugazmente, e apenas no ponto infinitamente pequeno do sentido do original, para perseguir, segundo a lei da fidelidade, sua própria via no interior da liberdade do movimento da língua. (Benjamin, 2011a: 117)

Esse contato fugaz, ao mesmo tempo próximo e distante, entre a língua do original e a língua da tradução é da ordem da literalidade das palavras, para além do caráter comunicativo da frase: "a frase constitui o muro que se ergue diante da língua do original e a literalidade, sua arcada" (Benjamin, 2011a: 115). A literalidade na transposição da sintaxe funciona, então, de maneira horizontal, para além do muro da frase, como o ponto em que as línguas se encontram, se tocam, amorosamente. A fidelidade da tradução é garantida pela literalidade. A liberdade é da ordem do movimento da própria língua e não da ordem da escolha de palavras por parte do tradutor em nome da fidelidade na reprodução do sentido e da fidelidade à palavra.

A intenção da tradução não se dá enquanto reprodução do sentido, mas "enquanto harmonia, complemento da língua na qual se comunica" (Benjamin, 2011a: 115). Como nos diz Benjamin, a tradução "deve, em larga medida, abstrair do sentido, da intenção de comunicar algo, sendo-lhe o original essencial apenas pelo fato de já ter eliminado para o tradutor e sua obra o esforço e a ordem necessários à obrigação de comunicar" (p. 115). Por isso, para Benjamin, o melhor elogio que uma tradução pode receber é mostrar que se expressa na obra "o grande anseio por uma complementação entre as línguas" (p.115). Essa complementação, garantida pela literalidade, se dá de maneira transparente: "a verdadeira tradução é transparente [*durchscheinend*], não encobre o original, não o tira da luz; ela faz com que a pura língua [*die reine Sprache*], como que fortalecida por seu próprio meio [*Medium*], recaia ainda mais sobre o original" (Benjamin, 2011a: 115).

Essa transparência da língua pura é garantida pela literalidade para além do sentido e da comunicação. Pretendo, assim, interpretá-la como da ordem da dizibilidade das línguas, como aquilo que materialmente é dito, na medida em que não há nada mais a dizer.

Tradução: para além das barreiras das línguas

Em uma referência ao encontro amoroso entre as diversas línguas como da ordem de uma tensão entre proximidade e distância, Benjamin afirma que "resta, para além de qualquer aspecto comunicativo" das línguas, "em extrema proximidade e, no entanto, infinitamente longe [*nah und doch unendlich fern*] [...] um elemento último, decisivo" (Benjamin, 2011a: 116). Ou seja, se é possível considerar o sentido de uma composição de linguagem (*sprachliche Gebilde*) como sendo idêntico ao sentido de sua comunicação, resta, no entanto, um elemento último, ao mesmo tempo próximo e distante: o núcleo não comunicável da pura língua. Nas palavras de Benjamin:

> Resta em todas as línguas e em suas composições [*Gebilden*], afora o elemento comunicável, um elemento não comunicável [*ein Nicht-Mitteilbares*], um elemento que – dependendo do

contexto em que se encontra – é simbolizante ou simbolizado. Simbolizante apenas nas composições finitas das línguas [*in den endlichen Gebilden der Sprachen*]; simbolizado, porém, no próprio devir das línguas [*im Werden der Sprachen selbst*]. E o que busca apresentar-se, e mesmo, constituir-se no devir das línguas é aquele núcleo da pura língua [*Kern der reinen Sprache*]. (Benjamin, 2011a: 116)

Em primeiro lugar, é importante ressaltar que o termo "*Gebilde*", encontrado em "*sprachliche Gebilde*" ("composição de linguagem") é composto pelo verbo "*bilden*", que significa plasmar, dar forma, e remete à necessidade do limite, da borda, para a existência de uma obra. No trecho acima, o núcleo não comunicável da pura língua se encontra nas composições das diversas línguas finitas, as línguas históricas, como simbolizante, ao passo que se encontra como simbolizado no devir das línguas em geral, na vida da linguagem em sua abrangência: "se esse núcleo [...] está presente na vida como o próprio simbolizado, nas composições ele reside somente como simbolizante" (Benjamin, 2011a: 116). Seguindo esse raciocínio, Benjamin reitera que a língua pura está vinculada nas línguas apenas ao linguístico e a suas transformações [*Sprachliches und dessen Wandlungen*], ao passo que "nas composições [*in den Gebilden]* ela é atravessada pelo sentido pesado e alheio [*schweren und fremden Sinn*]". Mas a tarefa do tradutor é desvincular (*entbinden*) a pura língua desse sentido pesado e alheio (*von diesem sie zu entbinden*) que constitui as línguas históricas: "transformar o simbolizante no próprio simbolizado, recobrar a pura língua [*die reine Sprache*] plasmada no movimento da linguagem" (Benjamin, 2011a: 116).

Cabe observar que a palavra *"entbinden"*, traduzida por "desvincular", também significa dar à luz, trazer à luz. Assim, *eine Frau entbindet, eine Frau bringt ein Kind zur Welt* traduz-se por "uma mulher traz à luz, uma mulher traz uma criança ao mundo". Já em *eine Frau wird von einem Kind entbunden* tem-se a tradução "uma mulher foi separada do filho", o que quer dizer que, ao trazer à luz seu filho, foi separada dele. Assim como a mãe desvincula-se do seu filho no nascimento, a tarefa do tradutor seria dar à luz a pura língua em sua própria, desvinculando-se do sentido comunicativo. Nesse momento, a fronteira entre as línguas históricas é ultrapassada, e o simbolizante, constitutivo das mesmas, transforma-se no próprio simbolizado, na língua pura, que é o que elas querem dizer.

Mas, em uma passagem importante para Agamben, essa língua pura não quer dizer mais nada e não significa mais nada:

> No interior dessa pura língua que nada mais visa e que nada mais expressa [*die nichts mehr meint und nichts mehr ausdrückt*] — mas que, enquanto inexpressiva palavra criadora [*ausdrucksloses und schöpferisches Wort*], é o visado em todas as línguas —, toda comunicação [*alle Mitteilung*], todo sentido [*alle Sinn*] e toda intenção [*alle Intention*] atingem finalmente um mesmo estrato, no qual estão destinadas a extinguir-se. (Benjamin, 2011a: 116)

Todas as línguas querem dizer a palavra que não quer dizer mais nada, que nada mais expressa, e que nada mais comunica. A língua pura é caracterizada como uma palavra que, ao mesmo tempo que nada expressa e nada comunica, é, no entanto, criadora (*Schöpferisches*). Como pensar uma palavra ao mesmo tempo criadora e inexpressiva? A língua pura é inexpressiva porque não funciona como um instrumento para comunicação, não expressa nada através de si mesma, sendo ao mesmo tempo criadora porque diz a própria dizibilidade da linguagem, indica que "que se diga está escondido por trás do que se diz", indica que há linguagem.

Vimos que o tradutor acessa essa pura língua por meio da literalidade, pois se a frase constitui o muro (*die Mauer*) que se ergue diante da língua do original, a literalidade é sua arcada. Gostaria de pensar essa horizontalidade evocada pela imagem de uma arcada, e que é da ordem da letra, como possibilidade de ultrapassagem das barreiras entre as diferentes línguas históricas. Benjamin comenta as barreiras e fronteiras que são ultrapassadas na tradução:

> A tarefa do tradutor é redimir, na própria, a pura língua, exilada na estrangeira, liberar a língua do cativeiro da obra por meio da recriação [*Umdichtung*]. Em nome da pura língua, o tradutor rompe as barreiras apodrecidas [*morsche Schranken*] da sua própria língua: Lutero, Voss, Hölderlin, George ampliaram as fronteiras [*die Grenzen*] do alemão. (Benjamin, 2011a: 117)

"Exílio", "cativeiro", "barreiras apodrecidas", "fronteiras": essas palavras remetem à dimensão política não somente da tradução como também da linguagem. De fato, quando Benjamin afirma que a língua pura ultrapassa as barreiras, as fronteiras, das diferentes línguas históricas, essa significação política da linguagem parece evidente. Assim como as línguas são imprescindíveis para a construção de uma identidade nacional, também o estabelecimento de fronteiras foi imprescindível para a constituição dos territórios nacionais, e, portanto, para o estabelecimento do que se chama "soberania nacional". Como esclarece Pedro Oliveira, para o jurista alemão Carl Schmitt, a apropriação ou a conquista da terra é o ato jurídico fundamental a partir do qual a própria criação do âmbito jurídico-normativo se dá (Oliveira, 2020: 141). Primeiramente, é preciso estabelecer fronteiras e divisões em determinado território, para que, em seguida, se estabeleça o ordenamento jurídico-normativo. Nas palavras de Schmitt, em passagem destacada por Oliveira:

> cada um desses três processos – apropriação [*Nehmen*], distribuição [*Teilen*], e produção [*Weiden*] – é parte e parcela da história das ordens legais e sociais [...]. Antes de toda ordem legal, econômica, e social, antes de toda teoria legal, econômica, ou social, estão essas questões elementares: onde e como foi apropriado? Onde e como foi dividido? Onde e como foi produzido? (Schmitt, 2006: 327-328; Oliveira, 2020: 141)

De acordo com Schmitt, o termo "*nomos*", palavra grega para lei, indica a ordenação espacial original para o estabelecimento de toda e qualquer ordem jurídica. *Nomos* indica que o direito está objetivamente enraizado na apropriação da terra. É imprescindível ressaltar que a constituição jurídica de um *nomos*, ou seja, a apropriação jurídica do espaço, tem por pressuposto a capacidade de nomear: "uma apropriação da terra é constituída apenas se o apropriador for capaz de dar um nome à terra" (Schmitt, 2006: 348). Nesse ponto, destaco que o termo alemão *Landnahme* (apropriação da terra) contém o termo *Nahme*, antiga grafia do termo *Name* (nome). Nomear e constituir uma ordem jurídica são atos análogos, na medida em que implicam uma apropriação. Exemplos históricos, incrivelmente ainda frequentes, são a imposição do nome do marido à mulher, que é "tomada em casamento", ou o patronímico imposto à criança no momento de seu nascimento.

Quando Benjamin, em "Sobre a linguagem", constata uma origem mítica do direito na ordem da nomeação, deve-se ter em vista essa origem jurídica que ao mesmo tempo que nomeia se apropria do espaço nomeado. Em "Para uma crítica da violência" (1921), Benjamin não somente se refere ao "estabelecimento de fronteiras [como] o fenômeno originário da violência instauradora do direito em geral" (Benjamin, 2011: 148), como também afirma que a violência que pode destituir o direito (chamada de violência divina) aniquila fronteiras. Nas palavras de Benjamin: "se a violência mítica é instauradora do direito, a violência divina é aniquiladora do direito; se a primeira estabelece fronteiras [*setzt jene Grenzen*], a segunda aniquila sem limites [*so vernichtet diese grenzenlos*]" (Benjamin, 2011: 148).[6] Como conceber, então, uma nomeação sem apropriação? É o que está em questão na língua pura benjaminiana.

É interessante observar que o erigir de muros, comparado por Benjamin ao caráter semântico e comunicativo das frases, foi associado ao falo por um jurista e antropólogo suíço, autor da vasta obra *O matriarcado: investigação sobre a ginecocracia do mundo antigo à luz da sua natureza religiosa e política* (1861), sobre quem Benjamin escreve um artigo em 1934-35 e com o qual teve contato ao menos desde 1916. Esse autor, professor

---

6   Para mais sobre "Para uma crítica da violência", cf. Pinho e Oliveira (2017).

da Universidade de Basileia e contemporâneo de Nietzsche, é Johann Jakob Bachofen.[7]

Bachofen defende a existência de um matriarcado em sociedades pré-helênicas, que teriam sucumbido ao patriarcado posterior. Suas fontes são mitológicas, motivo pelo qual é comumente questionado. Nessa ordem pré-histórica, a autoridade familiar assim como o nome de família provinham da mãe e o direito de herança era outorgado somente às mulheres. Segundo Bachofen, o elemento religioso constituiu o fundamento civil do matriarcado: a mulher, como mãe terrena, como aquela que reproduz a matéria através da concepção, funciona como representante mortal da mãe telúrica, originária, representada pela deusa da agricultura, Deméter. O sistema de Bachofen se constitui em três estágios vitais (*Lebensstufe*) fundamentais: o hetairismo, o matriarcado (em que Deméter possuía protagonismo) e o patriarcado. Bachofen caracteriza o matriarcado como um momento histórico harmônico, pacífico e pleno, em que não havia nem propriedade privada nem família nuclear, pois todos teriam como procedência comum a mesma mãe: a terra. Ou seja, segundo Bachofen, não havia fronteiras, ou linhas divisórias, nem demarcações territoriais, motivo

---

[7] O ensaio "Johann Jakob Bachofen", escrito em francês e recusado pela *Nouvelle Revue Française*, só foi publicado catorze anos após a morte de Benjamin, na revista francesa *Les lettres nouvelles*. Já em 1926, no entanto, Benjamin havia escrito uma recensão do livro de Bernoulli sobre Bachofen, este chamado "Johann Jakob Bachofen e o símbolo natural" (1924). O livro de Bernoulli também é citado por Benjamin em seu ensaio sobre *As afinidades eletivas de Goethe*. De acordo com Scholem, Benjamin já teria tido contato com a obra de Bachofen em 1916, ano de escrita do ensaio "Sobre a linguagem em geral e sobre a linguagem humana". Mas a leitura dos originais é confirmada em uma carta a Florens Christian Rang, de 2 de outubro de 1922, na qual Benjamin diz: "acho que não deves perder o livro de Bachofen sobre o *Matriarcado*, que tenho lido muito ultimamente". Cf. Benjamin (2012: 217-223), *O anjo da história*.

pelo qual essas civilizações teriam sido marcadas por sua hospitalidade. É o que nos diz Bachofen:

> enquanto o princípio paterno é inerentemente restritivo, o princípio materno é universal; o princípio paterno implica a limitação a grupos definidos, mas o princípio materno, como a vida da própria natureza, *não conhece barreiras*. A ideia de maternidade gera um sentimento de fraternidade universal entre os homens, o qual morre com o desenvolvimento da paternidade. A família baseada no direito do pai é um organismo individual e fechado, ao passo que a família matriarcal ostenta o caráter tipicamente universal que se ergue no começo de todo desenvolvimento e distingue a vida material da vida espiritual superior. Todo ventre materno, a imagem mortal de Deméter, a Mãe-Terra, dará irmãos e irmãs, até o dia em que o desenvolvimento do sistema paternal dissolver a unidade indiferenciada da massa e introduzir um princípio de articulação. As culturas matriarcais apresentam numerosas expressões e até formulações jurídicas desse aspecto do princípio maternal. Constitui a base da liberdade e igualdade tão frequentes entre os povos matriarcais, de sua hospitalidade e de sua aversão a restrições de toda e qualquer espécie... E nele está enraizado o admirável sentimento de parentesco e de amizade que não conhece fronteiras nem linhas divisórias. (Bachofen, 1988: 65-66)[8]

Em um texto que, anacronicamente, poderia ser considerado lacaniano, Bachofen associa a demarcação territorial, o erguer de

---

8 Para mais sobre a influência de Bachofen na obra de Benjamin, cf. Pinho (2014: 90-113).

muralhas ou muros (*excitare muros*) à ereção (*excitare*) do órgão sexual masculino:

> evidentemente a mente antiga viu as muralhas emergindo das profundezas da terra como uma cria provinda do útero materno, uma criança que dormiu nas profundezas escuras até que a ação de um princípio masculino a despertou do adormecimento e elevou-a em direção à luz. Pois o ato sexual do homem também é chamado erigir, despertar, e corresponde exatamente ao *excitare*. Portanto, as muralhas, como as árvores, são filhas da mãe terra, e mesmo após o nascimento são perpetuamente conectadas com o útero materno por suas fundações, como são as árvores por suas raízes. Na muralha como na árvore, o princípio masculino erige-se à luz do dia [...]. Surgindo sobre a terra, é o nascimento fálico que emergiu em direção à luz. (Bachofen, 1967: 40-43)

Tanto essa horizontalidade associada ao feminino – comumente por conta de sua representação na cultura como elemento maternal e criador – quanto a verticalidade do masculino parecem ter um aspecto imagético, que poderia ser percebido, por exemplo, no "1" do significante "S1", que Lacan aponta como significante fálico, significante da lei da linguagem que marca a relação entre linguagem e corpo nos anos 1950. Na análise de Bachofen, mesmo após a ereção de muralhas, há uma conexão perpétua entre as mesmas e o solo comum de onde estas provieram: a terra como útero materno. Em termos de linguagem, algo semelhante parece ocorrer em Lacan. Pois vimos que, se o homem é portador da ideia de significante, "essa ideia, em *lalíngua*, tem seu suporte na sintaxe". Tanto *lalíngua* feminina, "engendrada por um conjunto de mulheres" (Lacan, 2007: 117), quanto a letra, aparecem como suporte, como base, como solo, para a ideia de significante da qual o homem é portador. É preciso lembrar ainda que, na "Metafísica da Juventude", Benjamin também concebe a linguagem feminina como um passado constitutivo da conversa, quando diz que o falante recebe, na conversa, seu passado feminino (*Weiblich-Gewesenes im Gespräch*) (Benjamin, 1985: 95). E é a partir de epifanias que ele acessa, provisoriamente, no presente, esse passado da língua feminina.

Que *lalíngua* feminina permaneça como suporte poderia aludir à negatividade, à inefabilidade, a um fundamento negativo que jamais pode ser dito. No entanto, gostaria de pensá-la a partir da frase de Hamman citada por Benjamin no ensaio "Sobre a linguagem": "*linguagem*, a *mãe* da razão e da *revelação*, seu alfa e ômega [*Sprache*, die *Mutter* der Vernunft und *Offenbarung*, ihr A und O]" (Benjamin, 2011d: 147). Para além da associação entre linguagem e maternidade que podemos encontrar mais uma vez aqui, essa frase auxilia a pensar a linguagem feminina como início e fim, como suporte e como finalidade, alfa e ômega. Se, por um lado, no ensaio de 1916, Benjamin enfatiza a perda da experiência da comunicabilidade da linguagem (*Medium*) em detrimento de seu caráter comunicativo (*Mittel*), que se dá com a queda do paraíso, no ensaio de 1921, por outro lado, o enfoque é posto sobre esse fim que todas as línguas históricas almejam alcançar: a língua pura que não quer dizer nada e nada mais expressa. Aquém e além da língua concebida como mera comunicação – que tanto Benjamin no ensaio de 1913 quanto Lacan caracterizam como masculina –, aquém e além das diversas línguas históricas, língua pura e *lalíngua* nos remetem a uma experiência de dizibilidade das próprias línguas.

Para além dos muros das línguas históricas e particulares, ou com Benjamin, para além do muro da frase como o que se ergue entre as línguas do original e da tradução, a língua pura não quer dizer nada além do que simplesmente diz. E se, por um lado, em Lacan, *lalíngua* feminina é da ordem da sintaxe, em Benjamin, por outro lado, a língua pura é alcançada por meio da literalidade na transposição da sintaxe, literalidade esta que constitui a arcada entre as línguas do original e da tradução. Essa literalidade na transposição da sintaxe é o que faz com que o tradutor possa romper as barreiras de sua própria língua por meio da recriação (*Umdichtung*). Haroldo de Campos traduz a palavra alemã "*Umdichtung*" – formada pelo prefixo "*um*"[9] e pelo vocábulo "*Dichtung*", "poesia" – por "transpoetização" (Campos, 2005: 12). Opto por essa tradução, porque ao mesmo tempo que ela mantém o elemento da criação na palavra "poética" – do grego "*poiesis*", trazer do não ser ao ser –, mantém, também, a conotação de uma ultrapassagem das fronteiras entre as línguas, possibilitada pela transposição da sintaxe na tarefa do tradutor.

É como solo comum entre as diversas línguas que *lalíngua* feminina aparece. Talvez, por isso, em sua releitura do Gênesis bíblico, Lacan reinterprete o tagarelar de Eva como mais primário que a nomeação de Adão, pois, como vimos, Adão nomeia os animais na língua daquela que chamaria de Èvie, "Évida". Eva, cujo nome

---

[9] O prefixo "*um*" pode denotar "meio", "ambiente", "aquilo que está ao redor", como, por exemplo, em "*Umwelt*", meio ambiente, ou literalmente, mundo (*Welt*) circundante, e em "*Umweg*", desvio, ou literalmente, caminho (*Weg*) circundante. Podemos associar a esse prefixo essa noção de horizontalidade, ou imanência, algo como um dar voltas em torno de uma mesma coisa: *ex-periência*. Cf. capítulo 2.

em hebraico significa "a mãe dos viventes", é a primeira a tagarelar ao falar com a serpente. Novamente, como mãe, o caráter criador feminino aparece. Algo parecido ocorre em "A tarefa do tradutor". Benjamin cita as dores do parto na língua da tradução e aproxima a figura do tradutor à figura materna ao afirmar que, assim como uma mãe desvincula-se do seu filho no nascimento, a tarefa do tradutor seria dar à luz a pura língua em sua própria, desvinculando-se do sentido comunicativo. A própria caracterização da língua pura como uma palavra ao mesmo tempo inexpressiva e criadora parece conter uma alusão ao caráter criador, fértil, do feminino: a língua pura, como o tagarelar feminino das personagens do ensaio de 1913, não exprime nada através de si mesma, mas diz a dizibilidade da linguagem.

Se, em Lacan, a homofonia translinguística ultrapassa as diferenças entre as línguas, em Benjamin, a língua pura constitui o parentesco supra-histórico das diferentes línguas históricas. E tanto a *ralíngua* lacaniana quanto a língua pura constituem uma experiência em que a dizibilidade das línguas se dá, para além de seu caráter comunicativo. Lacan encontra essa experiência em Joyce, esse irlandês que pouco conhecia o gaélico e escrevia em língua inglesa, uma espécie de estrangeiro em sua própria língua. Benjamin, de sua parte, por meio de uma citação do filósofo e escritor alemão Rudolf Pannwitz (1881-1969),[10] afirma que é preciso "deixar-se abalar violentamente pela língua estrangeira" (Benjamin, 2011a: 118):

---

10 A citação se encontra em *A crise da cultura europeia* (1917). De acordo com nota de Jeanne-Marie Gagnebin, Pannwitz ignora propositadamente, em muitas de suas obras, as maiúsculas e as vírgulas (Benjamin, 2011a: 117).

Nossas traduções (mesmo as melhores) partem de um falso princípio, querem germanizar o sânscrito, o grego, o inglês, ao invés de sanscritizar, grecizar, anglicizar o alemão. Elas possuem um respeito muito maior diante dos próprios usos linguísticos do que diante do espírito da obra estrangeira [...] o erro fundamental de quem traduz é conservar o estado fortuito da sua própria língua, em vez de deixar-se abalar violentamente pela língua estrangeira. Sobretudo quando traduz de uma língua muito distante ele deve remontar aos elementos últimos da língua mesma onde palavra [*Wort*], imagem [*Bild*] e som [*Ton*] se tornam um só ele tem de ampliar e aprofundar sua língua por meio da língua estrangeira. (Benjamin, 2011a: 118)

Para além das fronteiras – fálicas – das línguas é preciso "ampliar e aprofundar sua língua por meio da estrangeira" e "deixar-se abalar pela língua estrangeira". A Língua pura, como a mulher amada do fragmento "Proximidade e afastamento", não pode ser possuída, mas acessada provisoriamente. Do mesmo modo ocorre em Lacan, na medida em que *lalíngua* materna não pode ser dita, se o dito for aprisionado, embarreirado, amurado em um sentido. Língua pura e *lalíngua* implicam a esfera do dizer não comunicativo, a esfera da dizibilidade da língua, o fato de "que se diga" para além do quê (o objeto visado) e do como (o modo de visar) se diga.

Gostaria, inclusive, de pensar esse acesso provisório da dizibilidade da língua como da ordem da temporalidade do chiste. Na "Metafísica da Juventude", a linguagem feminina não somente é caracterizada como uma língua não comunicativa, mas também como uma língua "loucachistosa", uma "*wahnwitzigen Sprache*", fazendo uso da transcriação poética sobre a qual Benjamin nos fala em "A Tarefa do tradutor". O mesmo ocorre com *lalíngua* materna constituída por equívocos e chistes. O chiste, ou o ato falho, é o momento em que irrompe, para além da intenção de um sujeito falante, aquilo que Benjamin chama de "vida da linguagem". Sua temporalidade é de um clarão, um lampejo; algo que se diz "sem querer dizer" e que, portanto, interrompe a comunicação e o encadeamento lógico. No chiste, é a vida da linguagem, para além de um sujeito particular, que se apresenta em sua dizibilidade, em sua transparência pura e cristalina.

Linguagem: arquivo inconsciente de semelhanças extrassensíveis e das assinaturas

Em 1933, Benjamin redige duas notas sobre a linguagem nas quais reformula o *Medium* da linguagem como sendo do âmbito do que chama de semelhanças não sensíveis (*unsinnlicher Ähnlichkeiten*). Nas duas notas que Benjamin escreve em Ibiza, "Sobre a faculdade mimética" (*Über das mimetische Vermögen*) e "A doutrina das semelhanças" (*Lehre vom Ähnlichen*), seguindo a hipótese desenvolvida por Lavelle em *Religion et Histoire* (2008: 93-104), podemos dizer que o parentesco supra-histórico das diferentes línguas históricas é concebido como sendo da ordem das semelhanças extrassensíveis ou da dimensão mimética da linguagem.[11]

---

[11] Trabalhei ambos os textos em minha dissertação de mestrado intitulada "O feminino como *Medium* da linguagem". Gostaria, no entanto, de privilegiar outros aspectos do texto, como, por exemplo, a questão da letra. Assim como na dissertação, também aqui privilegio o texto "A doutrina das semelhanças", na medida em que é uma versão posterior e mais prolongada de "Sobre a faculdade mimética". Cabe atentar que, em carta a Scholem, Benjamin, que nem sempre tinha sua biblioteca à disposição devido à vida itinerante que levou, pede ao amigo uma versão de seu ensaio "Sobre a linguagem" de 1916 tendo em vista a construção de "uma nova teoria

Logo no início de "Sobre a faculdade mimética", Benjamin afirma ser possível encontrar a dimensão mimética tanto na esfera animal quanto na esfera humana. Se, por um lado, o mimetismo pode ser verificado ou constatado no caso animal, por outro lado, a aptidão para a produção de semelhanças consiste em uma faculdade propriamente humana:

> a natureza gera semelhanças. Basta pensar no mimetismo animal. Mas é no humano que se encontra a mais alta aptidão para produzir semelhanças. O dom que ele possui de ver a semelhança é somente um rudimento da antiga e potente obrigação [*gewaltigen Zwanges*] de se assimilar, pela aparência e pelo comportamento [*ähnlich zu werden und sich zu verhalten*]. Ele não possui, talvez, nenhuma função superior que não seja condicionada de forma decisiva pela faculdade mimética [*mimetische Vermögen*]. (Benjamin, 1977: 210)

De certa forma, o dom (*die Gabe*) de ver e produzir semelhanças aparece como uma marca distintiva entre humano e animal. No humano, a faculdade mimética aparece como rudimento da violenta obrigação [*gewaltingen Zwanges*] de se assimilar, pela aparência e pelo comportamento. Benjamin nos diz que a história da faculdade mimética tem dois aspectos, um ontogenético e outro filogenético. No aspecto ontogenético, no desenvolvimento individual do sujeito, a faculdade mimética pode ser encontrada nas brincadeiras infantis de imitação. As crianças não se limitam

---

da linguagem" (Scholem, 1991: 45). Cf. Pinho (2020: 50). Agradeço, tanto antes como agora, a interlocução com Patrícia Lavelle, que desenvolve uma leitura singular e original das chamadas notas de Ibiza em uma relação com a filosofia kantiana, à qual remeto aqui o leitor. Cf. Lavelle (2008: 93-104).

a imitar pessoas e profissões, brincam não somente de "ser" professor, médico, mas imitam também objetos e animais, fingem ser trem, carro, cachorro, gato. Há, no entanto, uma necessidade da cultura de adestrar essa atitude mimética da criança. É à procura do que significa para a cultura essa necessidade de adestramento que Benjamin se refere ao aspecto filogenético, ao aspecto de desenvolvimento da espécie humana, do comportamento mimético.

Nesse sentido, ele atenta para o fato de que o poder de produção de semelhanças era mais atuante, ou até mesmo fundamental, em sociedades ditas primitivas. As forças miméticas permitiam falar da semelhança entre um ser humano e uma constelação, como no caso da astrologia, ou da semelhança entre um totem e um grupo de pessoas, como no caso das sociedades totêmicas.[12] Essas semelhanças, entretanto, não são sensíveis, ou objetivamente verificáveis, do mesmo modo como a semelhança entre uma criança e um trem não o é. Trata-se, ao contrário, das semelhanças não sensíveis, que outrora ligavam micro e macrocosmos e que na Modernidade aparecem enfraquecidas ou em menor quantidade.

Não obstante, Benjamin diz que mesmo nós, modernos, "possuímos também um cânone, que nos aproxima de uma compreensão mais clara do conceito de semelhança extrassensível [*unsinnlicher Ähnlichkeiten*]. É a linguagem" (Benjamin, 1994: 110). Para Benja-

---

[12] Os exemplos são de Benjamin tanto em "A doutrina das semelhanças" quanto em "Sobre a faculdade mimética", respectivamente: "um outro cânone da semelhança é o totem. Aliás, a interdição de produzir imagens nos judeus é sem dúvida ligada ao totemismo" (Benjamin, 2013: 125). Em "A doutrina das semelhanças", Benjamin cita o horóscopo "como uma totalidade espiritual, cuja análise cabe à interpretação astrológica (a posição dos astros constitui uma unidade típica, e as características dos planetas individuais somente podem ser percebidas pela sua influência nessa posição). Devemos aceitar o princípio de que os processos celestes fossem imitáveis pelos antigos, tanto individual como coletivamente, e de que essa imitabilidade contivesse prescrições para o manejo de uma semelhança preexistente" (Benjamin, 1994: 109).

min, essas "correspondências mágicas", como ele as chama, migraram da esfera da clarividência para a linguagem e para a escrita. Ressalto o elemento inconsciente nessa concepção da linguagem como arquivo de semelhanças não sensíveis. Nas palavras de Benjamin:

> mesmo para as pessoas de nossos dias [*für die Heutigen*][13] pode-se afirmar que os episódios cotidianos em que elas percebem conscientemente as semelhanças são apenas uma pequena fração de inúmeros casos em que a semelhança as determina, sem que elas tenham disso consciência [*im Alltag Ähnlichkeiten bewusst wahrnehmen, sind ein winziger Ausschnitt aus jenen zahllosen, da Ähnlichkeit sie unbewusst bestimmt*]. As semelhanças percebidas conscientemente – por exemplo, nos rostos – em comparação com as incontáveis semelhanças das quais não temos consciência, ou que não são percebidas de todo [*Die mit Bewusstsein wahrgenommenen Ähnlichkeiten – z.B. in Gesichtern – sind verglichen mit den unzählig vielen unbewusst oder auch garnicht wahrgenommenen Ähnlichkeiten*], são como a pequena ponta do *iceberg*, visível na superfície do mar, em comparação com a poderosa massa submarina. (Benjamin, 1994: 109)

As semelhanças não sensíveis, segundo a imagem de Benjamin, são como a poderosa massa submarina, da qual só podemos perceber a pequena ponta do *iceberg*. Sobretudo, elas constituem um registro inconsciente da linguagem. Nesse registro inconsciente, a escrita e a letra têm um papel fundamental. Em uma passagem que relembra a relação entre modo de visar (*Art des Meinens*) e visado (*das Gemein-*

---

13 Tradução modificada. Na tradução brasileira, encontramos "mesmo para os homens dos nossos dias".

te) em "A tarefa do tradutor", Benjamin nos diz que a relação entre as diferentes palavras das diversas línguas para um mesmo objeto significado é da ordem das semelhanças extrassensíveis. Seguindo o exemplo de "A tarefa do tradutor", as palavras "*pain*", "*brot*" e "pão" (*Art des Meinens*) não têm nenhuma semelhança objetiva entre si, mas são semelhantes no que visam (*das Gemeinte*). Sabemos, com Benjamin, que esse objeto visado é a própria linguagem, na medida em que não há coisa em si que não seja mediada pela linguagem. A coisa visada pelas diversas línguas, ou pelos diferentes modos de visar, é a própria coisa da linguagem,[14] a dizibilidade da linguagem, a linguagem como *Medium*.

Para Benjamin, a essência das semelhanças extrassensíveis torna-se ainda mais evidente na escrita que nas configurações sonoras e isso se dá "através da relação entre a imagem escrita de palavras [*Schriftbildes von Wörtern*] ou letras [*Lettern*] com o significado, ou com a pessoa nomeadora" (Benjamin, 1994: 11). Para exemplificar, Benjamin cita a letra "beta" como isso que é ao mesmo tempo uma letra, uma imagem, e um significado, pois essa letra significa casa, "*Beth*", em grego. É também um exemplo de inseparabilidade ou indiscernibilidade entre o dito e o querer dizer, na medida em que o dito já imediatamente diz, apresenta, presentifica, o que se quer dizer. É ainda nesse sentido que Benjamin comenta o caráter onomatopaico da linguagem, pois a onomatopeia também é um exemplo de indiscernibilidade entre o dito e o querer dizer, na medida em que a mera emissão sonora imediatamente expressa e presentifica o que se quer dizer: "cada palavra e a língua inteira

---

14 Basta relembrar o exemplo da lâmpada que aparece no ensaio "Sobre a linguagem". A lâmpada não significa o objeto lâmpada, mas a lâmpada na expressão, a lâmpada na linguagem.

são onomatopaicas? A chave, que pela primeira vez torna essa tese transparente [*transparent*], está oculta no conceito de semelhança extrassensível" (Benjamin, 1994: 111).

É, portanto, a semelhança extrassensível que estabelece a ligação entre o falado e o intencionado (*Gemeinte*), entre o escrito e o intencionado, e entre o falado e o escrito. Benjamin considera a relação entre a palavra escrita e a palavra falada como a menos sensível de todas. Ao fazer alusão à grafologia, ciência moderna que por meio de uma atenção minuciosa à grafia concebe a escrita manual individual de um sujeito como depósito de seu inconsciente, Benjamin apresenta a linguagem como um depósito histórico, como um arquivo de correspondências e semelhanças extrassensíveis para além dos sujeitos empíricos: "a escrita transformou-se, ao lado da linguagem oral, num arquivo de semelhanças, de correspondências extrassensíveis [*Die Schrift ist so, neben der Sprache, ein Archiv unsinnlicher Ähnlichkeiten, unsinnlicher Korrespondenzen geworden*]" (Benjamin, 1994: 111). Ao final de seu ensaio, Benjamin caracteriza esse arquivo em que as coisas se encontram como o *Medium* da linguagem:

> nessa perspectiva, a linguagem seria a mais alta aplicação da faculdade mimética: um *medium* em que as faculdades primitivas de percepção do semelhante penetram tão completamente, que ela se converteu no *medium* em que as coisas se encontram e se relacionam, não diretamente, como antes, no espírito do vidente ou do sacerdote, mas em suas essências, nas substâncias mais fugazes e delicadas, nos próprios aromas. Em outras palavras: a clarividência confiou à escrita e à linguagem as suas antigas forças, no correr da história. (Benjamin, 1994: 112)

Se, anteriormente, cabia a um vidente ou a um sacerdote constatar a semelhança não sensível entre um ser humano e uma constelação, que se dava no momento do nascimento, agora, essas semelhanças se dão na própria linguagem; elas constituem o *Medium* da linguagem. É importante lembrar que o semelhante sobre o qual Benjamin nos fala aqui não é nem o idêntico nem o diferente, mas aquilo que se encontra no limiar entre idêntico e diferente, aquilo que é, ao mesmo tempo, idêntico e diferente. Vimos que Benjamin concebe a letra e a escrita como uma constelação de correspondências não sensíveis. De fato, é a partir do jogo e da permuta entre as letras que montamos diferentes palavras. Desse modo, uma mesma letra se mostra e se expõe como a mesma nas diversas palavras em que está inserida, como, por exemplo, no caso da sílaba *-ba* em um determinado conjunto de palavras, como em "*ba*nana", "*ba*nco", "*ba*nquete" etc.

Nesse ponto, gostaria de lembrar que Agamben também se refere ao exemplo das letras para pensar seu método paradigmático.[15] Ele usa o exemplo das letras para pensar esse tipo de relação não conceitual, que é a relação exemplar ou paradigmática. O paradigma, assim como a letra, é o próprio ter lugar e a exposição de uma relação: por exemplo, a sílaba *-ba* é separada daquele conjunto de palavras que citamos ("*ba*nana", "*ba*nco", "*ba*nquete") para expor e mostrar seu próprio pertencimento a ele. Não é por acaso, portanto, que Agamben cita as duas notas que Benjamin escreve em Ibiza como uma verdadeira teoria da assinatura,[16] no

---

15 Cf. segundo capítulo.
16 Agamben dedica um longo capítulo de *Signatura rerum* à teoria das assinaturas. Ele parte do nono livro, "Da assinatura das coisas naturais" (*De Signatura rerum naturalis*), do tratado de Paracelso "Sobre a natureza das coisas", passando por muitos autores, tais como Melandri, Foucault, Benjamin, Freud, Ginzburg, Boehme, e mui-

segundo capítulo de seu *Signatura rerum, sobre o método*. A assinatura, segundo Agamben, é a marca (*Zeichen*), o ato ou efeito de marcar. Logo nas primeiras páginas do capítulo, em uma leitura de Paracelso, a língua aparece como o paradigma de toda assinatura, como a "assinatura originária", cujo primeiro assinador (*signator*) é Adão, que dá às coisas seus nomes corretos (*die rechten Nammen*) (Agamben, 2009b: 39).

Para quem está familiarizado com as notas de Ibiza, já nas primeiras páginas desse capítulo e antes mesmo de Agamben citar propriamente Benjamin, acredito ser possível reconhecer a afinidade entre a teoria das assinaturas e as semelhanças não sensíveis:

> Que o arquétipo da assinatura, a *Kunst Signata* por excelência, seja a língua, obriga a entender essa semelhança não como alguma coisa física, mas segundo um modelo analógico e imaterial. A língua, que guarda o arquivo das semelhanças não sensíveis, é também o cofre das assinaturas. (Agamben, 2009b: 40)[17]

Nesse cofre de assinaturas ou nesse arquivo de semelhanças não sensíveis, a letra, também para Agamben, tem um papel fundamental. Ao citar Paracelso, Agamben diz que "as letras do alfabeto são também assinaturas do humano *signator*: 'com um pequeno

---

tos outros, para construir sua própria teoria das assinaturas. Ressalto apenas alguns aspectos que considero importantes. Cf. Agamben (2009b: 37-91).

17 A tradução francesa opta por "*immatérielles*" para "*unsinnlicher*", "não sensível". Agamben, assim como Benjamin havia feito, comenta a relação entre os astros e a vida humana como da ordem dessas semelhanças não sensíveis. Ele nos diz que os chamados signos do Zodíaco não deveriam ter esse nome, na medida em que não são signo de nada. A relação entre as constelações e os corpos deveria, então, ser chamada de assinaturas "que exprimem uma relação de semelhança eficaz entre as constelações e aqueles que nasceram sob determinado signo, ou de maneira mais geral, [exprimem a relação] entre macrocosmos e microcosmos" (Agamben, 2009: 63).

número de [letras] pode-se significar, com palavras e nomes, muitas coisas'" (Agamben, 2009b: 44), como quando, por exemplo, o número de uma casa a presentifica e nomeia, ou como quando através de uma única palavra ou de um único nome guardados na memória lembramos imediatamente de um livro ou de um acontecimento que gostaríamos de lembrar e que havíamos esquecido.

Desse modo, um número residencial, por exemplo, o número 515, indica imediatamente a existência da casa 515 em determinada rua. No segundo caso, Agamben se refere à experiência de querer lembrar de uma palavra, do nome de um livro ou de um filme sem que consigamos lembrar. Dizemos, então, que o nome esquecido está "na ponta da língua". Logo que alguém diz o primeiro nome, no caso do filme ou do livro, ou a primeira letra, no caso de uma palavra, imediatamente recordamos. Nesse átimo de segundo em que o nome esquecido está "na ponta da língua", fazemos a experiência de que há linguagem.

Agamben ressalta, entretanto, que não foram os nomes como expressão da *Kunst Signata* (arte de assinar) que permitiram a Adão nomear as criaturas, mas, pelo contrário, foi "um uso da linguagem não constituído em frases, mas em paradigmas" (Agamben, 2009b: 46) que lhe permitiu a nomeação. Na continuação do capítulo, o filósofo colocará a assinatura, que ele aproxima das letras do alfabeto, no limiar entre semiótico e semântico. Desse modo, ele retoma a crítica de Benveniste à concepção saussuriana da língua como um sistema de signos, a semiologia. A crítica se dá no sentido de que nada explica a passagem do âmbito semiótico ("o signo deve ser reconhecido") ao âmbito semântico ("o discurso deve ser compreendido"). Ou seja, se o pressuposto é de que a língua é um sistema de signos, nada permite explicar como esses signos se transformam em discurso. É nesse hiato do signo à frase, ou do semiótico ao semântico, que Agamben coloca a assinatura: "é precisamente no 'hiato' que os separa que as assinaturas se situam" (Agamben, 2009b: 69). A assinatura, como a letra, aparece como um hiato entre signo e frase, entre semiótico e semântico.

Gostaria de ressaltar, sem adentrar às nuances da teoria das assinaturas agambeniana, o momento em que Agamben cita Freud e afirma que "os lapsos, para os quais Freud dirige sua atenção, são, todos, assinaturas" (Agamben, 2009b: 79). Agamben diz que os lapsos são assinaturas no sentido de serem marcas e indícios daquilo que de mais singular, e inconscientemente, constitui os sujeitos. A psicanálise, Agamben cita Freud, "tem o costume de adivinhar, por meio de traços desdenhados ou inobservados, por meio da recusa da observação, as coisas secretas ou escondidas" (Agamben, 2009b: 79). O lapso é aquilo que surge e interrompe o encadeamento lógico da fala do analisante para manifestar-se enquanto tal, e, nessa manifestação, indicar um acontecimento traumático.

No terceiro capítulo de *Signatura rerum*, Agamben se distancia de Freud e diz que em sua arqueologia não se trata simplesmente de "trazer à consciência o que foi recalcado e que emerge sob a forma do sintoma", como é o caso "no modelo analítico" (Agamben, 2009b: 113). O filósofo encontra um "pessimismo" no esquema freudiano – ele fala de uma "visão pessimista" em "Para além do princípio do prazer" – no que concerne à repetição de maneira indefinida do trauma original. Ao consistir em um passado em que não foi vivido, o evento traumático permanece presente e atuante e aparece nos sonhos, nos sintomas neuróticos, nos chistes, atos falhos e lapsos. Segundo Agamben, a análise freudiana se serve desses sintomas para "retornar ao evento originário", tal como um fio de Ariadne (Agamben, 2009b: 117).

A arqueologia agambeniana se coloca na contramão de uma "arqueologia freudiana", pois, segundo Agamben, em sua arqueologia não se trata, "como em uma terapia analítica bem-sucedida, de trazer à consciência os conteúdos que haviam sido recalcados no inconsciente" (Agamben, 2009b: 118). Ao contrário, a arqueologia de Agamben, assim como ocorre na concepção benjaminiana de imagem dialética,[18] remete ao encontro inapropriável, fulgurante, entre passado e presente. Como nos diz Benjamin: "a verdadeira imagem do passado aparece como um clarão (*huscht vorbei*). É somente como imagem que lampeja justamente no instante de sua cognoscibilidade, para nunca mais ser vista, que o passado tem de ser capturado" (Benjamin, 2005: 62).

Assim como Benjamin, Agamben também concebe a moda como um exemplo de encontro entre passado e presente, no sentido de que ela cita e reatualiza antigas tendências. Se Benjamin diz que a moda é um salto de tigre em direção ao passado (Benjamin, 2005: 119), Agamben afirma que "a moda introduz no tempo uma particular descontinuidade que a divide entre sua atualidade e sua inatualidade, seu estar ou não estar mais na moda" (Agamben, 2009b: 83). Ora, as semelhanças não sensíveis são justamente da ordem dessa descontinuidade.

---

18 Este é um tópico importante para a concepção de história benjaminiana, amplamente comentado pela recepção de Benjamin, no qual não me engajo aqui. Remeto, no entanto, a uma definição presente no livro das *Passagens*: "não é que o passado lança sua luz sobre o presente ou que o presente lança sua luz sobre o passado; mas a imagem é aquilo em que o ocorrido encontra o agora num lampejo, formando uma constelação. Em outras palavras: a imagem é dialética na imobilidade. Pois, enquanto a relação do presente com o passado é puramente temporal e contínua, a relação do ocorrido com o agora é dialética – não é uma progressão, e sim uma imagem, que salta" (Benjamin, 2009: 504). Neste trecho, Benjamin afirma que o lugar em que encontramos estas imagens é a linguagem.

No prosseguimento de seu capítulo, Agamben cita as semelhanças não sensíveis de Benjamin, produzindo uma aproximação entre Benjamin e Freud. Assim como o lapso, o chiste ou o ato falho, as semelhanças não sensíveis surgem na velocidade de um relâmpago, sem que possam ser apropriadas. Mas elas surgem sob um suporte semiótico. Em uma passagem também destacada por Agamben, Benjamin nos diz:

> todos os elementos miméticos da linguagem constituem uma intenção fundada, isto é, eles só podem vir à luz sobre um fundamento que lhes é estranho, e esse fundamento não é outro que a dimensão semiótica e comunicativa da linguagem. O texto literal da escrita é o único e exclusivo fundamento sobre o qual pode formar-se o quebra-cabeça [*so ist der buchstäbliche Text der Schrift der Fundus, in dem einzig und allein sich das vexierbild formen kann*]. O contexto significativo contido nos sons da frase é o fundo do qual emerge o semelhante, num instante, com a velocidade do relâmpago [*So ist der Sinnzusammenhang, der in den Lauten des Satzes steckt, der Fundus, aus dem erst blitzartig Ähnliches mit einem Nu aus einem Klang zum Vorschein kommen kann*]. (Benjamin, 1994: 112)

O contexto significativo (*Sinnzusammenhang*), ou o contexto de sentido (*Sinn*), contido nos sons da frase (*in den Lauten des Satzes*), constitui o aporte a partir do qual surge, como um relâmpago, o semelhante. Assim, as semelhanças não sensíveis também podem ser entendidas como semelhanças "para além do sentido" ou "sem sentido", na medida em que a palavra alemã "*Unsinn*" pode significar tanto "sem sentido" quanto "extrassensível", "não sensível".

O semelhante surge a partir do aporte semiótico e comunicativo da linguagem e introduz neste uma interrupção, uma quebra, do mesmo modo como os chistes (homofônicos ou não), os atos falhos e os lapsos irrompem do contexto de sentido, da significação ou do encadeamento lógico para, em seguida, desaparecer. Como nos diz Benjamin: "as semelhanças irrompem do fluxo das coisas, transitoriamente, para desaparecerem em seguida" (Benjamin, 1994: 112).

O aporte semiótico e comunicativo da linguagem consiste tanto no contexto significativo contido nos sons da frase quanto no texto constituído de letras da escrita (*buchstäbliche Text der Schrift*). É desse texto cheio de letrinhas, tal como um quebra-cabeça, que as semelhanças não sensíveis surgem. Novamente, a letra aparece aqui como aquilo que é ao mesmo tempo idêntico e diferente, e que, assim, pode constituir o parentesco supra-histórico entre as línguas históricas. É nesse sentido que podemos pensar a brincadeira lacaniana com as letras, quando ele faz, por exemplo, das letras UOM o "homem", ou do inconsciente (*Unbewusst*) um chiste (*une bévue*), um lapso, uma mancada.

Infância e linguagem: o jogo das letras, a *Mummerhelen*

Aos meus sobrinhos, Bernardo e Bento

Em um pequeno texto intitulado "O jogo das letras" (*Der Lesekasten*), Benjamin narra sua brincadeira infantil com as letras como aquilo que de sua infância mais lhe traz saudade. Nesse jogo com as letras, a criança parece fascinada pela perfeição (*Vollendung*) das letrinhas e pela ligação que elas estabelecem entre si ao formar palavras. Esse jogo, nos diz Benjamin:

continha em pequenas plaquinhas as letras do alfabeto gótico, no qual pareciam mais joviais e femininas que os caracteres gráficos. Acomodavam-se elegantes no atril inclinado, cada qual perfeita [*vollendet*, acabada em si mesma], e ficavam ligadas umas às outras segundo a regra de sua ordem, ou seja, a palavra da qual faziam parte como irmãs. Admirava-me como tanta modéstia podia coexistir com tanta magnificência. [...] A saudade que em mim desperta o jogo das letras prova como foi parte integrante de minha infância. O que busco nele na verdade, é ela mesma: a infância por inteiro, tal qual a sabia manipular a mão que empurrava as letras no filete, onde se ordenavam como uma palavra. A mão pode ainda sonhar com essa manipulação, mas nunca mais poderá despertar para realizá-la de fato. Assim, posso sonhar como no passado aprendi a andar. Mas isso de nada adianta. Hoje sei andar; porém, nunca mais poderei tornar a aprendê-lo. (Benjamin, 2013: 96)

Nesse belo trecho, é essa espécie de acabamento em si (*Vollendung*), é essa perfeição das letras que fascinam o adulto Walter Benjamin rememorando sua infância. A letra constitui uma imediatidade em si mesma, um núcleo fechado, na medida em que, sozinha, nada significa ou comunica. Benjamin associa sua aptidão para a escrita e para a leitura a essa brincadeira infantil, que em sua infância tanto lhe dava prazer. Essa brincadeira, essa manipulação infantil das letras, se encontra como o vestígio (*Spur*) de sua futura profissão de escritor e crítico literário: "o esquecido nos parece pesado por causa de toda vida vivida que nos reserva. Talvez o que o faça tão carregado e prenhe não seja outra coisa senão o vestígio [*Spur*] de hábitos perdidos" (Benjamin, 2013: 96). A rememoração se dá numa ambivalência entre memória e esquecimento, pois é impossível reviver ou reatualizar o momento preciso em que aprendemos a escrever, a falar, ou a andar. Em certo sentido, é a rememoração dessa lida incipiente e infantil com a linguagem que aparece em diversos momentos desse conjunto de fragmentos, publicado postumamente, que se chama *A infância em Berlim por volta de 1900*.[19]

Essa lida incipiente e infantil com a linguagem pode ser aproximada das palavras da *lalíngua* materna, constituída por equívocos e mal-entendidos, que cobrem o corpo da criança, introjetam-se nela desde sua nomeação, e podem acompanhá-la durante sua vida. Aqui, a frase de Benjamin segundo a qual "o esquecido nos parece pesado por causa de toda vida vivida que nos reserva" ganha um novo sentido: registro inconsciente da linguagem, as palavras da *lalíngua* materna marcam os corpos infantis e podem gerar sintomas que os acompanham durante a vida. Se, como nos diz Benjamin, nos tempos primitivos algo como uma semelhança entre um ser humano e uma constelação era possível, podemos

---

19 Como esclarece Patrícia Lavelle, a *Infância em Berlim por volta de 1900*, considerada pelo próprio Benjamin como um de seus sucessos no plano literário, não foi publicada em vida, mas somente alguns de seus fragmentos tiveram publicação na imprensa alemã entre 1933 e 1935. Trata-se de um conjunto de fragmentos de recordação da infância. Sua versão mais conhecida foi a organizada por Adorno e consiste na reunião, em livro, de uma série de fragmentos publicados nos jornais, e cujo fragmento inicial é *Tiergarten*. A tradução brasileira produzida pela editora Brasiliense (*Obras escolhidas*, vol. II) segue a versão estabelecida por Adorno, que é a mesma das Obras Completas (*Gesammelte Schriften*) de Benjamin em língua alemã. Nos anos 1980, no entanto, duas versões datilografadas e com correções manuscritas foram encontradas. Em 1981, Agamben encontrou na Biblioteca Nacional da França um tapuscrito contendo uma dedicatória ao filho de Benjamin. Por fim, uma outra versão foi encontrada em 1988 na Biblioteca da Universidade de Giessen. Essa versão, conhecida como "*Giessener Fassung*" foi publicada na Alemanha somente em 2000 e representa o primeiro esboço do trabalho redigido entre 1932 e 1933. O primeiro capítulo dessa versão, contemporânea à escrita da "Doutrina das semelhanças", é o trecho *Mummerehlen*. Cf. Lavelle (2008: 107). Remeto o leitor à tradução francesa da versão "dita de Giessen", prefaciada e anotada por Lavelle: *Enfance Berlinoise vers 1900*. Trad. Pierre Rusch, prefácio e notas de Lavelle (2013).

dizer que ainda hoje, a cada vez e para cada um/a, algo como a produção de uma semelhança não sensível e sem sentido entre um ser humano e as palavras que são ditas sobre ele é possível, e mais que isso, é potente e até mesmo violenta.

Portanto, se por um lado, Benjamin concebe a linguagem como um arquivo inconsciente de semelhanças não sensíveis, Lacan, de sua parte, fala da linguagem como um depósito, o *"direspose"* (dizer-dispor) (Lacan, 2007: 129) com o qual brinca em seu seminário sobre Joyce e com o qual cada um/a tem de lidar: sua recepção no mundo e as narrativas construídas ao redor de si. Esse arquivo material é constituído por homófonos, equívocos e mal-entendidos, cujo trecho *"Mummerehlen"* de *Infância em Berlim*, também escrito em 1933, pode bem exemplificar. Em carta a Scholem, Benjamin afirma que "A doutrina das semelhanças" foi escrita durante os estudos para aquele que deveria ter sido o primeiro capítulo de *Infância em Berlim*: a *Mummerehlen*.[20] A relação entre a teoria das semelhanças de Benjamin e o trecho *Mummerehlen* de *Infância em Berlim* constitui um dos elementos mais originais do livro *Religion et Histoire* (2008: 107-130), de Patrícia Lavelle, que persigo aqui com o objetivo de chegar a Lacan e Agamben.[21]

Em *A Mummerehlen*, Benjamin narra a experiência de ter ouvido pela primeira vez, quando criança, uma antiga rima sobre uma certa tia Rehlen. Como escreve Lavelle, *Muhme* é uma palavra antiga da língua alemã para dizer "tia", "mais precisamente, a

---

20 Cf. Carta de fevereiro de 1933 (Scholem, 1991: 45).
21 Essa relação também foi apresentada aos alunos e alunas dos cursos de mestrado em filosofia, na UFF, em 2013, dentre os/as quais me encontrava. Para mais sobre a hipótese que liga figuras femininas à problemática da semelhança na linguagem, Cf. Lavelle (2022).

irmã da mãe, e de uma maneira geral, a ancestral, a parente mais velha da linha materna" (Lavelle, 2008: 108). Não me parece arbitrário que essa experiência com a linguagem seja marcada por uma experiência associada ao feminino, pois não somente se trata aqui da tia matrilinear como também, um ano mais tarde, Benjamin escreve um artigo (1934-35) sobre o *Matriarcado* de Bachofen.

Ao narrar sua experiência infantil com a linguagem, Benjamin afirma que "os mal-entendidos [*Missverständnisse*] modificavam o mundo [para ele]. De modo bom, porém. Mostravam o caminho que conduzia ao seu âmago [*Inneres*]" (Benjamin, 1985: 417). Certo dia, conta Benjamin, ao ouvir a palavra *Kupferstich*, que significa "gravura de cobre", julgou ter ouvido *kopff-verstich* (esticar-cabeça), motivo pelo qual colocou-se debaixo de uma cadeira, esticando (*verstichen*) a cabeça (*Kopff*) para fora. Essa deturpação de si e das palavras constitui a escuta infantil: "a tempo aprendi", diz Benjamin, "a me mascarar [*mich zu mummen*] nas palavras, que, de fato, eram como nuvens" (Benjamin, 1985: 93). As palavras, comenta Lavelle, "semelhantes às nuvens cujas formas não podemos discernir com clareza em um céu nebuloso, são para as crianças máscaras (*Mummen*) sempre cambiantes, atrás das quais, ao balbuciar (*mummen*), elas se mascaram e mimetizam as coisas" (Lavelle, 2008: 108-109).

Sobre esse caráter mimético da linguagem, assim como havia afirmado em "Sobre a faculdade mimética", Benjamin diz que "o dom de reconhecer semelhanças não é mais que um fraco resquício da velha coação de ser e se comportar semelhantemente" (Benjamin, 2011b: 93). Esse dom exercia-se nele, continua Benjamin, por meio de palavras, mas não aquelas, como ele o diz, "que me faziam semelhante a modelos de civilidade, mas sim às casas, aos móveis, às roupas. Só que nunca à minha própria imagem. E por isso ficava desorientado quando exigiam de mim semelhança" (Benjamin, 2011b: 93). Nesse ponto, é possível dizer que a experiência infantil da linguagem implica uma experiência não identitária e não subjetiva do próprio corpo. No meio dessa experiência, em seu aspecto "coisal", encontramos a mãe:

> Estou em pé com a cabeça descoberta; na mão esquerda, um sombreiro enorme que deixo pendente com graça estudada. A direita se ocupa com uma bengala, cuja empunhadura inclinada se vê em primeiro plano, enquanto a ponta se abriga atrás de um tufo de penas de avestruz que se derrama de uma jardineira. Bem à parte, ao lado do reposteiro, fica minha mãe, toda rígida, num vestido muito justo. Como se fosse um manequim, olha meu terno de veludo que, por sua vez, sobrecarregado de franjas e galões, parece ter saído de uma revista de moda. Estou, porém, desfigurado pela semelhança com tudo o que está à minha volta. (Benjamin, 2011b: 93)

Nessa descrição de uma fotografia infantil em que o pequeno Benjamin, fantasiado de camponês, se encontra desfigurado (*entstellt*) pelo cenário e seus milhares de adereços, a mãe aparece como uma coisa dentre outras, como se fosse um manequim. Em outros momentos de *Infância em Berlim*, a mãe também figura como um elemento estático ao qual a criança tem necessidade de retornar. Assim, em "O carrossel", a criança, sentada no trono "como leal soberano", rodopia sob o cavalo em meio ao cenário de árvores e indígenas. Quando a música tocava, conta Benjamin, "o menino girava às sacudidelas, afastando-se da mãe. No início, tinha medo de abandoná-la. Mas depois percebia como era fiel a si próprio". Ao rodopiar, ele se perdia em meio àquela floresta virgem do cenário, e, então, como que para salvá-lo, "de súbito, reaparecia a mãe nalgum Oriente" (Benjamin, 2011b: 99). O carrossel, espécie de "eterno retorno das coisas", nos diz Benjamin

> se tornara sabedoria infantil, e a vida, uma antiquíssima embriaguez do poder com a orquestra mecânica no centro. Tocasse mais lentamente e o espaço começaria a balbuciar e as árvores a hesitar. O carrossel se tornaria terreno inseguro. E a mãe ficava lá como a haste tantas vezes abordada, à qual, aterrissando, o menino lançava as amarras do seu olhar. (Benjamin, 2011b: 99)

O menino lança as amarras de seu olhar à mãe, a haste tantas vezes abordada, o mastro, o porto-seguro. Imagens como essa aparecem em diversos momentos de *Infância em Berlim*. Em "A caixa de costura", por exemplo, Benjamin descreve a mãe, imóvel, sentada à janela com sua caixa de costura, imobilidade que também a criança experimenta, "contendo a respiração", quando ela é obrigada a esperar enquanto a mãe realiza o retoque em sua roupa. Essa autoridade materna, Benjamin imaginava encontrar na boca das criadas que queriam chamar sua mãe de "minha senhora" (*gnädige Frau*), mas, ao contrair as palavras, chamavam-lhe de *Näh-Frau*, "costureira": "queriam dizer 'minha senhora' [*gnädige Frau*], mas mutilavam a primeira palavra, de modo que, por muito tempo, me pareciam dizer 'costureira' [*Näh-Frau*]" (Benjamin, 2011b: 120).[22]

---

22 *Gesammelte Schriften*, Bd. VII, II, p. 425. Dediquei um longo trecho do terceiro capítulo de minha dissertação de mestrado a esse fragmento. Cf. Pinho (2014).

Esses mal-entendidos da escuta infantil e sua relação com o mundo materno permeiam toda a *Infância em Berlim por volta de 1900*. Se a mãe é descrita ali como uma rainha sentada em seu trono soberano, cuja jurisdição era a mesa de costura, no fragmento "Rua Blumeshof, 12", a vista de sua avó materna ("aquela velha dama") na "sacada atapetada" constitui também uma imagem feminina majestosa e soberana. Sobre a casa de sua avó, Benjamin conta que "nenhuma campainha soava mais amiga. Passando o umbral [*der Schwelle*] daquela moradia, sentia-me mais seguro que na própria casa paterna" (Benjamin, 2011b: 89). No nome da rua da casa da avó, a criança também encontra as cambiantes semelhanças não sensíveis. Em *Blumes-Hof* (pátio de flores), o pequeno escutava *Blume-zof*: "não se dizia *Blumes-Hof*, mas sim *Blume-zof*, e era uma imensa flor de pelúcia num invólucro rugoso que vinha ao encontro de meu rosto. No interior, minha avó se sentava, mãe de minha mãe. Era viúva" (Benjamin, 2011b: 89).[23] Observo que se trata da avó matrilinear, que carrega a marca do matriarcado do qual falava Bachofen.

É essa experiência da linguagem como arquivo de semelhanças extrassensíveis na ordem das próprias palavras que a figura da *Mummerehlen* também indica. Benjamin, ao ouvir a expressão "*Ich will dir was erzählen von der Mummerehlen*", "atenção a ti vou contar/ da *Mummerehlen* a história sem par" (Benjamin, 2011b: 94), rememora a sensação de assombro que a materialidade dos sons das palavras, sem significado algum, produzia. Sem saber o

---

23   Não está claro o motivo da confusão de Benjamin entre *Hof* e *zof*, mas em urdu, língua indo-europeia que se formou sob influência persa, turca e árabe, *zof* significa fraqueza ou moleza. Em "*zof e tan*" tem-se "fraqueza de corpo". Cf. https://www.rekhta.org/urdudictionary/?keyword=zof. Será isso que fez o pequeno Benjamin confundir *Blumeshof* (pátio de flores) com *Blume-zof* (flor de pelúcia)?

significado dessa palavra, a "*Mummerehlen*" se torna um fantasma (*Geist*) para o pequeno Benjamin e constitui, de fato, um arquivo de semelhanças sem sentido ou significado – se ressaltamos a tradução de *un-sinnlicher Änlichkeiten* por semelhanças para além do sentido. Ela constitui, sobretudo, uma experiência de homofonia da própria língua, pois, a partir da unidade dos sons entre *Mummerehlen* e *Muhme Rehlen*, podemos ter acesso aos vários sentidos dessa palavra.

Como nos diz Jean-Claude Milner sobre a *lalíngua* lacaniana, mas que também poderia ser dito sobre a experiência infantil da "*Mummerehlen*", "o equívoco se fundamenta num espectro [*fantôme*], que brota da conjunção de vários estratos – ele explode em univocidades combinadas" (Milner, 2012: 18). É a essa conjunção de vários estratos que Milner chama de "cristal" em *lalíngua*. Ele nos diz: "*lalíngua*, doravante concebida como não representável [...], isto é, como cristal" (Milner, 2012: 8). Milner continua, em uma passagem já anteriormente destacada:

> é sempre possível [...] fazer valer em toda locução uma dimensão do não idêntico. Trata-se do equívoco e de tudo o que lhe diz respeito: homofonia, homossemia, homografia – enfim, de tudo aquilo que sustenta o duplo sentido e o dizer em meias--palavras, incessante tecido de nossas interlocuções. [...] Uma locução, quando trabalhada pelo equívoco, é ao mesmo tempo ela mesma e uma outra. Sua unicidade se refrata seguindo séries indiscriminadas, visto que todas elas, assim que nomeadas – significação, sonoridade, sintaxe, trocadilho... –, refratam-se indefinidamente uma após a outra. O que temos aí não é a árvore que faz o cálculo desse múltiplo, mas o cristal do *Aleph* com o

qual Borges talvez metaforize o lugar não idêntico no qual todo ser falante, enquanto tal, se inscreve. (Milner, 2012: 17-18)

Com Milner, gostaria de chamar a atenção para o "cristal" em que a própria palavra *Mummerhelen* consiste, pois essa palavra, em sua transparência, contém a conjunção de vários extratos, que explodem em univocidades combinadas. Para tanto, sigo a reconstituição do arquivo de semelhanças encontradas na palavra *Mummerehlen* empreendida por Lavelle em *Religion et Histoire*. "Na tonalidade expressiva da palavra *Mummerhelen*", escreve Lavelle, "permanecem, de maneira fechada e acabada, vários fragmentos de sentido que se refratam uns aos outros, e se enviam uns aos outros" (Lavelle, 2008: 108). Na conjunção desses vários estratos – como em um verdadeiro jogo de letras, a cada letra acrescentada ou retirada – Benjamin brinca com a linguagem infantil e com tudo o que a constitui: equívocos, mal-entendidos, duplos sentidos, trocadilhos etc.

Desse modo, na homofonia entre *Muhme Rhelen* e *Mummerhelen* encontramos, escreve Lavelle, a palavra "*Mumm*",

> o murmúrio de alguém que não quer ou não pode falar, o balbuciar da criança, ao passo que "*Mumme*" significa a máscara ou aquele que é mascarado. Assim, no verbo *mummen*, essas duas significações se cruzam, pois "*mummen*" corresponde à "*mum mum sagen*" ou à ação de murmurar, mas também àquela de se dissimular ou de se mascarar. (Lavelle, 2008: 109)

Desse modo, em *mummen* encontramos tanto a deturpação das palavras – o *mum mum sagen* ou a lalação infantil – quanto a deturpação da identidade subjetiva da criança, que se assemelha (*sich zu mummen*) a tudo o que está ao seu redor. *Mummel*, de sua parte, continua Lavelle, é o "nome de um lago na Floresta Negra e de uma flor aquática, mas também nos reenvia à forma mascarada (*vermummte Gestalt*), dessa vez assustadora ou terrível (*Schreckgestalt*), tanto como a uma conversação secreta (*heimliches reden*)" (Lavelle, 2008: 109). Talvez desse último sentido provenha, supõe Lavelle, a palavra *Mummler*, que significa sussurro, cochicho (Lavelle, 2008: 109). Em suma, a palavra *Mummerhelen*, experiência de cristal da língua, tal como o define Milner, contém em si diversos extratos de sentido, como se pode verificar a partir do trabalho de Lavelle: *Mumm, Mumme, mummen, mum mum sagen, Mummel, Mummler*; poderíamos acrescentar, *Mutter, mutti, mama*?

"Seguir o paradeiro da *Mummerehlen* foi, contudo, ainda mais difícil", conta Benjamin (2011b: 94). A criança a supunha na imagem de um macaco que nadava ao fundo do prato e em meio aos vapores de sua sopa de cevadinha: "tomava a sopa a fim de fazer mais clara a sua imagem" (Benjamin, 2011b: 93). Mas a *Mummerehlen*, macaqueando, não podia ser apreendida. "Talvez morasse no lago *Mummel* (*Mummelsee*), cujas águas dormentes talvez a recobrissem como uma pelerine cinzenta" (Benjamin, 2011b: 93).

Lavelle indica que a referência tanto ao lago *Mummel*, que aparece em uma das *Lendas Alemãs* dos irmãos Grimm, quanto à flor aquática *Mummel*, sugere certa ambiguidade na figura da *Mummerehlen*. Como o lago, ela se encontraria nas profundezas obscuras das águas do rio, mas também na clareza do espelho d'água de sua superfície. E como a flor aquática, ela remete, ao mesmo tempo, ao fundo sombrio no qual se enraíza a flor, e às formas claras que se lhe distanciam, e que belamente aparecem na superfície do rio (cf. Lavelle, 2008: 109, 111). Ao mesmo tempo clara e obscura, aparente e inaparente, a *Mummerehlen* não pode ser apreendida: "ela era o mudo, o movediço, o tormentoso, que, como a nevasca nas bolas de cristal, nubla o núcleo das coisas" (Benjamin, 2011b: 94).

A *Mummerehlen* não pode ser nem apreendida nem aprisionada em um dito, mas constitui a esfera do dizer de todo dito. Se Benjamin nos diz que ela é o "mudo", o indizível, ela o é somente se a única possibilidade de dizer for a comunicação, a língua como um meio para um fim, como *Mittel*. Mas, se "que se diga é justamente o que fica esquecido, atrás do que é dito, no que se ouve" (Lacan, 2003: 448), então a experiência para qual a *Mummerehlen* nos envia é da ordem de "que se diga". Com efeito, a experiência de linguagem que fazemos por meio dela é o contrário do esquecimento de "que se diga", ou seja, é a própria lembrança de "que se diga" em tudo o que é dito e ouvido. As ressonâncias de seus sons persistem em um jogo de semelhanças e a escuta infantil dessa palavra indica que há linguagem. O *Medium* da linguagem não é mais concebido em seu caráter de negatividade, de inefabilidade, como se pode ler no ensaio de 1916, mas indica uma experiência com a linguagem em que a própria dizibilidade da língua é dita, para além da intenção de um sujeito ou de um conteúdo a ser comunicado.

Experimentum linguae, infância e tagarelar feminino
É essa esfera da dizibilidade da língua que está em questão naquilo que Agamben chama de "*experimentum linguae*". No prefácio escrito à edição francesa de *Infância e História*, Agamben diz que a "infância" em questão no livro não pode ser isolada em um

lugar cronológico nem em um estado psicossomático. Pelo contrário, o conceito de infância seria ali uma tentativa de pensar os limites da linguagem, em uma direção, não trivial, diz Agamben, do inefável. Ao citar a recorrente carta de Benjamin a Buber, Agamben afirma:

> o conceito de infância é acessível somente a um pensamento que tenha efetuado aquela "cristalinamente pura eliminação do indizível na linguagem [*die reine kristallen elimination des Unsagbaren in der Sprache*]" que Benjamin menciona em sua carta a Buber. A singularidade que a linguagem deve significar não é um inefável, mas é o supremamente dizível, a *coisa* da linguagem. (Agamben, 2012: 10, 12)[24]

Encontro essa esfera no que agora posso chamar de língua feminina, ou tagarelar feminino. Em 1913, ao se perguntar acerca do que seria uma língua e uma cultura femininas, Benjamin concebe essa língua como um louco tagarelar, como uma língua "loucachistosa" (*wahnwitzigen Sprache*). Já a língua masculina é definida ali como uma terrível dialética, como um mero meio para um fim, como mera comunicação. Em outras palavras, algo parecido se dá em Lacan, em *Seu seminário XXIII*: o homem é portador da ideia de significante (este que abre para a esfera da significação) e esta ideia encontra suporte em *lalíngua*, engendrada por um conjunto de mulheres. A língua feminina, não comunicativa,

---

[24] Na tradução brasileira, no trecho da carta de Benjamin a Buber, lê-se "puríssima eliminação do indizível na linguagem". Proponho a tradução como "cristalinamente pura eliminação do indizível na linguagem", pois quero ressaltar o elemento do cristal encontrado no original alemão tendo em vista a possibilidade de aproximação com o cristal homofônico da língua sobre o qual tantas vezes nos fala Lacan. Cf. Lacan (2001: 425, 427).

também é caracterizada como um tagarelar, na releitura lacaniana do Gênesis, e do tagarelar de Eva advém o tagarelar do *falasser* (*la parlote du parlêtre*). O tagarelar feminino constituiria, assim, a esfera não comunicativa da linguagem em que chistes, lapsos e equívocos se dão.

Essa esfera não comunicativa da linguagem, na qual consiste a língua feminina, não é mera inefabilidade. Ao contrário, ela indica a experiência da dizibilidade da língua, o fato de "que se diga" para além das barreiras das línguas históricas. Para Agamben, a infância também indica essa esfera de dizibilidade da linguagem. Em um denso e curto texto intitulado "Ideia da Infância", em *Ideia da prosa* (1985), Agamben aborda a experiência infantil da língua como uma experiência propriamente humana: a experiência da potência de falar. Nesse trecho, Agamben nos apresenta a *axolote (axolotl)*, uma salamandra encontrada nas águas doces do México cujas características corporais são tipicamente infantis ou larvares. A axolote é um exemplo explícito de neotenia, ou seja, da retenção, na vida adulta, de características típicas da infância. Seu sistema reprodutor é maduro, desenvolvido, mas seu sistema somático possui esse aspecto infantil e larvar. Quando diante de influências externas, como a recepção de hormônios, esse pequeno anfíbio se metamorfoseia, perde as brânquias, abandona a vida aquática e se transforma no exemplar adulto da salamandra mosqueada (*Amblistoma tygrinum*).

Agamben encontra nesse "infantilismo obstinado" da axolote uma chave para compreender de outro modo a evolução humana. Uma hipótese seria a de que a evolução humana não teria se dado a partir de indivíduos adultos, mas sim de crianças, filhos de um primata que, como a salamandra, teriam adquirido prematuramente a capacidade de se reproduzir. É o que explicaria a morfologia do humano, que, da estrutura das mãos e dos pés à concha da orelha passando pelo furo do osso occipital, não se assemelha ao primata adulto, mas aos seus fetos.

Essa hipótese, para Agamben, é ainda mais potente se pensada em termos de linguagem. É nesse sentido que o filósofo propõe imaginar uma criança neotênica "de tal modo abandonada à sua própria infância, tão pouco especializada e de tal modo onipotente que se afastasse de qualquer destino e de todo o meio ambiente determinado, para se limitar unicamente à sua própria imaturidade e ignorância" (Agamben, 1999: 92). A linguagem é o elemento exossomático, inexplicável, que caracteriza o *homo sapiens*. Assim, em termos parecidos com os de *O Aberto*, a linguagem, para o humano, constitui uma abertura de mundo sem que possa ser registrada endossomaticamente, ou seja, como uma espécie de memória ou código genético, um destino específico ou uma vocação genética.

Se, por um lado, o animal é imediatamente capturado por seu meio ambiente, se há entre seu corpo (*Innenwelt*) e o meio circundante (*Umwelt*) em que habita uma relação imediata, por outro lado, a linguagem, para o humano, é abertura e potencialidade, é mediação – ou, com Benjamin, é *Medium*. É nesse sentido que Agamben faz menção à nomeação adâmica, que com Lacan aproximei do tagarelar de Eva: "no nome, o homem liga-se à infância, para sempre amarrado a uma abertura que transcende todo destino específico e toda vocação genética" (Agamben, 2012: 92).

Essa transcendência em relação a todo destino e vocação consiste na potência infantil da linguagem, uma potência que não pode ser lembrada como um conjunto de leis e prescrições. Em termos parecidos com os de Benjamin quando diz que, a partir do momento em que sabe andar, jamais poderá tornar a aprendê-lo, Agamben diz que

> o homem, antes de transmitir seja o que for, tem de transmitir a linguagem (é por isso que um adulto não pode aprender a falar: foram as crianças, e não os adultos, as primeiras a aceder à linguagem; e, malgrado os quarenta milênios da espécie *homo sapiens*, aquilo que constitui precisamente a mais humana das suas características – a aprendizagem da linguagem – permaneceu estreitamente ligado a uma condição infantil e a uma exterioridade: quem acredita num destino específico não pode, verdadeiramente, falar). (Agamben, 2012: 93)

Essa experiência infantil da linguagem não somente é aquilo que não pode ser possuído como uma propriedade, mas também é aquilo que é dividido e conservado entre os povos e as línguas da Terra; conservado, porém, somente na medida em que eles a diferenciam. Nesse sentido, Agamben afirma que

> as diversas nações e as muitas línguas históricas são as falsas vocações com as quais o homem tenta responder à sua insuportável ausência de voz;[25] ou, se quisermos, as tentativas, fatalmente condenadas ao fracasso, de tornar apreensível o inapreensível, de tornar adulta a eterna criança. (Agamben, 2012: 94)

É essa experiência infantil com a linguagem que o filósofo italiano concebe como aquilo que poderia pôr fim à errância nas

---

25 Cf. primeiro capítulo. Como diz Agamben: "a Voz humana é a tumba da voz animal" (Agamben, 2006: 65).

tradições: "os homens poderiam construir uma história e uma língua universais, já não diferíveis, e pôr fim à sua errância nas tradições" (Agamben, 2012: 95). Desse modo, a experiência infantil da linguagem, implica, para Agamben, uma questão política. As diversas nações e suas respectivas línguas são as falsas vocações históricas que tentam apreender o inapreensível: o fato de "que se diga", a potência humana da linguagem. Mas o que Agamben procura com essa experiência infantil da linguagem?

Decerto, Agamben não advoga por uma língua "loucachistosa" em detrimento da comunicação. Não se trata de advogar nem pelo fim do uso instrumental das línguas nem pelo fim da comunicação em geral, mas de considerar a possibilidade do estabelecimento de um laço social formado em/pelo fato de "que se diga". Se as barreiras entre as diversas línguas históricas implicam a construção identitária e são imprescindíveis para a ratificação da soberania nacional, seria possível um laço social construído a partir disso que não pudesse ser "embarreirado" em um sentido? Seria possível constituir um laço social a partir do fato de que há linguagem?

Em Benjamin, a experiência infantil da linguagem, permeada por semelhanças não sensíveis, equívocos e ambiguidades, não implica uma construção identitária e imagética dos sujeitos. Ao contrário, a deturpação das palavras implica também a deturpação da identidade subjetiva da criança. Agamben, por sua vez, em um trecho um tanto abrupto da "Ideia da Infância", ao mesmo tempo que retoma a discussão sobre a relação entre as ideias e os fenômenos, parece se referir ao que Lacan chama de real do corpo, isso que não pode ser posto sob uma classe de objetos identificáveis uns aos outros: "aquilo que a ideia e a essência querem salvar é o fenômeno, o irrepetível que já foi, e a intenção mais própria do *lógos* não é a conservação da espécie, mas a ressurreição da carne" (Agamben, 2012: 94).

A ressurreição da carne, este "autêntico apelo da humanidade" ao *soma* infantil, tem um nome: a política (Agamben, 2012: 95). Há, portanto, um paralelo entre teoria do conhecimento e política. Se, por um lado, do ponto de vista da teoria do conhecimento, só é possível conhecer aquilo que permanece igual a si mesmo e, para tanto, a ideia deve prescindir da singularidade das coisas no sensível para produzir uma média, por outro lado, do ponto de vista político, o mesmo parece ocorrer com as singularidades dos indivíduos postos sob um determinado Estado-nação e sob uma determinada identidade nacional: os Estados brasileiro, francês e alemão, por exemplo, prescindem das singularidades dos corpos dos indivíduos circunscritos em seus territórios nacionais para formar as identidades brasileira, francesa, alemã.[26]

Entretanto, como vimos, a relação entre as ideias e os fenômenos não consiste, nem para Benjamin nem para Agamben, em um apagamento das diferenças tendo em vista a produção de uma média universal. Ao contrário, essa relação é paradigmática ou exemplar, no sentido de que o fenômeno é destacado do conjunto do qual faz parte para mostrar seu pertencimento a ele.[27] Essa outra forma de relação entre ideia e fenômeno implica também

---

26 Mais ainda, no interior desses territórios e no *corpus* de cada nação há uma contínua decisão acerca de quem é "verdadeiramente" cidadão e quem não é, acerca de qual vida é vivível e qual vida é "matável". É o caso das oposições cidadão/bandido, nativo/imigrante, amigo/inimigo etc.

27 É o caso do exemplo gramatical ou do exemplo das sílabas. Cf. segundo capítulo. Como diz Agamben: "não há dualidade entre 'fenômeno singular' e 'conjunto': o conjunto resulta da exposição paradigmática dos casos singulares [...]. No paradigma, a inteligibilidade não precede o fenômeno, mas está, por assim dizer, ao lado (*para*) dele" (Agamben, 2009: 30).

outra forma de relação política, que é indissociável da questão da linguagem. É o que está em questão no livro *A comunidade que vem*, de Agamben, para o qual me encaminho.

A intenção mais própria do *lógos*, diz Agamben, não é a conservação da espécie como transmissão de valores imortais e codificados na forma de um patrimônio histórico, tais como uma língua, uma identidade ou um território, mas sim a ressurreição da carne. Como pensar essa ressurreição da carne sobre a qual Agamben fala? Em um certo sentido, esse elemento material – nossa comunhão com o animal que nós também somos, isso que participa tanto da esfera humana quanto da esfera animal – é reivindicado por Agamben como o elemento ao mesmo tempo mais comum e singular de uma "comunidade vazia e impresumível" cuja "tarefa infantil da humanidade que vem" (Agamben, 2018: 17)[28] é produzir, ou melhor, expor.

***

---

28 Quando Agamben fala em uma "tarefa infantil da humanidade que vem" não acredito que "a comunidade que vem", título de um de seus livros, deva ser exclusivamente humana. Se o fosse, a classe humana consistiria em mais uma identidade construída a partir da exclusão do animal, tido como imagem negativa do humano, o que Agamben denuncia como uma ficção da máquina antropológica, a máquina de produção do humano, em *O Aberto, o homem e o animal*. Ao reivindicar a carne, o corpo, como elemento a partir do qual um laço social pudesse se produzir, Agamben, de certa forma, reivindica o que de animal há no humano, ao contrário de tentar isolar esse elemento como não humano. Humano e não humano entram em uma esfera de indiscernibildade diferente daquela sobre a qual Agamben fala em *O que resta de Auschwitz* que faz da vida uma vida matável, como, por exemplo, a vida no campo de concentração. Essa outra possibilidade da vida, Agamben chama de forma-de-vida, grafada com hífens, uma vida da qual não se pode distinguir algo como uma vida matável. Entretanto, o estatuto do animal na comunidade que vem não é muito claro. Uma passagem interessante de um belo livro talvez possa elucidar essa problemática. Nessa passagem, com a qual Agamben conclui seu *A garota indizível, o mito e o mistério de Cora*, ele diz: "diferenciamo-nos dos outros animais pelo fato de sermos iniciados a nossas vidas; o que quer dizer que primeiro devemos aprender a nos perder no humano para então nos redescobrir como vivos, e vice-versa" (Agamben; Ferrando, 2014: 47).

Para não concluir

Para não concluir, faço uso do que Haroldo de Campos chama, a partir de Benjamin, de "operação transcriadora". Mas não em termos de escrita ou tradução, e sim em termos de imagem. Tomo emprestado o nó borromeano de Lacan, para fazer meu próprio nó, minha amarração:

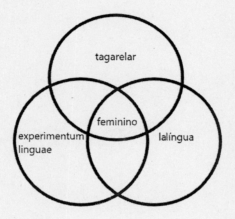

LIMIAR. Feminino porvir, a garota indizível e singularidades quaisquer

Nesse limiar, pretendo indicar possíveis articulações entre uma linguagem feminina, a esfera da dizibilidade da linguagem, e a política. Ainda para não concluir, procedo, então, a um desdobramento provisório dessa relação. Um ano após a escrita de "*experimentum linguae*", prefácio à edição francesa de *Infância e História*, Agamben participa do colóquio "Lacan com os filósofos" (*Lacan avec les philosophes*) e contribui com uma conferência de título homônimo. Essa conferência se manteve inédita até sua recente tradução no Brasil, realizada a partir do trabalho de pesquisa de Cláudio Oliveira.[1] Em 25 de maio de 1990, data de sua partici-

---

1 O livro teve lançamento mundial em dezembro de 2018, no IFCS (UFRJ), no "I Seminário de Pesquisadores de Giorgio Agamben", organizado por um grupo de discentes pesquisadores da obra de Agamben, entre os quais me incluo. Na ocasião, o professor Cláudio Oliveira apresentou a história da tradução deste texto, também registrada aqui: https://www1.folha.uol.com.br/fsp/ilustrissima/79901-o-inedito-de-agamben.shtml. Versões desse capítulo foram publicadas em "*Experimentum linguae*: um encontro entre Agamben e Lacan". *AGAMBiarra: escritos sobre a filosofia de Giorgio Agamben*. Org. Ana Carolina Martins, Caio Paz, Isabela Pinho e Juliana de Moraes Monteiro. Rio de Janeiro: Ape'ku (Coleção X,

pação no colóquio, Agamben concebe seu *experimentum linguae* como *lalíngua* lacaniana. Mesmo citando o seminário de Lacan sobre o gozo feminino, a palavra "feminino" não aparece nenhuma vez na conferência. Entretanto, vinte anos mais tarde, em 2010, Agamben publica um pequeno livro com sua então companheira, a artista plástica Monica Ferrando, sobre uma figura feminina da mitologia grega, Cora (ou Perséfone), filha de Deméter. O livro se chama *La ragazza indicibile, mito e mistero di Kore* (*A garota indizível, o mito e o mistério de Core*). Nele, Cora aparece como uma "força vital", e nas palavras de Agamben, como "a vida na medida em que não pode ser 'falada', na medida em que não pode ser definida por idade, família, identidade sexual ou papel social" (Agamben; Ferrando, 2014: 7). Essa pequena garota aparece como uma terceira figura que põe em questão "tudo o que pensamos saber sobre a feminilidade e tudo o que pensamos saber sobre o homem e sobre a mulher" (Agamben; Ferrando, 2014: 6).

Ainda que a palavra "feminino" não apareça também aqui, é a partir dos rastros dessa garota indizível que gostaria de pensar uma forma de vida irrepresentável – que Agamben chamará de "singularidade qualquer", em seu livro *A comunidade que vem* (1990) – e que aproximarei da formulação lacaniana para a mulher como não toda. Essa forma de vida implica outra compreensão da linguagem. Nesse sentido, destacarei alguns aspectos da conferência de Agamben, especificamente o momento em que associa seu *experimentum linguae* à *lalíngua* lacaniana.

---

coordenador Rafael Haddock-Lobo), 2020, p. 181-202 e "O mistério de Kore: por uma política da singularidade de Giorgio Agamben a Jacques Lacan. *Revista Garrafa*, v. 17, p. 119-131, 2019.

Experimentum linguae e o real da *lalíngua*

Agamben dá início à conferência questionando a relação entre a psicanálise e a filosofia. Nesse sentido, ele faz menção ao *avec*, ao *com*, encontrado no nome da conferência: "Lacan com (*avec*) os filósofos". Esta partícula indica a proximidade de lugar, ou seja, trata-se de pensar "Lacan entre os filósofos, no mesmo lugar que eles" (Agamben, 2018: 3). Se, por um lado, a tese de Agamben é a de que a filosofia é "literalmente um *experimentum linguae*, e que este experimento, essa experiência da língua, é o fato constitutivo do que nós chamamos de filosofia" (Agamben, 2018: 6-7), a questão é saber, por outro lado, se a psicanálise também o é. Ao final da conferência, fazendo alusão à formulação lacaniana do real como impossível –, ou seja, como aquilo que não cessa de não se escrever (Lacan, 2010: 188-189) – Agamben se pergunta:

> a psicanálise pode se arriscar nessa experiência, tornar-se, também ela, um *experimentum linguae*? É – em todo caso – a questão que Lacan – com os filósofos – lhe dirigiu. A essa questão ela não pode não responder – ou, antes – ela tem que não não responder. (Agamben, 2018: 15)

Ela tem que não não responder na medida em que é disso que a todo momento faz experiência – do fato de há linguagem e de "que se diga" –, mas que não pode ser aprisionado em um sentido: é o dizer implícito em todo dito, a dizibilidade da língua ou o *Medium* da linguagem, como visto nos capítulos anteriores. Apesar de aqui Agamben destacar o conceito kantiano de *númeno* (que trabalharei em seguida) e a questão da potência em Aristóteles como dois exemplos de *experimentum linguae* não meramente *sigéticos*, vou me ater ao que parece significar, para Agamben, que a linguagem encontre o real como impossível.[2]

Observo apenas uma certa oscilação de Agamben no que se refere à concepção da linguagem como *sigética* e, portanto, talvez também quanto à influência de Heidegger. Se, por um lado, no prefácio à *Infância e História*, de 1989, Agamben diz expressamente que seu *experimentum linguae* não é uma *sigética*, uma experiência do silêncio ativo da linguagem em que as palavras quebram em nossos lábios, por outro lado, um ano mais tarde, nessa conferência, ele cita a mesma frase da *Essência da linguagem*, de Heidegger, com uma conotação positiva: "Heidegger diz que se faz a experiência da língua […] lá onde as palavras nos faltam […]. Que as palavras nos faltem – eis aí precisamente uma experiência dessa […] potência de não falar na qual se afirma a experiência mais própria da potência de dizer" (Agamben, 2018: 9). Não obstante, também na conferência, Agamben não parece satisfeito com essa possibilidade, o que o leva, então, a se perguntar se "há outras formas do *experimentum linguae*, outras maneiras (não *sigéticas*) para a linguagem de encontrar o real como impossível?" (Agamben, 2018: 10).

Logo no início da conferência, Agamben faz uma longa citação do texto "R.S.I.", do livro *Os nomes indistintos*, de Milner. Ele parte do entrelaçamento entre Real (o gozo, a distribuição do prazer sobre o corpo), Simbólico (a linguagem, a língua e a fala) e Imaginário (as imagens, a identidade e o sentido) que constitui o lugar em que todo o humano se encontra como ser falante. Agamben enuncia essa estrutura sob a forma de uma tese, que ele chama de tese das três letras, citando Milner:

---
2 A conferência é marcada por muitas referências, tais como Platão, Hegel e Kojève, algumas trabalhadas nos capítulos anteriores.

Há três suposições. A primeira, ou, antes, uma – pois já é demais colocar uma ordem aí, por mais arbitrária que seja – é *que há*: a proposição tética não tem como conteúdo senão sua própria posição – um gesto de corte sem o qual não há nada que exista. Daremos a isso o nome de real ou R. Uma outra suposição, dita simbólica ou S, é que *há língua*, suposição sem a qual nada, e singularmente nenhuma suposição, poderia se dizer. Uma outra suposição, enfim, é que *há semelhante*, onde se institui tudo o que faz laço: é o imaginário ou I. (Milner, 1983: 7)

Agamben segue a proposição de Milner, mas se valendo de vocabulário heideggeriano, para dizer que essas três instâncias não constituem uma tese ôntica que dividiria três regiões do ente, ou seja, "três ordens distintas de objetos dotados de propriedades preexistentes que os identificariam" (Agamben, 2018: 3). Ao contrário, essas ordens instauram um "sistema de relações ontológicas" referentes tanto ao conjunto R, S, I quanto a cada um dos elementos, separadamente. Em vocabulário lacaniano, essas três instâncias são articuladas pelo nó borromeano, na medida em que cada um desses anéis não se sustenta sem a ligação com os outros. Como visto no terceiro capítulo, a constituição subjetiva se dá como uma amarração, ou um enodamento entre o corpo (o real: *há*), a linguagem (o simbólico: *há língua*) e a imagem (o imaginário: *há semelhante*). O que interessa a Agamben é menos a distinção e o estatuto de cada uma das três instâncias e mais o estatuto do nó que as constitui e liga. Se, como nos diz Agamben, o nó é igualmente real, simbólico e imaginário, "e se, para o homem falante, o real já é nomeado do mesmo modo como o simbólico já sempre bascula no imaginário, como [então] um conhecimento do real será possível?" A questão é saber "como é possível para o ser falante encontrar o real" (Agamben, 2018: 4).

Agamben faz referência à frase de Lacan, em *O aturdito*, segundo a qual "o discurso psicanalítico toca no real ao encontrá-lo como impossível" (Agamben, 2018: 4). Mas, o que significa para um discurso, para um ser falante, encontrar o real como impossível? É essa questão que norteia a conferência de Agamben e que, para ele, constitui o ponto de partida da filosofia. Para Agamben, "o ser, o existente – tal como o real de Lacan –, não é nem um *quid*, um algo, uma substância, que se poderia definir no interior do nó, nem seu pressuposto" (Agamben, 2018: 4). O objeto da filosofia não é o ser como substância, como *quid*, mas a linguagem que define o ser falante como tal. Nesse ponto, o nó é a própria existência da linguagem para além e aquém de qualquer significação, na medida em que media o mundo do ser falante.[3] É nesse sentido que Agamben cita Kojève: "a filosofia é um discurso que pode falar de tudo, sob a condição de falar também e antes de tudo do fato de que fala disso" (Kojève apud Agamben, 2018: 5; Kojève, 1968: 31). Em uma formulação agambeniana: "o ponto de partida da filosofia é [...] antes de tudo, memória e consciência do nó no qual o homem se encontra preso pelo fato de ser falante: abraçado ao ser pela linguagem, ele é separado dele por aquilo mesmo que o liga a ele" (Kojève apud Agamben, 2018: 5; Kojève, 1968: 31).

Para Agamben, a proposição tética "Há" – que não tem como conteúdo outra coisa senão sua própria posição e sem a qual não há nada que exista – é o ponto de encontro entre a filosofia

---

3 A tautologia é benjaminiana: a linguagem é a medida que media o mundo do ser falante; é *Medium*.

e a psicanálise. "Há" quer dizer que há linguagem, há corpo, há morte, mas, também, que há vida. "Que haja linguagem", "que se diga" são as formulações a partir das quais Agamben introduz a *lalíngua* lacaniana em seu texto:

> o que está em causa aqui não é tanto uma incognoscibilidade ou um puro indizível, mas uma outra figura do saber, um outro modo da linguagem, uma experiência da linguagem *outra em relação àquela* que nós representamos de hábito sob esse termo. Qual é esse outro modo? Há um outro modo da linguagem? Lacan o chama de *alíngua* [*lalíngua*]. (Agamben, 2018: 6)

Deste trecho, gostaria de destacar a frase "uma experiência da linguagem *outra em relação àquela* que representamos de hábito sob esse termo". O grifo em "outra" é do próprio Agamben, que em nenhum momento da conferência menciona a palavra "feminino". Mas, como vimos, essa *outra* experiência da linguagem em que consiste a *lalíngua* é uma experiência ligada ao feminino. É também por essa experiência de linguagem *outra* que Benjamin procura em seu ensaio de 1913, quando pensa o tagarelar feminino como uma língua "loucachistosa" (*Wahnwitzigen Sprache*). Desse modo, tanto a *lalíngua* quanto o tagarelar feminino da "Metafísica da Juventude" implicam uma experiência não de inefabilidade da língua, mas sim da própria dizibilidade da língua. Agamben encontra também em Kant uma maneira não *sigética* para a linguagem de encontrar o impossível. Sua breve ida a Kant, da qual destacarei alguns aspectos, corrobora ainda mais a hipótese deste livro, na medida em que, através de Kant, Agamben concebe a glossolalia como um *experimentum linguae*. Vimos em detalhe, nos capítulos anteriores, que tanto a experiência da lalação quanto o murmurar da *Mummerehlen*, e ainda o tagarelar feminino em Benjamin, indicam a esfera da dizibilidade da língua na forma de uma glossolalia e não de um mero silêncio. Veremos essa possibilidade de articular *experimentum linguae* e glossolalia a seguir.

Experimentum linguae e glossolalia

Agamben se dedica a uma breve análise do que Kant chama de um "*Experiment der reinen Vernunft*" (experimento da razão pura) no prefácio à segunda edição da *Crítica da razão pura* (1787) (Kant, 2012: 32).[4] Para Kant, os objetos devem ser tomados sob dois significados: como fenômeno e como *númeno* (coisa em si). Desse modo, os objetos são considerados de dois modos distintos: aquilo que aparece (literalmente, em alemão, *Erscheinung* ou, na vertente latina, *Phaenomenon*) cuja contrapartida é o *Noumenon* (aquilo que não podemos acessar, a coisa em si). Se, por um lado, é possível conhecer os objetos tais como eles se apresentam a nós como objetos do sentido e do entendimento para a experiência, por outro lado, não é possível conhecer os objetos como coisas em si, na medida em que ultrapassam todos os limites da experiência e que só podem ser pensados pela razão:

> Só podemos trabalhar com conceitos e princípios que assumimos *a priori*, na medida em que, de fato, eles sejam estruturados de tal forma que os mesmos objetos possam ser considerados por um lado como objetos dos sentidos e do entendimento para a experiência, mas por outro como objetos próprios à razão isolada que ultrapassou todos os limites da experiência, que só

---

4 Esse experimento da razão pura encontra-se na nota 6 da tradução brasileira.

podem ser pensados; os objetos são, portanto, considerados de dois lados distintos. (Kant, 2012: 31)

Nas páginas subsequentes, Kant então dirá que mesmo sem poder conhecer os objetos, temos de poder pensá-los como "coisas em si mesmas" (Kant, 2012: 35). A Agamben vai interessar o *númeno* como um conceito-limite para o conhecimento, no sentido de que, por meio dele "nosso entendimento recebe uma extensão negativa, isto é, que ele não é mais limitado pela sensibilidade, mas, antes, ele a limita, pelo fato de que ele chama de [*nennt*] *númenos* as coisas em si" (Agamben, 2018: 10). O *númeno* funciona como um conceito-limite no sentido preciso de que nosso entendimento se coloca limites por não poder conhecer a coisa em si por nenhuma categoria e por poder apenas pensá-la "sob o nome de algo desconhecido (*unter des Nomen eines unbekanntes Etwas*)" (Agamben, 2018: 10).

Agamben lê nessa passagem a apresentação do *númeno* como o pensamento de um puro nome sem referência. E questiona, seguindo os passos de Benjamin, o estatuto linguístico do *númeno*.[5] À procura por uma possível resposta, Agamben remete ao capítulo "O princípio da distinção de todos os objetos em fenômenos e *númenos*", da *Crítica da razão pura*, em que Kant faz uma distinção entre o uso (*Gebrauch*) empírico de um conceito (sua referência aos fenômenos) e o uso transcendental de um conceito (sua referência às coisas em si). Os conceitos puros do entendimento, isto é, os objetos enquanto somente pensados pela razão, não têm nem

---

5 Como vimos no segundo capítulo, em "Programa para a filosofia que vem", Benjamin questiona o fato de uma teoria do conhecimento prescindir da questão da linguagem. Nesse sentido, ele não indaga o estatuto linguístico do *númeno* em si, mas de toda e qualquer teoria do conhecimento.

um uso transcendental nem um uso empírico, mas apenas uma significação (*Bedeutung*) ou um sentido (*Sinn*) transcendentais.

A partir dessa perspectiva kantiana, Agamben indaga: "a *Bedeutung* [significação] transcendental é o que resta a um termo quando se lhe retira todo uso, todo *Sinn* [sentido] e toda *Bedeutung* [significado]. Ainda é um termo?" (Agamben, 2018: 11), Agamben argumenta que esse tipo de palavras desprovidas de toda referência (*ohne Sinn und ohne Bedeutung*) não é desconhecido da esfera da linguística. É o caso, por exemplo, da experiência que fazemos quando não nos recordamos de uma palavra, mas também não podemos dizer que a esquecemos completamente, pois sabemos que começa com uma letra específica. A glossolalia também consiste na experiência de uma palavra sem referência, como ocorre quando sabemos que "há linguagem, mas não se sabe o que isso quer dizer" (Agamben, 2018: 11).

Foi esse *experimentum linguae* não *sigético*, o fato de que há linguagem para além de um evento de significação, que encontramos tanto na *lalíngua* lacaniana quanto no tagarelar feminino em Benjamin, tanto na lalação da criança quanto no murmurar infantil a partir da imagem da *Mummerehlen*. Desse modo, a existência de uma palavra sem referência ou da dizibilidade da língua para além de sua possibilidade real de aplicação funciona como um espaço vazio (*leerer Raum*) ou como um espaço excedente (*übrig Raum*) de delimitação da experiência, no sentido de ser um espaço que não pode ser preenchido com nenhuma experiência possível e, por isso, permanece vazio.

Agamben nos diz que no conceito-limite, enquanto palavra sem referência, trata-se do acontecimento de um fora, de uma pura exterioridade. É importante notar aqui a distinção entre limite

(*Grenze*) e barreira (*Schranke*) que Agamben retoma de Kant: "no limite (ou talvez deveríamos traduzir por limiar) trata-se do ponto de contato com um espaço vazio, ao passo que na barreira uma tal exterioridade não é necessária, e há apenas negação" (Agamben, 2018: 11). Assim, ao mesmo tempo que a palavra vazia, por exemplo, a "árvore-em-si", encerra um conjunto (o conjunto de empregos da palavra árvore), "algo passa do lado de fora, um fora advém" (Agamben, 2018: 11). Ou seja, ao mesmo tempo que a palavra "árvore" tem significações diferentes em contextos diferentes, há nela um além de sentido e um além de significado: a palavra "árvore", ao mesmo tempo que significa, indica a existência da própria linguagem, o fato de que a linguagem é. O que "passa do lado" da esfera da significação é a própria dizibilidade da linguagem ou o ter lugar da linguagem.[6] O exemplo de Agamben ressoa o exem-

---

6 Sobre esse "ter lugar" de uma exterioridade vazia, é interessante acompanhar uma troca de cartas entre Kant e um aluno, citada por Agamben. Tieftrunk, aluno ortodoxo de Kant, queria que o espaço da coisa em si ("a coisa da linguagem" de acordo com a leitura agambeniana) permanecesse vazio: "não se pode dizer que a coisa em si exerça sobre nós uma afecção, pois uma afecção não pode ser exercida senão por algo de cognoscível, ao passo que a coisa em si é uma *Gedankending* [coisa do pensamento], pela qual nós não conhecemos nada e não fazemos senão deixar um espaço vazio" (Agamben, 2018: 11). Ao que Kant responde: "no entanto, o lugar da coisa em si não deve ser inteiramente vazio (*nicht ganz leer sein*)" (Agamben, 2018: 12). Kant classifica o *númeno* entre as formas do nada, mas dá a esse nada a mais alta posição na filosofia transcendental: "o conceito mais elevado, por onde começa uma filosofia transcendental, é a divisão em possível e impossível. Mas como toda divisão supõe um conceito a dividir, deve haver um conceito ainda mais elevado. E este é o conceito de um *Gegenstand überhaupt*, tomado de uma maneira problemática sem determinar se ele é algo ou nada" (Agamben, 2018: 12). Nessa discussão, Agamben ressalta o fato de que "o espaço vazio, o puro fora que está em questão no *experimentum linguae* kantiano, está além do possível e do impossível" (Agamben, 2018: 12). Além do possível e do impossível, a coisa em si, ou a coisa da linguagem, indica o ter lugar de todas as demais coisas. Esse ter lugar como pura recepção ressoa bastante à *khôra* platônica, feminina, sobre a qual falamos em nosso segundo capítulo. De fato, no capítulo "Ter lugar" de *A comunidade que vem*, Agamben faz referência à *khôra*. Cf. Agamben (2013: 23).

plo benjaminiano acerca da palavra "lâmpada". Antes de significar alguma coisa, a palavra "lâmpada" indica a "lâmpada-na-linguagem", a "lâmpada-na-expressão", ou seja, o *Medium* da linguagem.

Como visto em "A tarefa do tradutor", a língua pura ultrapassa as barreiras (fálicas) das línguas produzindo uma espécie de fugaz encontro ou ponto de contato entre as línguas: homofonia translinguística em Lacan e estrangerização da língua em Benjamin. Mais ainda, é preciso lembrar o que Benjamin nos diz acerca do tagarelar feminino na "Metafísica da Juventude". Ele diz que o silente, representado na posição feminina, leva a linguagem à borda (*zur Rande der Sprache*) (Benjamin, 1977: 92). A palavra "*Rand*" significa "borda", "beira", "margem", como, por exemplo, no caso da borda de um copo em que há o encontro entre os lábios daquele que bebe e o copo como matéria em que se encontra o líquido. Encontro entre as línguas, *Medium* da linguagem em que as línguas se imiscuem, lalação e *mum mum sagen*: *lalíngua* e tagarelar feminino indicam a esfera da dizibilidade da língua a partir da qual uma comunidade vazia e impresumível pode ter lugar.

É também nesse sentido que Agamben recorre ao Lacan de *O aturdito*: "que se diga fica esquecido atrás do que se diz no que se ouve" (Agamben, 2018: 6). Nessa frase, o filósofo ressalta o subjuntivo "que se diga" e explicitamente articula seu *experimentum linguae* com o real da *lalíngua*. Na conferência, Agamben faz referência à fórmula lacaniana do real como impossível, ou seja, como aquilo que "não cessa de não se escrever" (Agamben, 2018: 14). Como aquilo que não cessa de não se escrever, o real continuamente não pode ser dito: aquilo que não cessa de não se escrever não pode ser dito, pois o dito é embarreirado (*beschrankt*) e fixado, fechado em proposições significantes. O real é *ohne Schranken*, sem barreiras: é o que continuamente se escreve/se inscreve como não, como não todo dito, herdando suas impossibilidades da não toda inscrição da mulher na função fálica.

Agamben se pergunta, então: "o que quer dizer lembrar *que se diga*? O que está em jogo nessa estranha memória? E o que significa ter esquecido não tal ou tal proposição que se disse, mas *que se diga*?" (Agamben, 2018: 7). Essa memória imemoriável – o fato de que há linguagem, há *lalíngua* – não tem nenhum conteúdo que possa fixar uma identidade nacional: *que se diga* não pode ser representado, segundo o modelo dominante em nossa cultura, nem como uma língua nem como um patrimônio de nomes e de regras, que cada povo pudesse transmitir de geração em geração (Agamben, 2018: 7). Ao contrário, para Agamben, assumir e lembrar do fato de "que se diga", arriscar-se na experiência de ser um ser falante e assumir essa condição podem ser feitos de outro modo. Em suas palavras:

> A filosofia é justamente a tentativa de conduzir os homens a fazer a experiência do fato de que eles falam – do fato de *que se diga*, a se lembrar disso que eles já sempre esqueceram: de que eles falam. Pois pode ser que, apesar dos 40 milênios do *homo sapiens*, a humanidade não tenha ainda se arriscado a fazer a experiência de seu *ser falante*, a assumir verdadeiramente essa condição (de outro modo, que não sob a forma de um *Estado* ou de uma *nação*). (Agamben, 2018: 7)

Essa outra forma ou esse outro modo implicam uma outra forma de vida e constituem também o grande desafio do pensamento agambeniano. Já nas páginas finais da conferência,

Agamben parece aludir ao que seria essa outra forma ou esse outro modo de assumir a condição de ser falante. Perto de concluir sua conferência, Agamben retoma a questão inicial sobre o que significa para o ser falante encontrar o real como impossível, e diz que tudo se decide na resposta a essa questão. A resposta de Agamben é a de que no instante em que os três círculos (Real, Simbólico e Imaginário) se desatam, o real que se apresenta como impossível não se apresenta como algo que não tem nome nem forma. Ou seja, isso que num instante de horror poderia se apresentar como sem nome nem forma – "o que não é o ser" (Agamben, 2018: 15), o substrato material do corpo – não é uma outra coisa para além do nome e da forma, "mas é a experiência de nossa própria potência (ou impotência) de conhecer e de falar: é a experiência da língua". Essa experiência, ainda segundo Agamben, é o "*pathos* que é o acontecimento de uma matéria" (Agamben, 2018: 15).

Assim como o fato de que *há linguagem*, de *que se diga* não pode ser possuído como uma propriedade, também aquilo que Lacan chama de real do corpo não pode sê-lo. É desse elemento material – ou como disse Agamben em outro momento – é da "carne mesma" que se morre, mas também, é imprescindível lembrar, é dela sobretudo que se vive (já que a morte se dá sempre como antecipação). Parece ser justamente esse *pathos* que é o acontecimento de uma matéria, em seu aspecto vivo, que Agamben mobiliza para pensar uma comunidade que vem. Encontrar o real como impossível é, para Agamben, fazer a experiência de ser falante. Para Agamben, a esse acontecimento de uma matéria corresponde a experiência da língua. Se o real se dá como impossível, se ele é aquilo que não cessa de não se escrever, mas que, como tal, é comum a todo ser falante, como mobilizar esse elemento real do corpo e produzir uma comunidade a partir do preceito "não há quem não",[7] não há quem não pertença? Como pensar o pertencimento a um conjunto que não se dê através da exceção?

O ser qualquer e *A comunidade que vem*

A comunidade que vem é publicado em 1990, mesmo ano da conferência de Agamben sobre Lacan. Já em seu primeiro capítulo, intitulado "Qualquer", Agamben nos indica que tipo de vida está em questão nessa comunidade. Peremptoriamente, Agamben abre seu livro com a frase: "o ser que vem é o ser qualquer" (Agamben, 2013: 9). Como explicita Cláudio Oliveira, se há muitas maneiras de dizer, em italiano, a palavra "qualquer", Agamben, por sua vez, lida aqui principalmente com duas: "*qualunque*" e "*qualsivoglia*". Agamben entende o segundo termo como uma explicitação do primeiro: *qualunque* (qualquer) quer dizer "qual-se-queira", "*qual-si-voglia*", ou seja, aquele que se quer enquanto tal, para além de um traço ou propriedade comum. Nesse "querer", Agamben ressalta a referência ao desejo. "Qualquer" não significa "não importa quem", ou "o ser, não importa qual", mas sim "o ser tal que, de todo modo, importa" (Agamben, 2013: 10). Nas palavras de Agamben:

> o Qualquer que está aqui em questão não toma, de fato, a singularidade na sua indiferença em relação a uma propriedade comum (a um conceito, por exemplo: o ser vermelho, francês, muçulmano), mas apenas no seu tal qual é [...] o ser-qual é

---
[7] Retomo essa fórmula de Jelica Sumic no ensaio *A política e a psicanálise: do não todo ao para todos* (2019).

recuperado de seu ter esta ou aquela propriedade, que identifica o seu pertencimento a este ou àquele conjunto, a esta ou àquela classe (os vermelhos, os franceses, os muçulmanos) – e recuperado não para uma outra classe ou para a simples ausência genérica de todo pertencimento, mas para o seu ser-tal, para o próprio pertencimento. (Agamben, 2013: 10)

É importante ressaltar que o ser-tal não implica o apagamento das propriedades e das marcações históricas sobre os corpos, na medida em que não toma a singularidade na sua indiferença em relação a uma propriedade comum nem aponta para a simples ausência genérica de todo pertencimento, como diz Agamben. Não é que as propriedades comuns (ser vermelho, francês, muçulmano) devam ser apagadas, mas sim que não sejam mais determinantes para a constituição da comunidade. Para além de todas as propriedades compartilhadas, o desafio é pensar a constituição de um "comum" justamente a partir do que não pode ser identificável: o próprio pertencimento, o ser tal qual é.

O que interessa a Agamben no ser qualquer é a própria condição de pertencimento, é o "tal que" na expressão "há um x *tal que* pertence a y", sem que, entretanto, seus atributos sejam indiferentes. Por isso, o ser tal, ou a singularidade qualquer, tem relação com o desejo e com o amor: "a singularidade exposta como tal é qual-*se-queira*, isto é, amável" (Agamben, 2013: 11). Agamben faz um paralelo entre a singularidade qualquer e aquele que é amado, pois o amor não se dirige ao amado por conta de uma propriedade específica que tenha (o ser-loiro, pequeno, terno, coxo) nem prescinde dela em nome da "insípida generalidade (o amor universal): ele quer a coisa *com todos os seus predicados*, o seu tal qual é. Ele deseja o *qual* somente enquanto é *tal*" (Agamben, 2013: 11). Por isso, a singularidade qualquer, que Agamben também chama de "o Amável", não é inteligência de alguma coisa, desta ou daquela qualidade ou propriedade, mas "inteligência de uma inteligibilidade" (Agamben, 2013: 11). Nas palavras do autor, "o movimento que Platão descreve como a anamnese erótica é aquele que transporta o objeto não para uma outra coisa ou um outro lugar, mas para seu próprio ter-lugar – para a Ideia" (Agamben, 2013: 11).

Como visto no segundo capítulo, essa inteligência de uma inteligibilidade, ou a Ideia, é o ter lugar da própria linguagem, o fato de "que se diga" e de que haja linguagem. A singularidade qualquer é o ser-dito que, como tal, "se desvincula do falso dilema que obriga o conhecimento a escolher entre a inefabilidade do indivíduo e a inteligibilidade do universal" (Agamben, 2013: 10). Em um capítulo intitulado "Exemplo", Agamben ressalta novamente o fato de que a antinomia entre o individual e o universal tem origem na linguagem. Desse modo, a palavra "árvore" denomina indiferentemente todas as árvores enquanto supõe o significado universal no lugar das singulares árvores inefáveis. Ou seja, as árvores singulares tornam-se membros de um conjunto ou de uma classe da qual a palavra "árvore" define a propriedade comum. Essa é a relação de exceção tal como vista no segundo capítulo: na palavra "árvore", há uma exclusão das árvores singulares através de sua inclusão nesse mesmo conjunto denominado "árvore".

Novamente, a relação exemplar aparece aqui como aquela que escapa à antinomia universal e particular. Se a relação entre o exemplo e o conjunto que ele exemplifica é da ordem de uma inclusão-exclusiva, na medida em que ele é retirado desse conjunto para mostrar seu próprio pertencimento a ele, Agamben o define aqui como uma "singularidade entre outras, que está, porém, no lugar de cada uma delas, vale para todas" (Agamben, 2013: 18). O exemplo tem essa ambiguidade de, por um lado, ser tomado como um caso particular real e, por outro, não poder valer na sua particularidade: "nem particular nem universal, o exemplo é um objeto singular que, por assim dizer, se dá a ver como tal, *mostra* sua singularidade" (Agamben, 2013: 18). No limiar entre universal e particular, na medida em que não é nem um mero particular (tal como os demais elementos do conjunto do qual faz parte) nem um universal (que nomeia esse conjunto), o exemplo *mostra* sua singularidade. Assim como a singularidade qualquer, também o ser exemplar é um ser puramente linguístico, que não pode ser definido por nenhuma propriedade, classe ou identidade. Ao contrário, ele implica uma vida inqualificável e puramente linguística:

> o lugar próprio do exemplo é sempre ao lado de si mesmo,[8] no espaço vazio em que se desdobra a sua vida inqualificável e inesquecível. Essa vida é puramente linguística. Somente a vida na palavra é inqualificável e inesquecível. O ser exemplar é o ser puramente linguístico. Exemplar é aquilo que não é definido por nenhuma propriedade, exceto o ser-dito. Não o ser-vermelho, mas o ser-dito-vermelho; não o ser-Jakob, mas o-ser-dito--Jakob é que define o exemplo. Daí a sua ambiguidade, assim que decidimos tomá-lo a sério. O ser-dito – a propriedade que funda todos os possíveis pertencimentos (o ser-dito italiano,

---

[8] Agamben se refere aqui tanto à etimologia da palavra grega para "exemplo", "*para-deigma*", aquilo que se mostra ao lado, quanto da palavra alemã "*Bei-spiel*", "aquilo que joga ao lado" (Agamben, 2013: 18).

cão, comunista) – é, de fato, também aquilo que pode colocá-los todos radicalmente em questão. Ele é o Mais Comum, que elimina toda comunidade real. Daí a impotente onivalência do ser qual-quer. [...] Essas comunidades puras se comunicam apenas no espaço vazio do exemplo, sem serem ligadas por nenhuma propriedade comum, por nenhuma identidade. Elas foram expropriadas de todas as identidades, para apropriar-se do pertencimento mesmo, do signo ∃. (Agamben, 2013: 18-19)

O ser-dito, como aquele que funda todo pertencimento, é também aquilo que pode colocá-los, todos, radicalmente em questão. Dessa maneira, Agamben mobiliza o ser-dito como o elemento em comum que possibilita um puro pertencimento para além de toda identidade e para além de toda propriedade. A comunidade que vem é vazia por não ser portadora de nenhuma propriedade ou conteúdo que a preencha. Ao contrário, trata-se da apropriação do próprio pertencimento e de um laço a partir do fato de "que se diga", do ser-dito. Isso porque o princípio da identidade implica a lógica da exceção, na medida em que há uma inclusão em determinada classe ou grupo a partir de uma exclusão de outro, a partir da produção de um fora, como é o caso dos pares: cidadão/imigrante, cidadão/bandido, amigo/inimigo, humano/animal, para citar alguns.

Para Agamben, o conceito de identidade implica a produção de um fora, um "outro" a partir do qual a identidade, um grupo ou uma classe, se constitui. É válido lembrar aqui a etimologia da palavra exceção, de *ex-capere*, capturar fora. Nesse sentido, a investigação agambeniana acerca da linguagem não é alheia à questão política. Pois, a possibilidade de constituição de um "comum" produzido a partir do fato de "que se diga" e a partir do fato de que "há linguagem" implicaria ir além das dicotomias identitárias, as quais consistem na captura do outro como outro, como alteridade a ser suprimida, capturada fora.

A comunidade que vem estaria então para além da identidade e da alteridade: não se trata da ratificação de nenhum desses polos. Ao contrário, Agamben encontra na singularidade algo como um caminho do meio. Nem identidade radical nem alteridade radical, o ser qualquer é aquele que, com todos os seus atributos, se associa aos demais não a partir de um atributo ou propriedade específica que tenha, mas sim a partir do ser-dito, do fato de "que se diga", a partir de *lalíngua*. Minha hipótese de trabalho na aproximação entre Lacan e Agamben inclui pensar que as relações de exceção e exemplo, tal como concebidas por Agamben, são correspondentes às duas maneiras de inscrição na função fálica como "todo homem" ou como "não toda mulher" nas fórmulas da sexuação em Lacan. Vimos que em *Totem e tabu*, mito freudiano da origem da lei e do laço social, Freud concebe o pai da horda primitiva, o pai castrador, como aquele que, ao confiscar o gozo dos demais, possuindo todas as mulheres, não é castrado. Nesse sentido, ele poderia ser aproximado do que Agamben chama de paradoxo da soberania a partir de interlocução com o pensamento do jurista alemão Carl Schmitt.

O paradoxo da soberania, título do primeiro capítulo do livro que inaugura a tetralogia *Homo Sacer*,[9] é fundamental para a construção do diagnóstico agambeniano acerca da lei. Schmitt inicia, peremptoriamente, o primeiro ensaio de sua *Teologia Política*

---

9   Trata-se do *Homo Sacer, o poder soberano e a vida nua* (1995).

(1922), intitulado "Definição de Soberania", com a seguinte frase: "soberano é aquele que decide sobre o estado de exceção [*Souverän ist, wer* über *den Ausnahmezustand entscheidet*]" (Schmitt, 1993: 23), e afirma que "estado de exceção" é o termo, por excelência, para a definição da soberania. Em última instância, o fundamento de validade de uma norma não reside em si mesma, mas em uma decisão, e essa decisão é aquela acerca do estado de exceção. Nas palavras de Schmitt: "a exceção é mais interessante que o caso normal. O normal nada prova; a exceção, tudo; não só confirma a regra, mas esta vive daquela" (Schmitt, 1993: 33). Para Schmitt, a questão da relação entre a exceção e a norma não pode ser restrita meramente ao âmbito da sociologia. Ou seja, o âmbito jurídico precisa lidar com o fundamento não normativo da norma. Desse modo, a possibilidade de pensar uma norma hipotética fundamental como o fundamento da normatividade jurídica somente escamoteia o verdadeiro fundamento de validade do ordenamento jurídico normativo: a exceção.

O que está em questão aqui é uma espécie de axioma do ordenamento jurídico, na medida em que uma norma não pode fundamentar as normas. Nesse sentido, Schmitt não escamoteia o fundamento político do ordenamento jurídico. Não há, em última instância, um fundamento normativo da norma, mas sim a decisão acerca do estado de exceção:

> afirmar que o excepcional não tem importância jurídica e que é próprio da sociologia seria achar satisfatória a esquemática disjunção entre a sociologia e a teoria do direito. O excepcional é o que não pode ser subsumido [*Die Ausnahme ist das nicht Subsumierbare*], é o que escapa a toda determinação geral, porém,

ao mesmo tempo, revela em toda a sua pureza um elemento especificamente jurídico: a decisão. (Schmitt, 1993: 31)

Portanto, ao afirmar que a norma vive da exceção e que soberano é aquele que decide sobre o estado de exceção, Schmitt insere a exceção no núcleo do ordenamento jurídico a partir da decisão soberana. Isso quer dizer que no ordenamento jurídico há esse elemento anômico, violento, o resto da norma, que aparece quando há a suspensão total da eficácia da ordem normativa vigente. Ou seja, nas palavras de Agamben, a exceção constitui a norma, mas na forma de uma exclusão-inclusiva, na medida em que a exceção é incluída na norma a partir de uma exclusão. Em termos schmittianos, o soberano está incluído na norma, porque, através do estado de exceção, ele a funda, mas é excluído dela, porque pode suspendê-la. O soberano, portador da decisão, "cai fora da ordem jurídica normalmente vigente sem deixar de pertencer a ela, pois tem competência para decidir se a Constituição pode ser suspensa *in toto*" (Schmitt, 1993: 25). Ou seja, no caso limite, a exceção se distingue da norma jurídica e evidencia o poder não normativo da autoridade estatal.

O paradoxo da soberania consiste, então, no fato de que, nas palavras de Schmitt: "a autoridade demonstra que não necessita do direito para formular o direito" (Schmitt, 1993: 31). Ou, em uma reformulação agambeniana, "o soberano, tendo o poder legal de suspender a validade da lei, coloca-se legalmente fora da lei" (Agamben, 2007: 23). Em uma aproximação com Freud, esse paradoxo pode ser reformulado da seguinte maneira: "eu, o soberano [com Freud: eu, o Pai castrador], que estou fora da lei [com Freud: ao gozar do corpo de todas as mulheres], declaro que não há um fora da lei [declaro que ninguém mais pode gozar do corpo de todas as mulheres]" (Agamben, 2007: 24). Assim, a castração, a partir da relação de exceção, produz a coletividade. Em termos lacanianos, a fórmula "todo homem", transcrição lógica do mito do pai da horda primitiva, repousa sobre a exceção: "o todo repousa [...] sobre a exceção, colocada como termo sobre o que, esse ϕx [função do falo], o nega integralmente" (Lacan, 2010: 168). Ou seja, o coletivo encontra seu limite na função fálica como aquilo que marca o limite da lei.

O próprio Agamben, no livro com o qual abre sua tetralogia, *Homo Sacer*, seu *Homo Sacer, o poder soberano e a vida nua*, dedica um capítulo inteiro à função do pai no direito romano arcaico. Em um determinado momento, Agamben concebe o poder de vida e morte do pai em relação aos filhos em que consiste o instituto do direito romano chamado *patria potestas* como um exemplo da relação entre o soberano e seus súditos: "o *imperium* do magistrado [cargo público eletivo] nada mais é que a *vitae necisque potestas* [poder de vida e morte] do pai estendida em relação a todos os cidadãos" (Agamben, 2007: 96). Do ponto de vista histórico, a função do falo e a função da lei produzem a coletividade a partir da negação do outro, a partir da captura fora do outro, do outro como capturado fora, como não pertencente. No entanto, em uma aproximação entre Agamben e Lacan, é possível pensar uma forma de vida não toda submetida à lei: singularidade qualquer com Agamben, e não toda mulher com Lacan.

Como vimos, a fórmula "não todo x se inscreve em ϕx" (Lacan, 2010: 220); não toda mulher se inscreve na função fálica, implica o modo pelo qual o ser falante "não permite nenhuma universalidade" (Lacan, 2010: 169). Aproximo essa formulação da relação inclusiva-exclusiva que se averigua no exemplo: a maneira da não toda inscrição (inclusão) na função fálica se dá a partir da exclusão de algo não totalmente suprassumível: o real do gozo feminino, o real do corpo, o real de *lalíngua*, que Agamben mobiliza para pensar um puro pertencimento, um Comum singular. A fórmula "não toda" é não segregativa pelo fato de que é impossível fixar a existência de qualquer exceção que seja: não há barreira, não há negação. Ao contrário, vimos que a fórmula A̶ mulher tem relação com esse "Outro, na medida em que, como Outro, ele só pode permanecer sempre Outro" (Lacan, 2010: 170). Como Outro do Outro simbólico, a fórmula "não toda" implica o real: isso que é impossível de demonstrar no registro da articulação simbólica e masculina, isso que é indizível se o dito for uma tentativa de fixação em uma identidade fechada. É por isso que Lacan brinca com a relação de homofonia entre *on la dit femme* (nós a dizemos mulher) e *on la diffame* (nós a difamamos), pois na medida em que é impossível dizê-la, difamamos-lhe. E se, por um lado, em Lacan A mulher é indizível, encontramos também em Agamben, por outro lado, uma figura de indizibilidade associada ao feminino.

A garota indizível: uma aparição do feminino em Agamben

Em *A garota indizível, o mito e o mistério de Cora*, Agamben nos apresenta uma pequena garota que não só põe em questão toda e qualquer matriz identitária como também consiste na aproximação mais evidente entre a questão do feminino e a singularidade qualquer. Logo no início de *A garota indizível, mito e mistério de Cora*, composto por imagens da artista e coautora Monica Ferrando, Agamben faz referência a uma suposta peça perdida de Eurípedes em que figuraria uma "garota indizível" (*arretos kore*). Segundo Hesíquio de Alexandria, lexicógrafo do século V citado por Agamben, essa garota (*kore*, Cora) seria Perséfone, filha de Deméter, raptada por Hades, como narra o mito grego que explicaria a mudança das estações. De acordo com o mito, o inverno consistiria no luto de Deméter, a deusa da agricultura, no período em que sua filha estaria com o deus do submundo (Homero, [s.d.]).

No primeiro dos seis capítulos desse livro, Agamben cita o trabalho de Karoly Kerényi e Carl Gustav Jung intitulado *Introdução à essência da mitologia*, datado de 1941, cujo primeiro ensaio tem como principal objeto as figuras da criança divina (*das göttliche Kind*) e da garota divina (*das göttliche Mädchen*). Para Agamben, o título pretensamente acadêmico do livro pouco tem a ver com seu conteúdo e teria servido para despistar os censores nazistas. Aquilo que teria sido inaceitável para os homens sob a égide do Nacional-Socialismo seria o símbolo da criança originária (*Urkind*) concebida em sua androginia, para além de seu aspecto de homem ou mulher. Segundo Agamben, o estudo de Kerényi sobre a *Urkind* culmina com a figura de Dionísio hermafrodita e na leitura de Jung devém – passando pelo hermafroditismo da criança – um símbolo (a conjunção entre homem e mulher) que aponta não para um passado, mas sim para um futuro a ser alcançado (Agamben; Ferrando, 2014: 3). Para Agamben, Cora representa uma indeterminação ainda mais perturbadora na medida em que põe em questão a distinção entre duas figuras essenciais da feminilidade: a mulher (ou a mãe) e a garota (ou a virgem).

Segundo Agamben, Kerényi adverte para o fato de que, nesse contexto, a "virgindade" não deve ser entendida como um aspecto físico nem antropomórfico, na medida em que "esse elemento primordial representado pela jovem Perséfone (*kore*) parece corresponder mais à hetaira que à virgem" (Agamben; Ferrando, 2014:

4). Como indica o tradutor, hetaira significa em grego antigo "mulher de companhia", em oposição à esposa fiel, cobrindo uma amplitude de possibilidades de significado que vai desde cortesã à concubina (Agamben; Ferrando, 2014: 48). Por um acaso linguístico, Cora também pode ser pensada como uma prostituta, possivelmente por conta do elemento da fertilidade atribuído tanto a Cora (filha) quanto a Deméter (mãe), as deusas da agricultura. Agamben ressalta a fórmula *kye, kye*, que significa "chova", "torne-se fértil" (Agamben; Ferrando, 2014: 12), pronunciada pelos iniciados nos cultos de mistério às deusas eleusinas. Em certo sentido, trata-se de uma fertilidade libertina, na medida em que Cora e Deméter dão os frutos da terra para todos e todas.

Essa paradoxal indiscernibilidade entre mãe e filha, e entre mulher e garota, aparece em uma inscrição em Delfos citada por Kerényi, em seu estudo: "*kai kores/kai gynaikos*, ao mesmo tempo, garota e mulher" (Agamben; Ferrando, 2014: 4). Agamben se distancia da interpretação de Kerényi segundo a qual a indeterminação entre mãe e filha significaria a continuação da vida do indivíduo através de seus descendentes. Para Agamben, a ideia de uma sobrevivência do indivíduo através de seus descendentes não seria o elemento perturbador que teria incitado a censura nazista, mas sim "a indeterminação da *Urkind* em relação ao homem e de *Kore-Deméter* em relação à mulher" (Agamben; Ferrando, 2014: 4). Diante dessas figuras femininas, o pai da Igreja, Clemente de Alexandria, se pergunta, escandalizado: "deveria chamá-la de mãe ou de esposa (*metros* e *gynaikos*)?" (p. 6).[10] Agamben responde:

---

10 Vale recordar o encontro entre o gênio e a prostituta na "Metafísica da Juventude". O gênio diz à prostituta: "quando estou com você, penso sempre em minha mãe" (Benjamin, 1977: 94).

"*Kai kores/ kai gynaikos* – entre filha e mãe, virgem e mulher, a garota indizível apresenta uma terceira figura que põe em questão tudo o que pensamos saber sobre a feminilidade, e tudo o que pensamos saber sobre o homem e a mulher" (p. 6).

É importante ressaltar que ainda que a garota indizível apareça como terceira figura entre homem e mulher e ainda que ponha em questão tudo o que sabemos sobre a feminilidade, ela permanece sendo uma figura feminina, sem que possa ser reduzida às mulheres empíricas. Tampouco pode ser reduzida a uma idade cronológica. É nesse sentido que Agamben faz referência à etimologia da palavra "*kore*" (que tem como forma masculina o termo *koros*): "derivada de uma raiz que significa 'força vital', ela se refere ao princípio que faz tanto as plantas quanto os animais crescerem (*koros* também significa 'semente' em um sentido botânico)" (Agamben; Ferrando, 2014: 6). Dessa forma, *Kore* implica a força vital comum entre animais e plantas, e nas palavras de Agamben, "é a vida na medida em que não se permite ser falada, na medida em que não pode ser definida por idade, família, identidade sexual ou papel social" (Agamben; Ferrando, 2014: 6-7). Nesse sentido, não somente a figura da criança como também a figura da mulher adolescente, presente na "Metafísica da Juventude", parecem funcionar como elemento metafórico para uma forma de vida para além de toda e qualquer identidade.[11]

Como força vital, Kore pode ser aproximada do *experimentum linguae* como a experiência daquele *pathos* que é o acontecimento de uma matéria ou daquilo que Agamben chama de "carne viva". Essa força vital, em sua precariedade, é o que há de comum

---

[11] Na "Metafísica da Juventude", Benjamin diz que "a mulher é uma garota, pois restaura jovialmente nosso tempo não gasto" (Benjamin, 1977: 100).

entre todos os seres viventes. No entanto, é preciso lembrar que não se trata de reivindicar o que Lacan chama de real do corpo em sua impotência e mortalidade como o elo comum da comunidade que vem, pois a singularidade qualquer se quer enquanto tal, ou seja, *com* todas as suas atribuições. Por isso, Agamben o reivindica em sua potência: "o iniciado devia experienciar o poder e a potência da garota indizível oferecida à humanidade – o poder e a potência de uma existência alegre e intransigentemente in-fantil" (Agamben; Ferrando, 2014: 13).[12] Assim, a comunidade que vem não é uma comunidade de seres para os quais as marcações históricas sobre os corpos não produziriam efeito – o que seria, material e objetivamente, impossível. Muito pelo contrário, o ser qualquer é o que mais importa, mas cujo laço se constitui "ao lado" das categorias identitárias.

Que nada possa ser dito de "A mulher", ou que *Cora* represente a vida na medida em que não pode ser falada poderia remeter ao que Agamben chama de negatividade. Ao contrário, em *A garota indizível,* Agamben afirma que o indizível presente nos cultos de mistério às deusas eleusinas não era nem uma proibição que concernisse à comunicação de uma doutrina secreta nem uma impossibilidade de falar. Nesse sentido, Agamben aponta para as fórmulas rituais pronunciadas pelos iniciados ("eu jejuei", "eu tomei o *kykeon*") como da ordem da nomeação. Nomeação, *phasis,* o oferecimento de palavras não associadas em forma de julgamento,

---

[12] Agamben ressalta o fato de que o mito do rapto de Perséfone é carregado de elementos cômicos, e não trágicos, como, por exemplo, o momento em que Deméter, ao procurar sua filha, é entretida por Baubo, escravo de Celeu, rei de Elêusis. O pranto de Deméter é interrompido a gargalhadas quando Baubo levanta sua saia e no lugar do órgão genital mostra a face de Iachus (um dos nomes de Dionísio). Deméter começa, então, a rir e aceita a bebida sagrada.

não é o mesmo que proposição (*kataphasis*, dizer algo sobre algo).[13] Por isso, nas palavras de Agamben, "o conhecimento transmitido em Elêusis poderia, então, ser expresso em nomes, mas não em proposições; a 'garota indizível' poderia ser nomeada, mas não dita" (Agamben; Ferrando, 2014: 20).

Que a garota indizível possa ser nomeada, mas não dita, ou nas palavras de Lacan, que o não todo aponte para o ser na fratura, na secção do predicado; ou ainda, que algo no feminino aponte para um *quod* (como), um ser-tal qual para além de toda predicação, mas *com* todos os seus atributos, e que por isso permite pensar um laço social para além de toda identidade, instigam este livro a ir além. Mas, como propõe Agamben, "a garota indizível é o limiar" (Agamben; Ferrando, 2014: 14). O mistério para o qual ela aponta é a inexorável falta de mistério: "era impossível revelar o mistério porque não havia nada a revelar" (p. 13).

Por isso, para me manter nesse limiar, gostaria de concluir com uma última observação: Agamben diz que dos cultos a Déméter e *Cora*, que ocorriam na *Khôra* (lugar um pouco afastado da pólis grega dedicado à agricultura), todos, inclusive escravos podiam participar.[14] Com isso, posso ainda perguntar sobre o que, na caracterização do feminino como Outro do Outro, permite pensar um puro acolhimento – em suma, na formação de um comum a partir da fórmula evocada pela filósofa Jelica Sumic:[15] "não

---

13   Agamben faz referência à passagem 1051b22-4 da *Metafísica* de Aristóteles.
14   Agamben diz que "as fontes materiais deixam claro que todos, inclusive escravos, eram aptos à iniciação (contanto que não tivessem cometido crime de sangue)" (Agamben; Ferrando, 2014: 12).
15   A aproximação entre "singularidade qualquer" e "não toda" é realizada em um interessante ensaio da filósofa eslovena Jelica Sumic, intitulado "A política e a psicanálise: do não todo ao para todos", ensaio recém-traduzido para a língua portuguesa. Neste ensaio, em oposição a uma política "para todos", em que o "todo" é produzido

há quem não (*y'en a pas qui ne pas*), não há quem não pertença."
A essa questão, subscrevendo Agamben (2018: 15), este livro "não pode não responder – ou, antes –, ele tem que não não responder".

a partir de uma matriz de identificação ou de um traço comum, a pesquisadora se propõe a pensar o que seria uma comunidade política formada, não a partir de uma matriz identitária, que suprassume, necessariamente, as particularidades, mas sim, um laço social, a partir de uma singularidade radical, para a qual a fórmula lacaniana do "não todo" apontaria. O que seria uma política "para todos" fundada na lógica do "não todo" é o que instiga Sumic em seu ensaio. Este ensaio é fruto de uma comunicação de Jelica Sumic apresentada no evento "Pensar e permitir o inconsciente: a psicanálise entre a política e o tratamento", ocorrido em novembro de 2015, na UFF, e organizado por Cláudio Oliveira e Marcus Coelen. Da plateia, fiquei bastante instigada com a apresentação do ensaio, e acabei por traduzi-lo. Cf. Sumic (2019).

Metafísica da Juventude
Walter Benjamin

A *conversa*

Onde estás, juventude, que a mim despertas sempre na hora certa da manhã, luz, onde estás?

Hölderlin

I

Diariamente usamos forças desmedidas como os que dormem. O que fazemos e pensamos é preenchido pelo ser dos pais[1] e ancestrais. Um simbolismo incompreendido nos escraviza sem cerimônias. – Às vezes, acordando, lembramo-nos de um sonho. Então, epifanias ocasionalmente iluminam a pilha de escombros de nossa força, nas quais o tempo passou. Estávamos acostumados ao espírito, assim como ao batimento do coração, graças ao qual levantamos pesos e digerimos.

O conteúdo de toda conversa é conhecimento do passado assim como de nossa juventude e horror diante da enormidade espiritual de campos de escombros. Nunca antes vimos o lugar da luta silenciosa travada pelo eu contra os pais.[2] Agora chegamos a ver o que, sem saber, destruímos e findamos. A conversa lamenta a grandeza perdida.

---
1 A palavra alemã "*Väter*" designa os pais como plural de Pai (*der Vater*), e não como pai e mãe, cuja conotação a palavra portuguesa "pais" pode evocar. [N.T.]
2 "*gegen die Väter*". [N.T.]

II

A conversa aspira ao silêncio, e o ouvinte é, antes de tudo, o silente. O falante recebe o sentido dele, o silente é a fonte inapropriada de sentido. A conversa levanta a ele as palavras como vasos, como jarros. O falante afunda a memória de sua força em palavras e procura formas nas quais o ouvinte revela-se. Pois o falante fala para deixar-se converter. Ele compreende o ouvinte apesar de suas próprias palavras: que diante dele há alguém cujos traços são indelevelmente sérios e bons, enquanto o falante blasfema a linguagem.

Mas ainda que ele quisesse reavivar, orgasticamente, um passado vazio, o ouvinte compreende não palavras, mas sim o silêncio do presente. Pois, apesar da fuga de sua alma e de seu vazio de palavras, o falante é presente, seu rosto é aberto ao ouvinte e os esforços dos lábios são visíveis. O ouvinte sustenta a linguagem[3] verdadeira com prontidão, as palavras penetram nele, e, ao mesmo tempo, ele vê o falante.

Quem fala penetra naquele que escuta.[4] O silêncio nasce, assim, ele mesmo da própria conversa. Todo grande homem tem somente uma conversa, em cujo limite a grandeza silente aguarda. No silêncio, a energia foi renovada: o ouvinte conduziu a conversa à borda da linguagem e o falante criou o silêncio de uma linguagem nova, ele, o primeiro que a escutou.

---

3 A palavra alemã "*Sprache*" significa tanto língua quanto linguagem e torna indiscernível a oposição entre a "língua", concebida como fato de linguagem especificamente humano, e a "linguagem" como termo mais abrangente, como, por exemplo, propõe Ferdinand de Saussure no *Cours*. Cf. Saussure (2012: 47). Optamos por traduzir "*Sprache*" por "linguagem", mantendo a abrangência do termo. [N.T.]

4 "*Lauschenden*", optamos por traduzir por "aquele que escuta", já que traduzimos a palavra "*Hörende*" por "ouvinte". Os verbos "*lauschen*" e "*hören*" são correspondentes em português aos verbos "escutar" e "ouvir"; assim, o "*Lauschende*" e o "*Hörende*" poderiam ser traduzidos, literalmente, por "escutante" e "ouvinte". [N.T.]

III

O silêncio é o limite interno da conversa. O homem improdutivo nunca chega ao limite, ele considera sua conversa monólogo. Ele sai da conversa para entrar no diário ou no café.

O silêncio reinou há muito tempo em espaços acolchoados. Aqui ele pode fazer barulho. Ele caminha entre as prostitutas e os garçons como um pregador entre seus devotos – ele, o convertido de sua última conversa. Agora ele é versado em duas linguagens, em pergunta e resposta. (Aquele que pergunta é alguém que a vida inteira nunca pensou na linguagem, e agora ele quer recompensá-la. Aquele que pergunta é condescendente com os deuses.) O homem improdutivo pergunta – entrando o silêncio entre os que são ativos, pensadores e mulheres – sobre a revelação. Ao final, *ele* está ereto, *ele* permaneceu de cabeça erguida. Sua verborragia lhe escapa e ele escuta, extasiado, sua voz; ele não capta nem as palavras nem o silêncio.

Mas ele se salva no erótico. Seu olhar deflora. Ele mesmo quer se ver e se ouvir e então quer se apoderar daquele que vê e que ouve. Por isso, ele se engana a si mesmo e sua grandeza, e, falando, foge. Mas ele sempre colapsa, aniquilado, diante da humanidade no outro; ele permanece sempre incompreensível. E o olhar do silente desliza através dele, procurando por aquele que virá em silêncio.

A grandeza é o eterno silêncio depois da conversa. É captar o ritmo das próprias palavras no vazio. Na criação das formas, o gênio amaldiçoou inteiramente sua lembrança. Ele é pobre de memória e desorientado. Seu passado já se tornou destino e nunca mais pode ser revivido. No gênio, Deus fala e escuta a contradição da linguagem.

Para o tagarela, o gênio parece ser a fuga da grandeza. A arte é o melhor remédio contra o infortúnio. A conversa do gênio é, no entanto, prece. Ao falar, as palavras caem dele como mantas. As palavras do gênio desnudam e são véus nos quais aquele que escuta se sente vestido. Quem escuta é o passado do grande falante, seu objeto e sua força morta. O gênio falante é mais silencioso que aquele que escuta, assim como aquele que faz a prece é mais silencioso que Deus.

IV

O falante permanece sempre possuído pelo presente. Por isso, ele é condenado: a nunca dizer o passado, que ele, no entanto, quer dizer. E o que ele diz já foi há muito tratado pela pergunta muda daquela que silencia, e o olhar dela pergunta quando ele vai chegar ao fim. Ele deve confiar na ouvinte para que ela pegue sua blasfêmia pela mão e a conduza ao abismo, no qual a alma do falante está, seu passado, o campo morto em direção ao qual ele vagueia. Mas faz tempo que a prostituta aí espera. Pois cada mulher possui o passado e, em todo caso, nenhum presente. Por isso, ela protege o sentido contra o entender, ela previne contra o abuso das palavras e não se permite ser abusada.

Ela protege o tesouro da cotidianidade, mas também o da noturnidade,[5] o bem maior. Por isso, a prostituta é a ouvinte. Ela salva a conversa da mediocridade, a grandeza não tem nenhum direito sobre ela porque, diante dela, a grandeza finda. Diante dela, toda masculinidade já é passado, e agora a corrente de palavras

---

5 "*Allnächtlichkeit*", termo traduzido por "*noturnidade*" a fim de manter o neologismo construído por Benjamin. Há aqui um jogo de palavras entre "*Alltäglichkeit*", cotidianidade, e "*Allnächtlichkeit*", cuja raiz é "noite". [N.T.]

flui para suas noites. O presente eternamente passado virá a ser de novo. A outra conversa do silêncio é voluptuosidade.

V

O gênio: Venho a você para repousar.

A prostituta: Então sente.

O gênio: Eu gostaria de sentar-me com você – agora mesmo toquei em você e parece-me que já havia descansado há anos.

A prostituta: Você me inquieta. Se eu me deitasse ao seu lado, eu não poderia dormir.

O gênio: Toda noite há pessoas com você nesse quarto. Para mim, é como se eu tivesse a todos recebido e eles tivessem me olhado sem alegria e ido embora.

A prostituta: Dê-me sua mão – sinto, em sua mão adormecida, que você se esqueceu agora de todos os seus poemas.

O gênio: Eu só penso em minha mãe. Posso contar-lhe sobre ela? Ela me trouxe à vida. Ela trouxe à vida como você: a centenas de poemas mortos. Como você, ela também não conheceu seus filhos. Seus filhos prostituíam-se com estranhos.

A prostituta: Como os meus.

O gênio: Minha mãe sempre olhou para mim, perguntou-me, escreveu para mim. Nela esqueci-me de todas as pessoas. Todos tornaram-se mãe para mim. Todas as mulheres haviam me trazido à vida, nenhum homem havia me engendrado.

A prostituta: Assim se lamentam todos os que dormem comigo. Quando observam suas vidas junto a mim, parece-lhes como se uma espessa cinza lhes subisse à garganta. Ninguém os engendrou, e eles vêm a mim também para não engendrar.

O gênio: Todas as mulheres para as quais vou são como você.

Elas me trouxeram à vida morto e querem receber de mim algo morto.

A prostituta: Mas eu sou tão destemida quanto a morte (Eles vão dormir.)

VI

A mulher vela as conversas. Ela recebe o silêncio, e a prostituta recebe o criador de tudo o que foi. Mas ninguém zela pelo lamento quando os homens[6] falam. A conversa deles torna-se desespero, ela ressoa em um espaço surdo e, blasfemando, agarra-se à grandeza. Dois homens juntos são sempre encrenqueiros, e acabam por resolver tudo a ferro e fogo. Eles aniquilam a mulher com suas obscenidades, o paradoxo viola a grandeza. Palavras do mesmo gênero os juntam e fustigam com sua secreta simpatia, e surge um duplo sentido sem alma, apenas encoberto por uma cruel dialética. Sorrindo, a revelação ergue-se diante deles e os força ao silêncio. A obscenidade triunfa, o mundo foi construído com palavras.

Agora, eles têm que se levantar, destruir seus livros e raptar uma mulher para si, senão eles vão sufocar secretamente suas almas.

VII

Como falavam Safo e suas amigas? Como as mulheres chegaram a falar? Pois a linguagem suprime suas almas. As mulheres não recebem da linguagem nenhum som e nenhuma redenção. As palavras sopram por cima das mulheres que estão juntas, mas o sopro é rudimentar e sem som, elas se tornam tagarelas. Seu silêncio,

---

6 *"Männer"*, homens, do gênero masculino. [N.T.]

entretanto, reina sobre suas conversas. A linguagem não porta a alma das mulheres porque elas não confiam nada a ela, seu passado nunca está concluído. As palavras tocam as mulheres com os dedos em todas as suas partes e uma certa habilidade responde a elas rapidamente. Mas a linguagem aparece para elas somente no falante que, torturado, comprime os corpos das palavras, no qual ele veio a reproduzir o silêncio da amada. As palavras são mudas. A linguagem das mulheres permaneceu incriada. Mulheres falantes são possuídas por uma linguagem louca.[7]

VIII

Como falavam Safo e suas amigas? – A linguagem é velada como o que passou e futura como o silêncio. Nela, o falante traz consigo o passado, velado pela linguagem, ele recebe seu passado-feminino na conversa. – Mas as mulheres silenciam. Onde estão à escuta, as palavras são impronunciadas. Elas aninham seus corpos e se acariciam. Sua conversa liberou-se do objeto e da linguagem. No entanto, ela acessou um domínio. Pois somente entre elas, e quando estão juntas, a própria conversa já passou e se apaziguou. Agora, a conversa finalmente alcançou a si mesma: ela tornou-se grandeza diante do olhar das mulheres, assim como a vida era grandeza antes da conversa vã. As mulheres silenciosas são as falantes do que

---

[7] No original: "*Sprechende Frauen sind von einer wahnwitzigen Sprache besessen*". Noto que o adjetivo "*wahnwitzig*", que qualifica a linguagem das mulheres, é formado pelo prefixo "*wahn*", que significa delírio, frenesi, ilusão, e pela raiz "*Witz*", chiste. Opto por traduzir "*wahnwitzig*" por "louca" para manter a abrangência semântica deste termo. Outra possibilidade seria "insana", de *in/sanus*, não são, insensato, sem sentido. Entretanto, Benjamin afirma que as mulheres defendem o sentido contra o entender. É apostando no sentido e na razão da própria linguagem encontrada na caraterização romântica do chiste, para além da intenção de um sujeito, que ressalto o *Witz* como raiz deste vocábulo. [N.T.]

foi falado. Elas saem do círculo, somente elas veem a perfeição de sua circunferência.

Nenhuma delas lamenta quando estão juntas, elas contemplam, maravilhadas. O amor de seus corpos não procria, mas seu amor é bonito de ver. E elas ousam olhar umas para as outras. O olhar faz com que precisem recuperar o fôlego enquanto as palavras desaparecem no espaço. O silêncio e a voluptuosidade – eternamente separados na conversa – tornaram-se um. O silêncio das conversas foi volúpia futura, volúpia foi silêncio passado. Mas, dentre as mulheres, a visão das conversas ocorreu a partir da fronteira da voluptuosidade silenciosa. Aí se ergueu, luminosamente, a juventude das conversas obscuras. A essência brilhava.

O diário

> Terras vizinhas podem estar no campo de visão
> De modo que se pode ouvir o mútuo chamado dos galos e dos cachorros
> E ainda assim as pessoas morrem na idade mais avançada
> Sem nunca ter viajado para lá e para cá.
>
> *Lao-Tsé*

I

Queremos chamar a atenção para as fontes de desespero inominável que fluem em todas as almas. Excitadas, as almas ouvem a melodia de sua juventude, uma juventude que lhes é assegurada milhares de vezes. Mas quanto mais as almas submergem nas décadas incertas e ainda integram o futuro mais distante de sua juventude, tanto mais desertadas elas respiram no presente vazio. Um dia, elas despertam ao desespero: o dia de origem do diário.

Com desesperançosa seriedade, o diário levanta a questão de saber em que tempo vive o ser humano. Que ele viva em tempo algum, disso sempre souberam os pensadores. A imortalidade dos pensamentos e das ações o exila na atemporalidade, em cujo meio a incompreensível morte espreita. Durante toda sua vida, o vazio do tempo o envolveu, a imortalidade, contudo, não. Devorado pelas múltiplas coisas, o tempo lhe escapou, aquele *Medium* foi destruído, no qual a pura melodia de sua juventude deveria crescer. A tranquilidade plena, na qual deveria amadurecer sua grandeza tardia, foi dele roubada. Ela lhe foi roubada pelo cotidiano que, com eventos, acaso e obrigações, interrompeu de milhares de maneiras o tempo juvenil, o tempo imortal, do qual ele nunca suspeitou. Por trás da cotidianidade, ainda mais ameaçadora, ergueu-se a morte. Agora ela aparece ainda menor e mata diariamente, para deixar viver um pouco mais. Até que um dia a grande morte caia das nuvens como uma mão que não mais deixa viver. Dia após dia, segundo após segundo, o eu se autopreserva, e agarra-se ao instrumento: o tempo, que ele deveria tocar.

O desesperado, portanto, lembra-se de sua infância, àquela época era ainda tempo sem fuga e eu sem morte. Ele olha e olha para baixo, dentro daquela corrente da qual emergiu, e aos poucos ele perde, de modo lento e redentor, a sua compreensão. Em tal esquecimento, sem saber o que quer dizer, mas com sua intenção redimida, o diário se inicia. Esse insondável livro de uma vida nunca vivida, livro de uma vida em cujo tempo tudo que insuficientemente vivemos se transforma até a perfeição.

O diário é um ato de liberação, secreto e ilimitado em sua vitória. Alguém que não seja livre não entenderá esse livro. Quando o eu, devorado pela saudade de si mesmo, devorado pela vontade de juventude, devorado pelo desejo de poder sobre as décadas que virão, devorado pelo desejo de carregar-se, recomposto, através dos dias, inflamado pelo prazer da ociosidade em fogo obscuro – quando esse eu se viu condenado, no entanto, ao tempo do calendário, do relógio e das bolsas de valores, e nenhum raio de um tempo de imortalidade baixou até ele – então ele mesmo começou a irradiar. Raio, ele soube, sou eu mesmo. Não a turva interioridade daquele que vivencia, que me chama de eu e me martiriza com familiaridade, mas raio do outro, aquele que parecia me oprimir e que, no fundo, eu mesmo sou: raio do tempo. Tremendo ergue-se um eu que nós conhecemos somente de nosso diário, na margem da imortalidade, na qual ele se precipita. Ele é, sim, o *tempo*. Nele, no eu, ocorrem eventos, pessoas encontram-se, amigos, inimigos e amantes, nele corre o tempo imortal, o tempo de sua própria grandeza expira nele, é o tempo do brilho radiante e nada mais.

Esse fiel escreve seu diário. Ele o escreve em intervalos e nunca o terminará, porque morrerá. O que é o intervalo no diário? Ele não opera no tempo do desenvolvimento, que é suspenso. Ele não opera de modo algum *no* tempo, que é liquidado. Ao contrário, ele é um livro *do* tempo: diário, livro dos dias. Isso emite os raios de seu conhecimento através do espaço. A cadeia das vivências não transcorre no diário, pois senão ele seria sem intervalo. Ao contrário, o tempo é suspenso, e também é suspenso o eu que nele atua; eu sou inteiramente transposto no tempo, ele me irradia. A esse eu, à criação do tempo, nada mais pode ocorrer. Todas as demais coisas para as quais o tempo ocorre curvam-se a ele. Pois, a todas as outras coisas, nosso eu acontece como tempo, o eu sobrevém a todas as coisas no diário, elas se lançam ao eu e continuam vivendo nele. Mas o tempo não mais acontece para o eu, para o nascimento do tempo imortal. O atemporal sobrevém a ele, nele todas as coisas estão reunidas, junto a ele. Onipotente, ele vive no intervalo, no intervalo (no silêncio do diário) sobrevém ao "eu" seu próprio tempo, o tempo puro. No intervalo, ele está reunido em si mesmo, coisa alguma interfere em seu imortal conjunto. Aqui ele cria força para sobrevir às coisas, para despedaçá-las em si, para não reconhecer seu destino. O intervalo é seguro, e onde há silêncio nada pode acontecer. Nenhuma catástrofe encontra entrada nas linhas desse livro. É por isso que não acreditamos em deduções e fontes; nunca nos lembramos do que nos sucedeu. O tempo, que irradia como eu, que somos nós, sobrevém a todas as coisas ao nosso redor como nosso destino. Esse tempo, nossa essência, é a imortalidade na qual outros morrem. O que os mata faz com que, na morte (no último intervalo), sintamo-nos essencialmente nós mesmos.

II
A amada da paisagem, inclinando, irradia no tempo,
Mas o inimigo, obscuro, permanece no meio.
Suas asas dormitam. O negro redentor das terras
Respira seu cristalino: não, e ele decide nossa morte.

Raras vezes, o diário emerge, hesitante, da imortalidade de seu intervalo, e se escreve. Sem som, ele se regozija e contempla os destinos que nele estão contidos de maneira clara, na urdidura do tempo. As coisas assomam-se a ele, sedentas por determinação, esperando receber o destino de suas mãos. Elas enviam sua parte mais impotente ao encontro da soberania, o que nelas é menos determinado implora por determinação. Elas delimitam a essência humana através de sua existência questionadora, aprofundam o tempo; e como o próprio tempo acontece no mais extremo das coisas, vibra nele uma leve insegurança que, questionando, dá resposta às perguntas das coisas. No intercâmbio dessas vibrações vive o eu. Esse é o conteúdo de nossos diários: nosso destino crê em nós, porque há tempos não mais nos relacionamos com ele – nós, mortos, que ressuscitamos naquilo que acontece conosco.

Há, no entanto, um lugar daquelas ressurreições do eu, quando o tempo o envia a ondas sempre mais distantes. Isso é a paisagem. Tudo o que acontece nos circunda como paisagem, pois nós, o tempo das coisas, não conhecemos tempo algum. Conhecemos somente a inclinação das árvores, o horizonte e o corte dos cumes das montanhas, que despertam, de súbito, cheios de sentido enquanto nos colocam em seu meio.[8] A paisagem nos transporta para seu meio, tremulantes topos de árvores nos circundam com perguntas, vales nos envolvem com névoa, casas inimagináveis nos oprimem com suas formas. Nós, seu centro,[9] sucedemos a todas essas coisas. Mas, de todo tempo em que permanecemos aí, tremulando, resta-nos, internamente, uma pergunta: somos tempo? A soberba nos seduz a dizer "sim" – então desapareceria a paisagem. Nós seríamos cidadãos. Mas o feitiço do livro nos deixa silenciar. A única resposta é que trilhamos um caminho. Mas, ao avançar, o mesmo entorno nos santifica. E como, sem respostas, determinamos as coisas com o movimento dos nossos corpos, somos o meio e, vagando, nos aproximamos e nos distanciamos, destacamos árvores e campos de seus iguais, assim também elas fluem com o tempo de nossa existência. Determinamos campo e

---

8 A palavra aqui é *Mitte*. [N.T.]
9 *Mittelpunkt*. [N.T.]

montanhas em sua arbitrariedade: eles são nosso ser passado – assim professava a infância. Nós somos elas futuramente. Na nudez do futuro, a paisagem nos recebe, os adultos. Nua, ela responde ao tremor da temporalidade, com o qual tomamos a paisagem de assalto. Aqui, despertamos e participamos do repasto matinal da juventude. As coisas nos veem, seu olhar nos propele ao que virá, visto que não lhes respondemos, mas as percorremos. Ao redor, onde recusamos o chamado, está a paisagem. Milhares de gritos de prazer da espiritualidade rugiram ao redor da paisagem – então, o diário, sorridente, enviou um único pensamento em direção a eles. Permeada pelo tempo, a paisagem respira diante de nós, excitada. Juntos, a paisagem e eu estamos salvos um no outro. Caímos da nudez na nudez. Alcançamo-nos um ao outro, reunidos.

A paisagem nos envia a amada. Nada nos encontra senão na paisagem e, nela, nada senão futuro. Ela só conhece a única garota que já é mulher. Pois ela entra no diário com a história de seu futuro. Já morremos uma vez, juntos. Já fomos, uma vez, totalmente iguais a essa história. Se a encontramos na morte, então ela nos encontra na vida, milhares de vezes. Sob a ótica da morte, cada garota é a mulher amada que sempre nos encontra, os adormecidos, no diário. E seu despertar se dá na noite – invisível para o diário. Esta é a forma do amor no diário que nos encontra na paisagem sob um céu bem claro. A paixão adormeceu entre nós, e a mulher é uma garota, pois ela restaura jovialmente nosso tempo não gasto, que ela juntou em sua morte. A vertiginosa nudez que nos assola na paisagem é equiparada à amada nua.

Quando nosso tempo nos lançou de fora da distância para dentro da paisagem, e quando a amada percorreu o protegido caminho do pensamento ao nosso encontro, sentimos o tempo que nos enviou adiante e, violento, colidiu contra nós de novo. Este ritmo do tempo, que de todos os cantos retorna a nós como à casa, é soporífero. Qualquer um que leia um diário cai no sono sobre ele e cumpre o destino daquele que o escreveu. Repetidamente o diário evoca a morte do escritor, ao menos no sono daquele que lê: nosso diário conhece somente um leitor, ele se torna o redentor na medida em que é vencido pelo livro. Nós mesmos somos o leitor ou nosso inimigo. Ele não encontrou nenhum acesso ao reino que floresceu à nossa volta. Ele não é nada senão o eu, banido e purificado, vagando invisível no inominável centro dos tempos. Ele ainda não se abandonou à correnteza do destino que fluiu à nossa volta. Como a paisagem ergueu-se ao nosso encontro, estranhamente por nós animada, tal como a amada nos sobrevoou, ela que anteriormente havíamos cortejado e deflorado, assim também o inimigo permanece no meio da correnteza, tão aprumado quanto ela. Porém, mais poderoso. Ele envia paisagem e amada ao nosso encontro, e é o incansável pensador dos pensamentos que apenas vêm até nós. Ele nos encontra em perfeita clareza e, enquanto o tempo se oculta na muda melodia dos intervalos, ele trabalha. De súbito, ele se levanta no intervalo como a fanfarra e nos envia ao encontro da aventura. Ele é manifestação do tempo não menos que nós mesmos, mas é o mais poderoso refletor de nós mesmos. Deslumbrando-nos com o conhecimento do amor e com visões de países distantes, ele irrompe em nós, regressando, e estorva nossa imortalidade para emissões mais e mais distantes. Ele conhece os impérios das cem mortes que cercam o tempo e quer afogá-las na imortalidade. Após cada visão e após cada fuga da morte, voltamos para nossa casa como nosso próprio inimigo. O diário nunca fala de nenhum outro inimigo, pois todo inimigo sucumbe diante da inimizade do nosso ilustre conhecimento, incompetente comparado conosco, que nunca alcançamos nosso tempo, sempre fugindo atrás dele, ou presunçosamente o ultrapassando. Sempre pondo nossa imortalidade em jogo e a perdendo. Isso o inimigo sabe; ele é a incansável e corajosa consciência que nos perfura. Nosso diário escreve o que é seu enquanto está ativo no meio do intervalo. Em sua mão, descansam as escalas de nosso tempo e do tempo imortal. Quando ele vai começar? Nós vamos suceder a nós mesmos.

III

A covardia do vivente, cujo eu reside de muitas maneiras em todas as aventuras e que constantemente esconde sua face nas vestes de sua dignidade – tal covardia deve se tornar, por fim, insustentável. Pois demos tantos passos para dentro do reino do destino quanto voltamos para trás –, mesmo que fôssemos de fato também inobservados: uma vez, a infinitamente ofendida e coroada soberania em nós se cansou; ela foi embora, doravante ilimitada e cheia de desprezo pelo eu que a ela foi atribuído. Ela galgou um trono no imaginário e aguardou. Com grandes letras, o estilo de seu espírito que dorme escreveu o diário.

Trata-se então, nesses livros, da ascensão ao trono daquele que abdica. Ele abdicou da vivência da qual ele não considera seu eu nem digno nem capaz, e da qual ele finalmente se priva. Outrora, em vez de encontrá-lo, as coisas caíam em seu caminho e de todos os lados pressionavam aquele que continuamente fugia. O nobre jamais experimentou o amor dos vencidos. Ele desconfiou se as coisas também se referiam a ele. Você está se referindo a mim?, perguntou ele à vitória que recaiu sobre ele. Você se refere a mim?, à garota que com ele se aninhava. Ele rompeu com sua completude. Ele apareceu como vencedor para a vitória e como o amado para os amantes. Mas o amor lhe sobreveio e a vitória incidiu sobre ele, enquanto ele sacrificou os Penates de sua clandestinidade. Ele nunca encontrou o destino pelo qual passou.

Mas quando, no diário, a soberania do eu se retirou e a ira contra os acontecimentos silenciou, os eventos se mostraram inconclusos. A sempre mais distante visibilidade do eu, que não relaciona mais nada consigo mesmo, tece o sempre mais próximo mito das coisas, que sobressaltam em abissal inclinação para o eu, como uma pergunta incansável e sedenta por determinação.

A nova tempestade retumba no agitado eu. Se o eu é emitido como o tempo, as coisas sobressaltam dentro dele próprio, opondo-se a ele em sua orientação distante e humilde, indo até o centro do intervalo, o ventre do tempo, de onde o eu irradiou. E o destino é: esse contramovimento das coisas no tempo do eu. E aquele tempo do eu no qual as coisas nos sucedem, isso é a grandeza. Para ela, todo futuro se passou. O passado das coisas é o futuro do eu-tempo. Mas o que é passado torna-se algo futuro. Enviam novamente o tempo do eu quando tiverem entrado no intervalo. Com os acontecimentos, o diário escreve a história de nosso ser futuro. E então profetiza nosso destino passado. O diário escreve a história de nossa grandeza da morte em diante. O tempo das coisas é suprimido uma vez no tempo do eu, o destino é suprimido na grandeza e os intervalos são suprimidos no intervalo. Uma vez, o inimigo, revigorado, nos confronta com seu amor ilimitado: ele, que concentrou em suas forças toda nossa esplendorosa fraqueza, que acamou toda nossa nudez em sua incorporeidade, que sobrepôs todo nosso silêncio com sua mudez, que todas as coisas faz retornar à casa e põe um fim a todas as pessoas – o grande intervalo. A morte. Na morte, sucedemo-nos a nós mesmos; nosso ser-morto se destaca das coisas. E o tempo da morte é o nosso próprio tempo. Redimidos, percebemos o preenchimento do jogo, o tempo da morte foi o tempo de nosso diário, a morte, o último intervalo, a morte, o primeiro inimigo que nos ama, a morte, que nos carrega com toda grandeza e carrega os destinos de nossos longos planos em direção ao centro inominado do tempo. Ela, que por um único momento nos dá a imortalidade. Múltiplo e único é o conteúdo de nossos diários. O chamado, que nossa juventude com orgulho recusou, surpreende-nos. Mas ele não é outra coisa senão o chamado para a imortalidade. Entramos no tempo que no diário era símbolo do anseio, rito de purificação. Junto a nós, as coisas afundam no centro, junto a nós, esperam, como nós, pelo novo esplendor. Pois só há imortalidade na morte e o tempo eleva-se no fim dos tempos.

O baile

A custo de que prelúdio nos despojamos de nossos sonhos? Pois com leve aceno de mão os deixamos de lado, deixamo-los para trás, nos travesseiros, enquanto alguns flutuam silenciosamente sobre nossas cabeças erguidas. Como ousamos, acordados, trazê--los à luz? Oh, dentro na luz! Todos nós carregamos dentre nós os sonhos invisíveis; quão profundamente veladas são as faces das garotas, seus olhos são familiares ninhos do infamiliar, dos sonhos, bastante inacessíveis, brilhantes de perfeição. A música nos eleva a todos à altura daquele filete de luz – você o conhece – que atravessa por baixo da cortina quando uma orquestra sintoniza os violinos. A dança começa. Então nossas mãos deslizam, afastando--se umas das outras, nossos olhares se encontram, pesados, esvaziando-se e sorrindo desde o último céu. Nossos corpos se tocam com cuidado, nós não nos despertamos do sonho, nem chamamos uns aos outros à obscuridade como à casa – para fora da noite da noite, que não é dia. Como nos amamos! Como protegemos nossa nudez! Todos nós a amarramos em cores, máscaras, recusando a nudez, prometendo a nudez. Há em todos algo de monstruoso para silenciar. Mas nós nos lançamos no ritmo dos violinos, nunca uma noite foi tão incorpórea, tão in-familiar, tão casta como esta.

Onde estamos sozinhos, em uma turba de fanfarra, sozinhos na clara noite das noites, que invocamos, nossa alma em fuga convida uma mulher a vir – uma garota – que está em um longínquo ponto de fuga.

Ela caminha sobre o chão da plateia, que jaz liso sob os dançarinos como se refletisse a música, pois esse chão liso, ao qual as pessoas não pertencem, cria espaço para o Elísio, que reúne as solidões das pessoas em uma ciranda. Ela caminha e seus passos ordenam os dançarinos, ela pressiona alguns para sair, e estes se encontram aos pedaços sobre mesas em que o ruído da solidão reina ou onde as pessoas andam como se em uma alta corda bamba através da noite.

Quando mais senão agora a noite alcançou clareza e tornou--se radiante? Quando mais fora o tempo superado? Quem sabe quem encontraremos nesta hora? Senão (houvesse um "senão") estamos certamente aqui, mas já acabados, senão talvez derramaríamos fora os restos dos dias usados e provaríamos do novo. Mas agora derramamos a espuma do dia sobre o purpúreo cristal da noite, ela se acalma e reluz.

A música transporta os pensamentos, nossos olhos refletem os amigos ao redor, como todos eles se movimentam banhados de noite. Estamos realmente em uma casa sem janela, em uma sala sem mundo. Escadas nos levam para cima e para baixo, marmóreas. Aqui o tempo é capturado. Somente vez por outra ele, a contragosto, ainda mobiliza seu cansado fôlego em nós e nos torna inquietos. Mas uma palavra, falada dentro da noite, chama uma pessoa para nós, andamos juntos, a música já nos era supérflua e, sim, nós podíamos deitar-nos juntos no escuro, mesmo que nossos olhos pudessem brilhar como uma fulgurante espada desembainhada entre as pessoas. Ao redor dessa casa sabemos que flutuam todas as realidades sem piedade, que foram expulsas. Os poetas com seus sorrisos amargos, os santos e os policiais e carros, que aguardam. De vez em quando, a música penetra no exterior e os soterra.

Título original: *Metaphysik der Jugend*
Fonte: BENJAMIN, Walter. *Gesammelte Schriften*, II, I. Org. Rolf Tiedemann e Hermann Schweppenhäuser. Frankfurt: Suhrkamp, 1977.
Tradução: Isabela Pinho
Revisão técnica: Marcus Coelen (LMU)
Segunda revisão técnica: Daniel Pucciarelli (UEMG)
O primeiro trecho desta tradução, "A conversa", foi originalmente publicado no dossiê "Figurações e interlocuções: a questão feminina em Walter Benjamin", na revista *Artefilosofia* (v. 15, n. 29), da UFOP.

Referências bibliográficas

AGAMBEN, Giorgio. A coisa mesma, Ideia da linguagem, Língua e História – categorias linguísticas e categorias históricas no pensamento de Benjamin. In: *A potência do pensamento, ensaios e conferências*. Trad. António Guerreiro. Belo Horizonte: Autêntica, 2015.

_____. *A comunidade que vem*. Trad. Cláudio Oliveira. Belo Horizonte: Autêntica, 2013.

_____. *A linguagem e a morte: um seminário sobre o lugar da negatividade*. Trad. Henrique Burigo. Belo Horizonte: Ed. UFMG, 2006.

_____. *Experimentum linguae: a experiência da língua*. Trad. Cláudio Oliveira. Rio de Janeiro: Circuito, 2018.

_____. *Homo Sacer: o poder soberano e a vida nua*. Trad. Henrique Burigo. Belo Horizonte: Ed. UFMG, 2007.

_____. *Ideia da prosa*. Trad. João Barrento. Belo Horizonte: Autêntica, 2012.

_____. *Infância e história, destruição da experiência e origem da história*. Trad. Henrique Burigo. Belo Horizonte: Ed. UFMG, 2012.

_____. *Meios sem fim: notas sobre a política*. Trad. Davi Pessoa. Belo Horizonte: Autêntica, 2015.

_____. *O aberto, homem e animal*. Trad. André Dias, Ana Bogotte Vieira. Lisboa: Biblioteca da Filosofia Contemporânea (Edições 70), 2002.

_____. *O que é o contemporâneo? E outros ensaios*. Trad. Vinícius Nicastro Honesko. Chapecó: Ed. Unichapecó, 2009a.

_____. *O que resta de Auschwitz, o arquivo e a testemunha*. Trad. Selvino José Assmann, São Paulo: Boitempo, 2008.

_____.*Signatura rerum, sur la méthode*. Trad. Joel Gayraud. Paris: Librairie Philosophique J. Vrin, 2009b.

_____; FERRANDO, M. *The unspeakable Girl, the myth and mystery of Kore*. Trad. Leland de la Durantaye e Annie Julia Wyman. Londres, Nova York: Seagull Books, 2014.

ARANTES, Paulo. Hegel no espelho do Dr. Lacan. *Revista Psicologia USP*, São Paulo, v. 6, n. 2, p. 11-38, 1995.

ARISTÓTELES. *Da Interpretação*. Trad. Edson Bini. Bauru: Edipro, 2005.

_____. *História dos animais*. Trad. Maria de Fátima Sousa e Silva. Lisboa: Imprensa Nacional-Casa da Moeda, 2008.

_____. *Metafísica*. Ensaio introdutório, texto grego com tradução e comentário de Giovanni Reale. Trad. Marcelo Perine. São Paulo: Edições Loyola, 2005.

_____. *Política*. Trad. Mário da Gama Cury. Brasília: Ed. Unb, 1997.

BACHOFEN, Johann Jakob. *Mitología arcaica y derecho materno*. Trad. Bergoña Ariño. Barcelona: Editorial Anthropos, 1988.

_____. Sanctum and Sacrum. In: *Myth, religion and mother right*. Trad. Ralph Manhein. New York: Princeton University, 1967.

BENJAMIN, Walter. A doutrina das semelhanças. In: *Magia, técnica, arte e política: ensaios sobre literatura e história da cultura (Obras escolhidas, v. 1)*. Trad. Sérgio Paulo Rouanet. São Paulo: Brasiliense, 1994.

_____. A morte do pai. In: *A arte de contar histórias*. Trad. Marcelo Backes. Org. Patrícia Lavelle. São Paulo: Hedra, 2018.

_____. A tarefa do tradutor. In: *Escritos sobre mito linguagem*. Trad. Susana Kampff Lages. São Paulo: Editora 34, 2011a. p. 101-119.

_____. Carta de Benjamin a Gustav Wyneken. Trad. Didier Renault. In: *Walter Benjamin, Cahier de l'herne*. Patrícia Lavelle (Org.). Paris: Éditions de L'herne, 2013.

_____. *Charles Baudelaire, um lírico no auge do capitalismo*. Trad. José Martins de Barbosa, Hemerson Alves Baptista. São Paulo: Brasiliense, 1991.

_____. *Correspondances I (1910-1928)*. Trad. Guy Petitdemange. Paris: Éditions Aubier-Montaigne, 1979.

_____. Fragmento teológico-político. In: *O anjo da história*. Trad. João Barrento. Belo Horizonte: Autêntica, 2012.

_____. *Infância em Berlim por volta de 1900*. Trad. Rubens Rodrigues Torres Filho, José Carlos Martins Barbosa. São Paulo: Brasiliense, 2011b.

_____. Johann Jakob Bachofen. In: *Walter Benjamin, o anjo da história*. Trad. João Barrento. Belo Horizonte: Autêntica Editora, 2012.

_____. *Metaphysik der Jugend*. Gesammelte Schriften, II, I. Org. Rolf Tiedemann e Hermann Schweppenhäuser. Frankfurt: Suhrkamp, 1977.

_____. *Nähe und Ferne*. Gesammelte Schriften, VI. Org. Rolf Tiedemann e Hermann Schweppenhäuser. Frankfurt: Suhrkamp, 1991.

_____. *Notes pour faire suite au travail sur le langage* [1915-1916]. In: Patrícia Lavelle. (Org). *Walter Benjamin, Cahier de l'herne*. Paris: Éditions de L'herne, 2013.

_____. Para uma crítica da violência. In: *Escritos sobre mito e linguagem*. Trad. Ernani Chaves. São Paulo: Duas Cidades, 2011c.

_____. Questões introdutórias de crítica do conhecimento. In: *Origem do drama barroco alemão*. Trad. Sérgio Paulo Rouanet. São Paulo: Brasiliense, 1984.

_____. Sobre alguns temas em Baudelaire. In: *Charles Baudelaire, um lírico no auge do capitalismo*. Trad. José Martins Barbosa, Hemerson Alves Baptista. São Paulo: Brasilense, 1994.

_____. Sobre as afinidades eletivas de Goethe. In: *Ensaios Reunidos: Escritos sobre Goethe*. Trad. Mônica Krausz Bornebusch. São Paulo: Duas Cidades: Editora 34, 2009.

_____. *Sobre a linguagem em geral e sobre a linguagem do homem*. Trad. Susana Kampff Lages. São Paulo: Editora 34, 2011d. p. 212-156 [Über *Sprache* überhaupt *und* über *die Sprache des Menschen*. In: *Gesammelte Schriften*, vol. II, I, Frankfurt am Main, Suhrkamp Verlag, 1991].

_____. Sobre o conceito de história. In: LOWY, M. *Walter Benjamin: aviso de incêndio*. São Paulo: Boitempo, 2005.

_____. Sur la faculté mimétique. In: *Walter Benjamin, Cahier de l'herne*. Patrícia Lavelle (Org.). Paris: Éditions de L'herne, 2013.

_____. *Sur le programme de la philosophie qui vient*. In: *Walter Benjamin, oeuvres 1*. Trad. Maurice Gandillac, Rainer Rochlitz e Pierre Rusch. Paris: Éditions Gallimard, 2000.

_____. *O conceito de crítica de arte no romantismo alemão*. Trad. Márcio Seligmann-Silva. São Paulo: Edusp, Iluminuras, 1993.

_____. *Passagens*. Trad. Irene Aron, Cleonice Paes Barreto Mourão. Belo Horizonte: Ed. UFMG, São Paulo: Imprensa Oficial do Estado de São Paulo, 2009.

_____.Über das mimetische Vermögen. In: *Gesammelte Schriften*, vol. II, I, Frankfurt am Main, Suhrkamp Verlag, 1977.

BENVENISTE, Émile. *Problemas de linguística geral*. Trad. Maria da Glória Novak e Luiza Neri. São Paulo: Ed. Nacional; Ed. da Universidade de São Paulo, 1976.

BROUSSE, Marie Helène. "Corpos lacanianos: novidades contemporâneas sobre o Estádio do Espelho". Trad. Elisa Monteiro. *Opção Lacaniana*, ano 5, n. 15, 2014.

CAMPOS, Haroldo. "O afreudisíaco Lacan na galáxia de *lalíngua* (Freud, Lacane a escritura)". *Afreudite: Revista Lusófona de Psicanálise Pura e Aplicada*, n. 1, 2005.

CASTRO, Edgardo. *Introdução a Giorgio Agamben: uma arqueologia da potência*. Trad. Beatriz de Almeida Magalhães. Belo Horizonte: Editora Autêntica, 2012.

COSSI, Rafael Kalaf. *A diferença dos sexos: Lacan e o feminismo*. Tese (Doutorado em Psicologia Clínica) – Instituto de Psicologia, Universidade de São Paulo, São Paulo, 2017.

D'ÁVILA, Teresa. "Le château intérieur". In: *OEuvres Complètes*. Paris: Les Éditions du Cerf, 1995.

_____. *Le livre de la vie. Oeuvres Complètes*. Paris: Les Éditions du Cerf, 1995.

DUARTE, Pedro. *Estio do tempo, Romantismo e estética moderna*. Rio de Janeiro: Zahar, 2011.

ELLMANN, Richard. *James Joyce*. Londres, Toronto: Oxford University Press, 1966.

FENVES, Peter. *Vollendung*: de Heinrich Rickert à Benjamin – Heidegger. In: *Walter Benjamin, Cahier de l'herne*. Patrícia Lavelle (Org.). Paris: Éditions de L'herne, 2013.

FREUD, Sigmund. "Os chistes e a sua relação com o inconsciente" (1905). In: *Obras Completas: edição standard brasileira (Vol. VIII)*. Trad. Jayme Salomão. Rio de Janeiro: Imago, 1996.

_____. *Totem e tabu (Obras completas, volume 11)*. Trad. Paulo César de Souza. São Paulo: Companhia das Letras, 2012.

_____. *Três ensaios sobre a teoria da sexualidade (Obras completas, v. 6)*. Trad. Paulo César de Souza. São Paulo: Companhia das Letras, 2016.

GAGNEBIN, Jeanne-Marie. A questão de Eros na obra de Benjamin. *Revista Artefilosofia*, Ouro Preto, n. 4, jan. 2008.

GAY, Peter. *A república de Weimar*. Trad. Laura Lúcia da Costa Braga. Rio de Janeiro: Paz e Terra, 1978.

GOLDSCHMIDT, Victor. *Le paradigme dans la dialectique platonicienne*. Paris: Ed. Vrin, 1947.

HARAWAY, Donna. Situated Knowledges: The Science Question in Feminism and the Privilege of Partial Perspective. *Feminist Studies*, v. 14, n. 3, p. 575-599, 1988. [Saberes localizados: a questão da ciência para o feminismo e o privilégio da perspectiva parcial. *Cadernos Pagu*, v. 5, p. 7-41, 1995. Trad. Mariza Corrêa.]

HEGEL, G.W.F. *Fenomenologia do espírito*. Trad. Paulo Meneses. Petrópolis, RJ: Editora Vozes, Bragança Paulista: Editora Universitária São Francisco, 2012.

HEIDEGGER, Martin. A caminho para a linguagem. In: *A caminho da linguagem*. Trad. Márcia Sá Cavalcante Schuback. Bragança Paulista, SP: Ed. Universitária São Francisco, Petrópolis: Ed. Vozes, 2015.

_____. *Hegel's Phenomenology of Spirit*. Indiana: Indiana University Press, 1980.

_____. *Ser e tempo*. Trad. Marcia Sá Cavalcante Schuback. Petrópolis: Editora Vozes, 2009.

_____. *Conceitos fundamentais da metafísica: mundo, finitude, solidão*. Trad. Marco Antonio Casanova. Rio de Janeiro: Forense, 2003.

HOMERO. 26 Hinos homéricos. Trad. Carlos Leonardo Bonturim Antunes. *Cadernos de Literatura em tradução*, n° 15, [s.d.].

HYPPOLITE, Jean. *Genesis and Structure of Hegel's "Phenomenology of Spirit*. Trad. Jean Heckman. Evanston, Illinois: Northwestern University Press, 1974 [*Gênese e estrutura da Fenomenologia do Espírito de Hegel*. Trad. Silvio Rosa Filho. São Paulo: Discurso Editorial, 1999]

KANT, Immanuel. *Crítica da razão pura*. Trad. Fernando Costa Matos. Petrópolis: Editora Vozes, 2012.

_____. *Critique de la raison pure*. Trad. Alexandre J.-L. Delamarre e François Marty. Paris: Gallimard, 1980. (Col. Bibliothèque de la Pléiade)

KIRSCH, Sebastien. *Das Reale der Perspektive. Der Barock, die Lacanische Psychoanalyse und das "Untote" in der Kultur*. Berlim: Theater der Zeit, 2013.

KOJÈVE, Alexandre. *Essai d'une histoire raisonnée de la philosophie* (vol. 1). Paris: Gallimard, 1968.

LACAN, Jacques. A Terceira (1974). *Cadernos Lacan*, v. 2. Trad. Ângela Jesuino Ferretto, Celina Ary Mendes Garcia, Gilles Garcia, Luiz Alberto de Farias, Maria Roneide Cardoso Gil, Patrícia Chittoni Ramos. Porto Alegre: APPOA 2002.

_____. *A angústia (Seminário X)*. Trad. Vera Ribeiro. Rio de Janeiro: Zahar, 2005.

_____. *A identificação (Seminário IX/1961, 61)*. Trad. Ivan Corrêia e Marcos Bagno. Recife: Centro de Estudos Freudianos do Recife, 2003. Disponível em: http://staferla.free.fr/S9/S9.htm. Acesso em: 17 maio 2021.

_____. *As formações do inconsciente (Seminário V/1957-58)*. Trad. Vera Ribeiro. Rio de Janeiro: Jorge Zahar, 1999.

_____. *Alla Scuola Freudiana* [1974]. *Lacan in Italia, 1953-1978*. Milão: La Salamandra, 1978.

_____. *Encore (Seminário XX)*, Trad. Analucia Teixeira Ribeiro. Rio de Janeiro: Escola Letra Freudiana, 2010. Disponível em: http://staferla.free.fr/S20/S20.htm. Acesso em: 17 maio 2021.

_____. *Escritos*. Trad. Vera Ribeiro. Rio de Janeiro: Zahar, 1998.

_____. *De um discurso que não fosse do semblante, Seminário XVIII*. Trad. Vera Ribeiro. Rio de Janeiro: Zahar, 2009.

_____. *Joyce, o sinthoma (Seminário XXIII)*. Trad. Sérgio Laia. Rio de Janeiro: Zahar, 2007.

_____. *Os quatro conceitos fundamentais da psicanálise (Seminário XI)*. Trad. M. D. Magno. Rio de Janeiro: Zahar, 1988.

_____. *O saber do psicanalista*. Trad. Ana Izabel Correia, Letícia Fonseca, Nanette Frej. Recife: Centro de Estudos Freudianos de Recife (tradução de circulação interna), 2000.

_____.... *Ou pior, Seminário XIX*. Trad. Andrea Tenório Diniz Gonçalves, Deane Pontes Fiúza, Denise Coutinho, Maria Auxiliadora Mascarenhas Fernandes, Michel Colin. Salvador: Espaço Moebius Psicanálise, 2003. Disponível em: http://staferla.free.fr/S19/S19.htm. Acesso em: 17 maio 2021.

_____. *Outros escritos*. Trad. Vera Ribeiro. Rio de Janeiro: Zahar, 2003.

LAVELLE, Patrícia. "A metáfora feminina: imaginação e criação em Walter Benjamin". "Figurações e interlocuções: a questão feminina em Walter Benjamin". Org. Patrícia Lavelle e Isabela Pinho. *Artefilosofia*, v. 15, n. 29, set. 2020, p. 26-45. Disponível em: https://periodicos.ufop.br:8082/pp/index.php/raf/issue/view/265. Acesso em: 17 maio 2021.

_____. "Figures pour une théorie de l'expérience. Benjamin, Kant et Rickert". In: *Walter Benjamin, Cahier de l'herne*. Patrícia Lavelle (Org.). Paris: Éditions de L'herne, 2013.

_____. *Religion et Histoire: sur le concept d'expérience chez Walter Benjamin*. Paris: Les Éditions du Cerf, 2008.

_____. *Walter Benjamin metacrítico: uma poética do pensamento*. Belo Horizonte, Rio de Janeiro: Editora PUC-Rio / Relicário, 2022.

LÉVI-STRAUSS, Claude. *Antropologia Estrutural*. Trad. Chaim Samuel Katz, Eduard Pires. Rio de Janeiro: Tempo Brasileiro, 2003.

MILLER, Jacque-Allain. *Percurso de Lacan: uma introdução*. Trad. Ari Roitman. Rio de Janeiro: Zahar, 1987.

MILNER, Jean-Claude. *O amor da língua*. Trad. Paulo Sérgio de Souza Jr. Campinas, SP: Editora Unicamp, 2012.

_____. *Les noms indistincts*. Paris: Éditions du Seuil. 1983. *Os nomes indistintos*. Trad. Procópio Abreu. Rio de Janeiro: Companhia de Freud, 2006.

MOREL, Geneviève. *La loi de la mère, essai sur le sinthome sexuel*. Paris: Economica/Anthropos, 2008.

MURICY, Kátia. *Alegorias da dialética, imagem e pensamento em Walter Benjamin*. Rio de Janeiro: Nau Editora, 2009.

MURTA, Cláudia. Elementos para a construção das fórmulas da sexuação. *Princípios: Revista de Filosofia* (UFRN), v. 10, 2010.

NIETZSCHE, Friedrich. *Considerações intempestivas*. Trad. Marco Antonio Casanova. Rio de Janeiro: Relume-Dumará, 2003.

NOVALIS. Monólogo. *Pólen, fragmentos*. Trad. Rubens Rodrigues Torres Filho. São Paulo: Iluminuras, 1988.

OLIVEIRA, Cláudio. A filosofia e os pronomes, ou Da metafísica à ética em Giorgio Agambe. In: *Do tudo e do todo, ou De uma Nota de Rodapé do Parágrafo 48 de Ser e tempo (Uma discussão com Heidegger e os Gregos)*. Rio de Janeiro: Editora Circuito/FAPERJ, 2015. p. 175.

_____. Língua pura e alíngua: um encontro (im)possível entre Benjamin e Lacan. *Revista Trágica: estudos de filosofia da imanência*, Rio de Janeiro, v. 9, nº 2, p. 41-50, 2016.

OLIVEIRA, Pedro. *Mais além da lei: direito e política que vem em Giorgio Agamben*. Coleção X (Organização Rafael Haddock-Lobo). Rio de Janeiro: Ape'Ku, 2020.

PINHO, Isabela; OLIVEIRA, Pedro. Greve, violência e lei: debates em Benjamin e Agamben. In: *Conversas sobre literatura em tempos de crise*. Rio de Janeiro: Editora Makunaima, 2017, p. 14-33.

_____. *O feminino como Medium da linguagem: sobre algumas figuras femininas na obra de Walter Benjamin*. Dissertação (Mestrado em Filosofia) – Universidade Federal Fluminense, Niterói, 2014.

_____. "A linguagem e a morte: algumas considerações a partir de Giorgio Agamben". In: *Que mais deseja o corpo de alcançar? Escritos sobre filosofia e linguagem na contemporaneidade*. Jacob dos Santos Biziak e Carla Rodrigues (Orgs). São Carlos; São Paulo: Pedro & João Editores, 2018, p. 227-253.

_____. "Entre silêncio e tagarelice: esboço para uma linguagem feminina a partir da 'Metafísica da Juventude'". Dossiê Figurações e interlocuções: a questão feminina em Walter Benjamin. Org. Patrícia Lavelle e Isabela Pinho. *Artefilosofia*, v. 15, n. 29, 2020, p. 4-25.

_____. "*Experimentum linguae*: um encontro entre Agamben e Lacan". In: *AGAMBiarra: escritos sobre a filosofia de Giorgio Agamben*. Ana Carolina Martins, Caio Paz, Isabela Pinho e Juliana de Moraes Monteiro (Orgs.). Rio de Janeiro: Ape'ku, 2020, p. 181-202.

PLATÃO. *Carta VII*. Trad. José de Trindade Santos, Juvino Maia Jr. São Paulo: Editora Loyola, 2013.

_____. *O Banquete* (Coleção *Os pensadores*). Trad. José Cavalcante de Souza. São Paulo: Abril Cultural, 1972.

_____. *Político*. Trad. Jorge Paleikat e João Cruz Costa. São Paulo: Abril Cultural, 1972.

_____. Crátilo, (402 a). In: *Os pré-socráticos* (Coleção *Os Pensadores*). Trad. José Cavalcante de Souza. São Paulo: Abril Cultural, 1978, p. 77.

PULLIERO, Marino. *Le désir d'authenticité, Walter Benjamin et l'héritage de la Bildung allemande*. Paris: Hermann Éditeurs, 2013.

RICKERT, Heinrich. *Extraits du séminaire sur la vie* accomplie. In: *Walter Benjamin, Cahier de l'herne*. Patrícia Lavelle (Org.). Paris: Éditions de L'herne, 2013.

RODRIGUES, Carla. A costela de Adão: diferenças sexuais a partir de Lévinas. *Revista Estudos Feministas* (UFSC), v. 7, 2011.

_____. Diferença sexual, direitos e identidade: um debate a partir do pensamento da desconstrução. *Cadernos Pagu* (Unicamp), v. 30, 2010.

ROUANET, Sérgio Paulo. *Édipo e o anjo, itinerários freudianos em Walter Benjamin*. Rio de Janeiro: Tempo Brasileiro, 1981.

SAUSSURE, Ferdinand. *Curso de linguística geral*. Trad. Antônio Chelini, José Paulo Paes e Izidoro Blikstein. São Paulo: Cultrix, 2012.

SCHALCHER, Maria da Graça Ferreira. Considerações sobre o tema da mulher no pensamento de Aristóteles. *Revista Phoînix*, Rio de Janeiro, v. 4, 1998.

SCHLEGEL, Friedrich. *O dialeto dos fragmentos*. São Paulo: Iluminuras, 1997.

SCHMITT, Carl. Definicíon de soberania. In: *Teología Política*. Trad. Francisco Javier Conde. Buenos Aires: Editorial Struhart & Cia, 2005.

_____. *The nomos of the Earth in the international law of the jus publicum europaeum*. Trad. G. L. Umen. New York: Telos Press, 2006.

SCHOLEM, Gerschom. *Correspondências*. Trad. Neusa Soliz. São Paulo: Perspectiva, 1991.

_____. *Sabatai Tzvi: o messias místico I*. Trad. Attílio Cancian, Ari Solon e J. Guinsburg. São Paulo: Perspectiva, 1995.

SCHWERING, Gregor. *Benjamin – Lacan, vom Diskur des Anderen*. Berlim: Ed. Turia & Kant, 1998.

STEIZINGER, Johannes. *Revolter, Eros und Sprache. Walter Benjamins Metaphysik der Jugend*. Berlim: Ed. Kadmos, 2013.

SUMIC, Jelica. *A política e psicanálise: do não-todo ao para todos*. Trad. Isabela Pinho. Rio de Janeiro: Lumme Editor, Mobile, 2019.

TIEDEMANN, Rolf. Études sur la philosophie de Walter Benjamin. Paris: Acte Sud, 1987.

TORRANO, Jaa. O mundo como função de Musas. In: HESÍODO, *Teogonia, a origem dos deuses*. São Paulo: Iluminuras, 2007.

WITTE, Bernd. *Walter Benjamin, uma biografia*. Trad. Romero Freitas. Belo Horizonte: Autêntica, 2017.

Sobre a autora

Isabela Pinho desenvolveu sua pesquisa de pós-doutorado no Programa de Pós-graduação em Filosofia da Universidade Federal do Rio de Janeiro (UFRJ), onde também obteve o título de doutora em Filosofia, com período de intercâmbio na Universidade de Munique (LMU). Durante seu período na Alemanha, pesquisou nos arquivos de Walter Benjamin em Berlim. Professora e tradutora, é mestre e licenciada em Filosofia pela Universidade Federal Fluminense (UFF).

Esta obra foi composta em Adobe Garamond Pro para texto e
Knockout HTF71-FullMiddlewt para títulos.
Miolo impresso em papel Pólen Natural 80g/m² e
capa em Cartão Supremo 250g/m², em outubro de 2023.